Die schönsten Motorradtouren
Österreich

Könnte eng werden: Auch für BMWs legendären Sechszylinder habe ich herausfordernde Pisten ausgesucht.

Heinz E. Studt

DIE SCHÖNSTEN MOTORRADTOUREN ÖSTERREICH

30 Routen vom Vorarlberg bis in die Karawanken

BRUCKMANN

Ganz Österreich ist reich an praller Geschichte und historischen Sehenswürdigkeiten – nicht nur hier in Reichenstein im Mühlviertel.

INHALT

Genuss für alle Sinne: Gerade die Nebenstrecken im Zillertal können uns Motorradfahrer porentief begeistern.

Pendelnd zwischen Wasser und Fels: Abwechslung wird in ganz Österreich großgeschrieben.

VORWORT

Es gibt viele Reiseziele in Europa, die Motorradfahrer mit grandiosen Landschaften, höchsten Höhen, unendlich vielen Kurven und Kehren und mit herzlicher Gastfreundschaft empfangen. Im Westen wie im Osten, im Norden wie im Süden. Doch keines davon ist wie unser Nachbarland Österreich, denn keines davon ist uns einerseits so ähnlich, andererseits aber auch so anders. Uns verbindet die gleiche Sprache – beim Reisen ein nicht zu unterschätzender Aspekt! Und uns verbindet die grundsätzliche Lust am Genuss, ganz gleich, ob fahrerisch oder kulinarisch. Aber gerade letzteren Aspekt – den Genuss – können unsere österreichischen Freunde besser. Ohne jeden Zweifel: Österreichs höchste Pässe und schönste Panoramastraßen sind explizit auch auf die Wünsche von uns Bikern ausgerichtet. Mit motorradfreundlichen Unterkünften im Umfeld, mit Biker-Safes und Parkplätzen, mit Kombi-Tickets speziell für Bikers unbeschwerte Kurvenhatz. Und rechts und links der Wegstrecke erwartet uns dann landesweit Österreichs weltberühmte Kulinarik – über die noch viele Worte zu verlieren wohl absolut unnötig ist.

Wie herzerfrischend erholsam, spannend und genüsslich zugleich eine Motorradreise durch Österreich sein kann, das möchte ich Ihnen mit diesem neuen Buch beweisen. Mit 30 meiner absoluten Lieblingstouren durch das Land der Berge, der Flussauen, der prallen spannenden Geschichte, der Schnitzelvariationen und Mehlspeisen wie auch der legendären Kaffeekunst. Folgen Sie mir vom Südrand Deutschlands durch das herrliche Vorarlberg, erobern Sie mit mir die höchsten Pisten Tirols und lassen Sie uns anschließend einen weiten Bogen durch jene Regionen Österreichs schlagen, die anstelle richtig hoher Pässe und Panoramastraßen ganz andere Genüsse für Motorradfahrer bereithalten: eisenharte Geschichten, weltberühmte Weinlagen, geheimnisvolle Bollwerke gegen den Osten und, nicht zu vergessen: echten Wiener »Schmäh«. Richtig hoch hinaus geht es dann am Ende dieses Buchs nochmals, wenn sich der Kreis unserer Reise schließt.

Kommen Sie mit, erfahren und genießen Sie das Motorradparadies Österreich auf über 13 000 Kilometern Strecke. Und testen Sie unbedingt auch möglichst viele meiner gut 80 handverlesenen Einkehrtipps entlang des Weges!

Viel Spaß dabei und linke Hand zum Gruß
Ihr Heinz Studt

Scharfe Sache: Auch Österreichs Kulinarik kommt in diesem Buch wahrlich nicht zu kurz.

Niemals zu früh umkehren bitte: Auch das Rojental am Reschensee sollten Sie bis zum Ende erkunden.

IM ÜBERBLICK
EINE KURZE BEGRIFFSERKLÄRUNG

WAS MEINE ICH MIT …

Streckenlänge Die Gesamt-Kilometerzahl der Tour unabhängig von der Anzahl der Übernachtungsstopps

Reine Fahrtzeit Kalkuliert nach der Durchschnittsgeschwindigkeit, die meiner Erfahrung nach vor Ort sinnvoll ist

Schwierigkeitsgrad Leicht = für Fahranfänger problemlos geeignet; mittel = verlangt Erfahrung im Umgang mit dem Motorrad; anspruchsvoll = verlangt sichere Beherrschung des Motorrads sowie Erfahrung im Passfahren; sehr anspruchsvoll = nur mit langjähriger Motorraderfahrung und speziellen Kenntnissen, z. B. im Offroad-Fahren, zu bewältigen

Beste Jahreszeit Hierbei habe ich nicht nur klimatische Bedingungen berücksichtigt, sondern auch Hauptreisezeiten und dergleichen.

WIE ERFOLGTE DIE TOURENPLANUNG INSGESAMT

Im Vordergrund jedes Tourenverlaufs standen natürlich landschaftlich schöne und fahrerisch abwechslungsreiche Streckenführungen. Aber auch das Thema »Sightseeing« sollte niemals zu kurz kommen – deshalb auch meine Zeitangabe inklusive Sightseeing –, und so wurden sehenswerte Orte und andere touristische Höhepunkte so weit wie möglich in den Tourenverlauf miteingebaut. Alle Touren stehen übrigens als GPX-Downloads auf der Verlags-Website zur Verfügung.

Übrigens: Zwei große Pässe-Sammlungen mit jeweils 100 der schönsten Alpenpässe Europas habe ich ebenfalls im Bruckmann Verlag veröffentlicht. Darunter natürlich alle nahmhaften Pässe und Panoramastraßen Österreichs, die umgehend Assoziationen in uns wecken, ja Gefühle und Sehnsüchte. Falls Sie also speziell dieses Thema „Pässe“ noch vertiefen möchten, schauen Sie einmal im Verlagsprogramm.

Weites Land: Höhen- und Panoramastraßen würzen unseren Fahrspaß ungemein.

Frühling am Großglockner – diese herrliche Runde gönnen wir uns in Kapitel 27.

DIE TOUREN

Sozia Kirsten sucht ein Pausenplätzchen, von denen es rund um die Silvretta unendlich viele gibt.

VORARLBERG UND BREGENZERWALD

Sieh, das Gute liegt so nah! Wohl für kaum eine Region Österreichs gilt das in dem Maß wie für die erste in diesem Buch: für Vorarlberg und den Bregenzerwald. Dazu beginnen wir unsere Reise standesgemäß im prächtigen Städtchen Bludenz.

Die jahrhundertealte Stadt zählt offiziell zu den schönsten Alpenstädten Europas. Und dafür gibt es einen guten Grund: Bludenz bietet eine ganz außergewöhnliche Mischung – hier bilden Tore und Mauern, ehrwürdige Bürgerhäuser, verwinkelte Gassen und romantische Laubengänge eine auch heute noch in sich geschlossene Einheit. Alpines Ambiente vermischt sich übergangslos mit südländischem Flair. Ganz besonders lohnend ist ein ausgiebiger Einkehrschwung in der verkehrsfreien Altstadt von Bludenz. Parken Sie dazu das Motorrad z. B. am Kasernenplatz oder in der Herrengasse, spazieren Sie anschließend unter romantischen Altstadtlauben dahin und vorbei an prächtigen Bürgerhäusern und besuchen Sie eines der zahlreichen Cafés, testen Sie Kneipen und Bars oder schlendern Sie durch Einkaufspassagen.

Dann aber lassen Sie uns das Triebwerk des Mopeds starten, denn dies ist ja ein Motorrad-Reiseführer. Richtung Norden verlassen wir die Stadt und erreichen über Thüringerberg den Weiler Sonntag – ja, der Ort heißt tatsächlich so und räkelt sich auf einer natürlichen Terrasse im Vorarlberger Sonnenschein. Hier zu leben, muss ein Vergnügen sein, ist doch jeder Tag im Grunde ein Sonntag. Als Motorradfahrer lockt uns natürlich der Richtung Osten anschließende Aufstieg zum Faschinajoch. Garniert mit mächtigen Lawinen-Schutztunnels und einer sauber asphaltierten Piste begeistert das Joch spätestens oben am Scheitelpunkt mit herrlichen Ausblicken auf die Damülser Berge, insbesondere die bekannte Mittagspitze mit ihren knapp 2100 Metern Höhe.

In Damüls setzen wir den Blinker links zum nächsten Höhepunkt, dem Furkajoch. Der Pass begeistert mit immerhin zehn waschechten Spitzkehren und einer bereits leicht alpinen Höhenlage von gut 1760 Metern. Das landschaftlich sehr schön gelegene Joch – übrigens die höchste befahrbare Strecke des Bregenzerwalds – verbindet das Latenser Tal mit dem Tal der Bregenzer Ach. Beide Auffahrten führen durch voralpine Landschaften, deren Strecken nicht umsonst das »Grüne Band« besonderer Schönheit führen dürfen. Oben angekommen zieht sich die Strecke in weiten Kurven oberhalb der Baumgrenze dahin und bietet prächtige Ausblicke auf die umliegenden Alpengipfel.

Die Westrampe des Faschinajochs führt uns dann schnurstracks hinunter nach Rankweil, einem schon bei den Römern wichtigen Verkehrsknotenpunkt der Nordalpen. Die heutige Villa Rustica in Rankweil zeigt drei römische Gebäude in einem wohl einzigartigen Freilichtmuseum. Doch dem nicht genug: Rankweils wechselvolle Geschichte ist allerorten lebendig. In den zahlreichen Kirchen und Kapellen, im sehenswerten Küblereimuseum sowie der fast vollkommen erhaltenen Triftanlage im Oberdorf wird Rankweils Geschichte auf spannende Weise nacherzählt.

Die bevölkerungsreichste Stadt Vorarlbergs und gleichzeitig dessen wirtschaftliches Zentrum ist Dornbirn, das uns wenige Kilometer weiter zu einem Boxenstopp einlädt. Mein Einkehrtipp dazu: Bistro »Zum Verwalter« in der Schlossgasse 1. Zu Füßen des 976 Meter hohen Hausbergs Karren drapiert sich die sehenswerte Altstadt mit geschichtenreichen Bauwerken wie dem berühmten »Roten Haus« und der St.-Martins-Kirche rund um den malerischen Marktplatz, der zugleich idealer Ausgangspunkt für die Erkundung Dornbirns zu Fuß ist. Und mit der Karrenseilbahn kann man bequem auf den Hausberg schweben, auf dessen Gipfel ein herrlich gelegenes Panoramarestaurant wartet.

Falls es Ihr Zeitplan erlaubt, werfen Sie anschließend noch einen Blick in die legendäre Rappenlochschlucht südöstlich der Stadt. Hier hat die Natur in Jahrtausenden ganz besondere Pracht geschaffen: Mit den beiden Naturdenkmäler Rappenloch und Alploch können Sie die größten Schluchten der Ostalpen ent-

Man trifft sich: Vor allem am Wochenende gehört das Furkajoch überwiegend den Motorradfahrern.

decken. Alljährlich zwischen Juli und August bietet der Dornbirn-Tourismus jeden Donnerstag kostenlose geführte Wanderungen durch die Rappenlochschlucht an; sie dauern etwa eineinhalb Stunden. Die Schlucht selbst ist von Mitte April bis Ende Oktober zugänglich.

Jetzt aber erwartet uns die Idylle des Bregenzerwalds. Verträumte Landschaften, freie Pisten und sehenswerte Dörfer prägen diesen Tourenabschnitt. Über Alberschwende und Lingenau geht es gemütlich dahin bis ins Städtchen Schwarzenberg: Dort gibt's zweimal jährlich echten Ringelpiez – oder Alptag, wie man hier sagt. Im Juli werden die Kühe der Bauern auf die Almen getrieben, im September wieder retour geholt. Prächtig geschmückt geht es dann durch den Ort. Angeblich soll jeder Bauer seine Kühe auch nach Monaten allein am Gesichtsausdruck wiedererkennen. Wozu dann viele Rindviecher unterschiedliche rote Farbmarkierungen auf dem Rücken haben, fragte ich einen der schmucken krachledernen Burschen. »Des helfet a weng beim Sortiera«, gesteht der freimütig in seinem wohlklingenden Allgäuer Dialekt. Falls Sie diese Tour also im Herbst fahren, schauen Sie sich den Event unbedingt an – so wie auch die Ortschaften entlang der ausgeschilderten »KäseStrasse Bregenzerwald«.

Kurvenhatz im Bregenzerwald – nicht nur mit einer Triumph Tiger ein erinnerungswürdiges Vergnügen

TOUR-TIPP

KäseStrasse Bregenzerwald

»Was das Bordeaux für Weinkenner ist der Bregenzerwald für Käse-Fans«, heißt es vollmundig in der offiziellen Beschreibung der Vorarlberger »KäseStrasse«. Bereits 10 000 Jahre vor unserer Zeitrechnung entdeckte der Mensch den Käse und seine Vorzüge. Die Käsetradition des Bregenzerwalds ist zwar nicht ganz so alt, doch besitzt die Region heutzutage immerhin noch die am besten erhaltene Alp- und Talsennerei-Struktur Österreichs. Beinahe 50 Mio. l Milch werden im Bregenzerwald jährlich zu rund 4500 t Käse verarbeitet. Die »KäseStrasse« führt sehr anschaulich durch das ganz spezielle »Erlebnis Käse« und bietet viel Genuss, sei es mit geführten Wanderungen zu Sennereien oder mit Käseverkostungen (alle Infos dazu unter www.kaesestrasse.at).

In Au im Bregenzerwald habe ich nicht nur einen Übernachtungstipp für Sie im Infokasten hinterlegt, auch das dazugehörige Restaurant von Juliane und Guy Moosbrugger-Jourdain lohnt einen ausgiebigen Boxenstopp. Leckere Vorarlberger Küche mit einem deutlich französischen Akzent – es wird Ihnen schmecken!

Gut gestärkt erklimmen wir anderntags den Hochtannbergpass. Der Pass verbindet das Lechtal bei Warth mit dem Tal der Bregenzer Ach bei Schoppernau. Die Passstrecke folgt dem allmählich schmäler zulaufenden Tal und windet sich in abwechslungsreichen Rechts-links-Kombinationen bergan zur Passhöhe auf einer horizontfüllenden, nahezu baumlosen Hochalm. Der Parkplatz dort oben ist ein beliebter Biker-Treff.

Richtung Osten geht es dann zügig bergab nach Warth, einem bildhübschen Bergdorf, das wir auch im folgenden Kapitel nochmals besuchen werden. Apropos: Alle hier beschriebenen Touren lassen sich perfekt miteinander kombinieren – was Sie auf den Übersichtskarten gut sehen können. In Warth wenden wir uns nun gen Süden Richtung Lech, gönnen uns einen Abstecher hinauf zum malerischen Spullersee inmitten von Hochalmen auf gut 1800 Metern Höhe, bevor uns der Flexenpass wenige Kurven weiter oben auf 1784 Metern ganz andere Genüsse spendiert – echtes Schräglagenfeeling eben. Die Passstrecke folgt einem uralten Saumweg mit unzähligen Kehren – den sogenannten Flexen –, der einst durch ein ständig von Lawinen und Muren bedrohtes Gelände verlief. Die heutige Straße wurde zwischen 1897 und 1907 gebaut, seit 1936 wird sie ganzjährig befahrbar gehalten. Äußerst genussreich schwingen wir über den Pass hinab nach Stuben, um dann westwärts zu unserem Ausgangsort zurück-

Perfekt: Auf dem Abstieg von der Bielerhöhe ins Paznauntal können wir dem Moped »die Zügel lang geben«.

Eine Piste geplant von Bikern: Wie schön Beton sein kann, zeigt uns die Rampe hinauf zum Hochtannbergpass.

zukehren – für einen perfekten Tagesausklang in einzigartiger Umgebung.

Das Montafon begrüßt uns gleich am Morgen des nächsten Tages. Die heutige Runde führt uns in die hochalpinen Verhältnisse der Silvretta-Region, und die hat für uns Motorradfahrer zwischen Juni und Oktober geöffnet. Als Einstimmung geht es zunächst abseits der Hauptstraßen durch das prächtige Montafon, dem gut 40 Kilometer langen und wohl bekanntesten Tal Vorarlbergs. Mit genügend Zeit im Tankrucksack empfehle ich noch einen Abstecher über die ausgeschilderte Panoramastraße Bartholomäberg – sie ist immer noch ein fahrerischer Geheimtipp und führt über kurvenreiche Höhenlagen mit prächtigen Ausblicken auf das Montafon.

Tja, und dann liegt sie vor uns, die Silvretta-Hochalpenstraße: Ihr höchster Punkt liegt auf gut 2036 Metern Höhe, und sie begeistert Biker mit 33 Kehren auf einer Länge von gut 26 Kilometern. Ihr Scheitelpunkt auf der Bielerhöhe ist der höchste befahrbare Pass im Montafon direkt an der Flanke des berühmten Piz Buin – sie gehört also zu den echten Traumstraßen der Alpen. Der größte Biker-Treff Vorarlbergs befindet sich direkt auf der Scheitelhöhe, Restaurants laden hier zum Einkehrschwung und das Silvrettahaus auch gern zu einer Übernachtung. Und der imposante Silvretta-Stausee besitzt mit dem höchstgelegenen Motorbootverkehr Europas ein ganz besonderes Erlebnis. Genießen Sie den herrlichen Tag hier oben ohne Hast und Eile und pendeln Sie anschließend ganz gemütlich hinab ins malerische Paznauntal.

Kurz vor Galtür bitte noch rasch den Blinker links gesetzt und das unscheinbare Zeinisjoch mitsamt dem Stausee Kops besucht – ein prächtiges Pausenplätzchen, wie ich finde –, dann geht es über Ischgl hinüber

TOUR-TIPP

Zum »Sundowner« ins Brandnertal
Oder haben Sie vielleicht noch Lust auf einen kleinen Abstecher? Mein Tipp dazu lautet: das Brandnertal im Westen der Stadt. Okay, es ist eine Sackgasse, aber was für eine! Sie führt uns kurvenreich auf immerhin 1565 m Höhe in die hochalpine Welt des Rätikon und zählt zu den schönsten Sackgassen in diesem Buch. Die ersten zaghaften Ansätze des Tourismus im und um das Brandnertal reichen immerhin schon weit über 100 Jahre zurück. Und stets waren es der herrlich gelegene Lünersee, die Schesaplana und der damals noch gewaltige Brandnergletscher, die die Reisenden von nah und fern anzogen. Und daran hat sich bis heute nichts geändert, wenngleich das Tal wohl eher bei Einheimischen bekannt ist und als Ausflugstipp gehandelt wird. Der Hauptreiseverkehr zischt tagtäglich an diesem alpinen Kleinod vorbei – und das sollten wir bei einem ausgiebigen Besuch so richtig genießen (alle Infos unter www.brand.at oder www.bergbahnen-brandnertal.at).

DIE TOUR IM ÜBERBLICK

Schwierigkeitsgrad: Leicht

Streckenlänge: 490 km

Reine Fahrtzeit: 9 Std.

Zeitaufwand inkl. Sightseeing: 2–3 Tage

Beste Jahreszeit: Mitte Mai bis Mitte Oktober

Start- und Zielort: Bludenz

Mein Hotel-Tipp dort: Gasthof Alfenz, Dorfstr. 17, A-6700 Stallehr bei Bludenz, Tel. +43/(0)5552/624 82, www.alfenz.at

Optionaler Übernachtungsstopp: Au im Bregenzerwald

Mein Hotel-Tipp dort: Hotel-Restaurant Tannahof, Argenstein 331, A-6883 Au, Tel. +43/(0)5515/22 10, www.tannahof.at

Unbedingt anschauen: Bludenz, Brandnertal im Westen von Bludenz, Dornbirn, Lech-Warth

nach Landeck. Dort haben wir vor Jahren einen Einkehrtipp genossen, an den wir uns heute noch gern erinnern: »Mr. John's Bar & Restaurant« in der Malser Str. 82 – interessant und lecker.

Neun Spitzkehren schenkt uns zu guter Letzt noch der Arlbergpass auf 1793 Metern Höhe – trotzdem kann ich dem Pass auch nach mehreren Besuchen nichts abgewinnen. Der Arlbergpass bildet die Grenze zwischen Vorarlberg und Tirol. Von seinem Namen leitet sich letztlich auch der Name des Bundeslands Vorarlberg ab. Durchs Klostertal geht's anschließend zurück nach Bludenz, und hier können wir in der erlebenswerten Altstadt dieses Vorarlberger Kapitel ausklingen lassen.

Mein Einkehrtipp dazu lautet: Restaurant »Altes Rathaus« in der Rathausgasse 1.

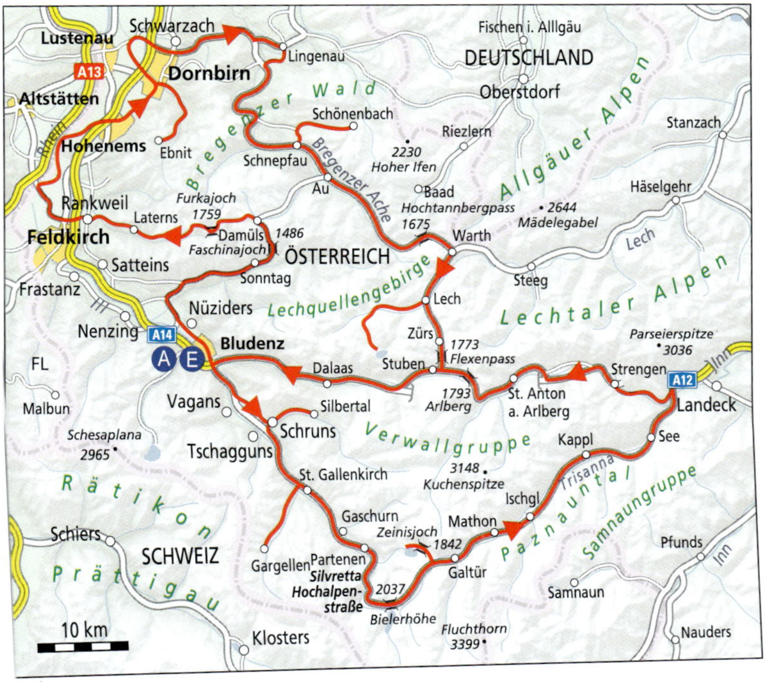

Nix für Warmduscher – der Stausee Kops sammelt herrlich frisches Gletscherwasser.

Alles Käse? Auf der Käsestraße im Bregenzerwald gibt es auch laktosefreie, ja sogar vegane Genüsse.

LECHTALER ALPEN UND MEHR

Man nehme eine Portion Vorarlberg, mische etwas Tiroler Genuss hinzu und würze das Ganze mit einer Prise Allgäu sowie einigen der beliebtesten Biker-Treffs der Nordalpen – fertig ist das Tourenprogramm für dieses Kapitel! Eine Freude für alle Sinne sozusagen.

Die quicklebendige Tiroler Alpenstadt Imst ist ein idealer Ausgangsort, um uns zu »akklimatisieren« oder auch den Anreisetag mit einer Vielzahl gänzlich anderer Attraktionen zu garnieren. Berühmt ist Imst vor allem für seine Rosengartenschlucht. Das tief eingegrabene Bett des Schinderbachs, das von der bekannten Blauen Grotte bis hinunter zur Imster Johanneskirche führt, entstand in Jahrtausenden und ist heute eine der schönsten Schluchten Tirols. Aber auch die früher zur Wasserversorgung der Bevölkerung wichtigen Brunnen der Stadt sind eine Schau, 35 historische Exemplare gibt es davon noch zu bestaunen. Und die Imster Vogelhändler inspirierten schon den Komponisten Carl Zeller zu einer weltberühmten Operette.

Richtung Norden verlassen wir früh am Morgen die Stadt und wählen die Pisten hinauf zum klitzeklein ausgeschilderten Hahntennjoch. Sofort lässt der Verkehr deutlich nach, das Joch mit seinen 1894 Metern Höhe und immerhin 15 Kehren ist bei Tiroler und Allgäuer Bikern äußerst beliebt, erlaubt die gut ausgebaute Straße doch immer wieder eine recht flotte Kurvenhatz.

Nahe Elmen biegen wir dann westwärts ins Lechtal ab und huschen gemütlich Richtung Elbigenalp. Dort erwartet uns die traurige Geschichte der berühmten Geierwally, einer jungen Bäuerin, die von ihrem tyrannischen Vater gegen ihren Willen verheiratet werden sollte. Aus Verzweiflung floh sie gemeinsam mit einem jungen Adler in die Berge und führt dort, allein auf sich gestellt, ein einsames Leben als Almbäuerin. Interessiert Sie das Ende dieser Geschichte? Auf der Geierwally-Freilichtbühne von Elbigenalp, dem Geburtsort

Einfach nur schön: Blick auf Dornbirn, das mächtige Rheintal und eine Portion Schweizer Alpen

Aufgepasst: Ein Wetterumschwung wie hier am Hahntennjoch kann Tourenpläne innerhalb von Minuten atomisieren.

des resoluten Mädchens, können Sie diese und andere spannende Geschichten alljährlich hautnah miterleben.

Nicht minder sehenswert ist im Weiler Steeg der Abzweig gen Süden nach Kienberg und Kaisers. Eine Sackgasse in eine andere Welt liegt vor uns, garniert mit vier waschechten Kehren. Sehr erlebenswert, wie auch das Walserdorf Warth, das wir ja im vorhergehenden Kapitel bereits gestreift hatten. Lust auf eine Einkehr? Bitteschön, hier ist mein Tipp: die »Alpler Stuba« am Teschenberg 22 – erlebenswert.

TOUR-TIPP

Sehenswertes Warth

Ganze 210 Einwohner zählt das romantische Walserdorf Warth, das zauberhaft und idyllisch zwischen den imposanten Hausbergen Biberkopf, Widderstein und Warther Horn eingebettet liegt. Gemütlichkeit scheint hier Trumpf zu sein, denn sowohl das vielfältige Wanderangebot als auch die Kletter- und Tourenmöglichkeiten werden von unzähligen Einkehrmöglichkeiten wie bewirtschafteten Almhütten umrahmt, auf Sonnenterrassen genießt man die Aussicht bis in die Unendlichkeit der Berge und an den zauberhaften Bergseen eine wohl einzigartige Alpenflora. Doch das Beste daran ist: Dies alles liegt immer noch und seit Jahren fernab des Massentourismus in völligem Einklang mit der Natur. Gönnen Sie sich und Ihrer Lieblingssozia also mal ein Motorrad-Tourenwochenende in und um Warth (Infos unter www.warth-schroecken.com)!

Über den Hochtannbergpass erreichen wir dann noch einmal Au im Bregenzerwald und folgen den

Lebensabend-geeignet: Ein Haus in den Bergen, ein Motorrad und alle Zeit der Welt – mehr braucht es nicht. Oder?

Biker-Treff mit fließend Wasser: Die Uferstraße am Plansee ist vor allem im Sommer ein großer Motorrad-Tummelplatz.

schmalen Pisten vor unserem Windshield Richtung Dornbirn und Bregenz. Alternativ können Sie auch über das bereits erwähnte Furkajoch nach Rankweil und dort immer gen Norden nach Bregenz schwingen. Bregenz, die Landeshauptstadt Vorarlbergs besitzt den bedeutendsten österreichischen Bodenseehafen, ist Verkehrsknotenpunkt ebenso wie Urlaubs-, Sport- und Kulturzentrum der gesamten Region. Bekannt wurde die Stadt vor allem auch durch die Bregenzer Festspiele, deren Bühne direkt im Bodensee verankert ist. Auf der größten Freilichtbühne der Welt werden alljährlich im Sommer Opern, Musicals und Operetten aufgeführt. Und vom 1064 Meter hohen Bregenzer Hausberg, dem Pfänder, hat man den schönsten Überblick über diese 2000 Jahre alte, aber immer noch quicklebendige Freizeit- und Einkaufsstadt. Und auch einen schönen Überblick über die gen Nordosten anschließende Grenzregion zum Allgäu, in der wir jetzt eine Runde Kurvensurfen gehen.

Kurz vor Balderschwang queren wir die Grenze nach Deutschland und ins Allgäu. Die in einer Talsenke auf 1044 Metern Höhe liegende Ortschaft ist der höchst gelegene Ferienort Deutschlands – und mit 250 Einwohnern die kleinste Gemeinde Bayerns. Doch gerade das macht den einzigartigen Reiz dieses Ortes aus. Auf der Grenze zwischen Bregenzerwald und Allgäuer Alpen gelegen, lässt sich hier ganz besonders gut leben. Wie nicht nur die Schätzungen nach bis zu 1500 Jahre alte »Eibe von Balderschwang« beweisen mag …

Der Riedbergpass, einer der wenigen waschechten deutschen (Vor-)Alpenpässe, erwartet uns nun mit immerhin 1420 Metern Höhe. Die Passstraße bietet auf weiter Strecke herrliche Ausblicke auf die umliegenden Allgäuer Alpen. Direkt am Scheitelpunkt der Strecke bei den wenigen Häusern von Grasgehren liegt der auch bei Bikern beliebte Boxenstopp Grasgehrenhütte.

Am östlichen Fuß des Passes begrüßt uns dann mit Oberstdorf der südlichste Ort Deutschlands und lockt mit einer ausgedehnten Fußgängerzone, schönen alten Häusern und viel natürlichem Charme. Für uns ist Oberstdorf auch das Tor zum Kleinwalsertal, einer ganz besonderen Idylle tief in den Vorarlberger Alpen. Und bereits wieder auf Österreicher Boden liegend. Weithin bekannt für seinen Skizirkus, erwartet uns von Frühling bis Herbst hier allerdings viel Beschaulichkeit inmitten einzigartiger Natur. So erholsam, dass unsere Tourenpläne mächtig in Gefahr geraten können. Mein Hoteltipp für einen optionalen Tagesabschluss steht im Infokasten, mein Einkehrtipp lautet: »Das Jagdhaus« in der Ludwigstr. 13.

Anderntags sollten Sie am Frühstücksbuffet dennoch keinesfalls trödeln, haben wir doch noch eine ordentliche Strecke vor uns. Mitsamt einer letzten Prise Allgäu. Über Sonthofen, der südlichsten Stadt Deutsch-

Perfekt: Das Panorama rund um Warth ist wohl einzigartig, selbst für österreichische Verhältnisse.

lands, mit gemütlichen Cafés und vielen Gasthäusern, erreichen wir den berühmten Oberjochpass am Westrand des Tannheimer Tals. Das 1150 Meter hoch gelegene Joch mit seinen zehn Kehren ist der bekannteste Biker-Treff des Allgäus und begeistert trotz seiner moderaten Höhe mit echtem Schräglagenvergnügen. Ja, die Südwestrampe darf in Teilbereichen durchaus auch als fahrerisch anspruchsvoll bezeichnet werden – am großen Parkplatz unterhalb des Luftkurorts Oberjoch mit Blick auf die schönsten Applauskurven kann man die Kurventechnik der Kollegen bequem benoten.

Das malerische Tannheimer Tal liegt im Niemandsland zwischen Tirol und Allgäu. Die kurvenreiche Talstraße führt durch sehenswerte Dörfer inmitten weiter Almen, deren Horizont von Felsengipfeln umrahmt wird. Das sehr sehenswerte Bauernhaus-Museum in Tannheim entführt Sie in längst vergangene Zeiten und ganz andere Lebensstile. So wie an dieser Stelle auch ein Abstecher nach Füssen mitsamt Königsschlössern, falls Sie mögen. Es böte sich geradezu an.

Zugegeben, danach hat es Reutte in Tirol recht schwer, unsere Aufmerksamkeit zu fesseln. Das Zentrum des historischen Handelsorts begeistert mit üppiger, farbenfroher Fassadenmalerei und mit ganz besonderen Baustilen. Sehenswert sind auch das Franziskanerkloster Reutte aus dem 17. Jahrhundert mit der Pfarrkirche zur Heiligen Anna sowie etwas außerhalb der Plansee, der Biker-Treff im Grenzland zwischen Allgäu und Tirol. Seine gesamte Uferstraße ist vor allem im Sommer im Grunde ein einziger Motorradfahrer-Treffpunkt. Der herrlich gelegene Bergsee gehört nicht nur zum Pflichtprogramm aller Tiroler und Allgäuer Biker

TOUR-TIPP

Füssen und seine Königsschlösser

Wie dem Mittelalter entsprungen, präsentiert sich auch der historische Kern der alten Handelsstadt Füssen direkt unterhalb des Hohen Schlosses. Herrliche Illusions-Malereien an prächtig restauriertem Fachwerk begeistern jeden Besucher und stimmen uns perfekt ein auf das vor uns liegende Erbe König Ludwigs II., Bayerns Märchenkönig. Ludwigs Vater entdeckte auf einer Wanderung die Ruine Schwanstein und beschloss ihren Erwerb und Wiederaufbau als Sommerresidenz Hohenschwangau. Gleich gegenüber, nur einen Steinwurf entfernt auf zerklüftetem Fels, ließ Ludwig 1868 sein Denkmal, seinen monumental-romantischen Fluchtpunkt im Stil einer altdeutschen Ritterburg erbauen: Neuschwanstein – ein atemberaubender Anblick zu jeder Jahreszeit (Infos unter www.neuschwanstein.de).

– entlang der kurven- und aussichtsreichen Uferstraße pendeln wir sozusagen von einem Boxenstopp zum nächsten.

Zurück im unteren Lechtal setzen wir bei Stanzach den Blinker links hinein nach Namlos. Der Name des Ortes ist Programm, das Tal selbst eines der abgeschiedensten Täler der Nordalpen – und ein fahrerischer Genuss, der uns dann via Bichlbach und Wengle hinüber nach Ehrwald bringt, dem Hauptort der sogenannten »Tiroler Zugspitzarena«. Unmittelbar zu Füßen des gewaltigen Wettersteingebirges gelegen, dessen höchster Gipfel eben jene Zugspitze mit ihren 2962 Metern Höhe ist. Die übrigens »haarscharf« noch auf deutschem Boden liegt.

Zu guter Letzt liegt dann noch der Fernpass vor uns, der nach dem Brenner wohl berühmteste Alpenübergang seit historischen Tagen. Bayernkönig Ludwig II. war derart begeistert vom Schloss Fernsteinsee, dass er sich von 1872 an pauschal und ganzjährig zwei Zimmer reservieren und diese auch noch auf Staatskosten in seinem ganz eigenen Stil möblieren ließ. Und die Schönheit der Landschaft, die bereits den Märchenkönig faszinierte, hat bis heute nichts von ihrer Anziehungskraft verloren.

Bevor wir nun im gastfreundlichen Imst unsere Rundreise ausklingen lassen, empfehle ich noch einen letzten Schlenker über den eher unscheinbaren Holzleitensattel auf 1150 Metern Höhe und über das östlich anschließende Mieminger Plateau. Bei Barwies oder Telfs fahren wir hinab ins Inntal und können in Imst diese Tour abschließen – z. B. mit meinem Einkehrtipp: die »Brasserie Brucknerei« unterm Hohen Rain 1.

DIE TOUR IM ÜBERBLICK

Schwierigkeitsgrad: Leicht

Streckenlänge: 520 km

Reine Fahrtzeit: 9–10 Std.

Zeitaufwand inkl. Sightseeing: 3 Tage

Beste Jahreszeit: Mitte Mai bis Mitte Oktober

Start- und Zielort: Imst

Mein Hotel-Tipp dort: Hotel Stern in der Imster Oberstadt, Pfarrgasse 42, A-6460 Imst, Tel. +43/(0)5412/633 42, www.stern-imst.at

Optionaler Übernachtungsstopp: Oberstdorf im Allgäu

Mein Hotel-Tipp dort: Hotel Traube, Hauptstr. 6, 87561 Oberstdorf, Tel. 08322/80 99 40, http://hotel-traube.de

Unbedingt anschauen: Lechtal mit Elbigenalp, Bregenzerwald, Füssen samt Königsschlössern, Reutte, Ehrwald samt Zugspitzblick, Plansee

Macht durstig: Der Almabtrieb im Herbst wird in Vorarlberg und Tirol stets zu einem sehenswerten Event.

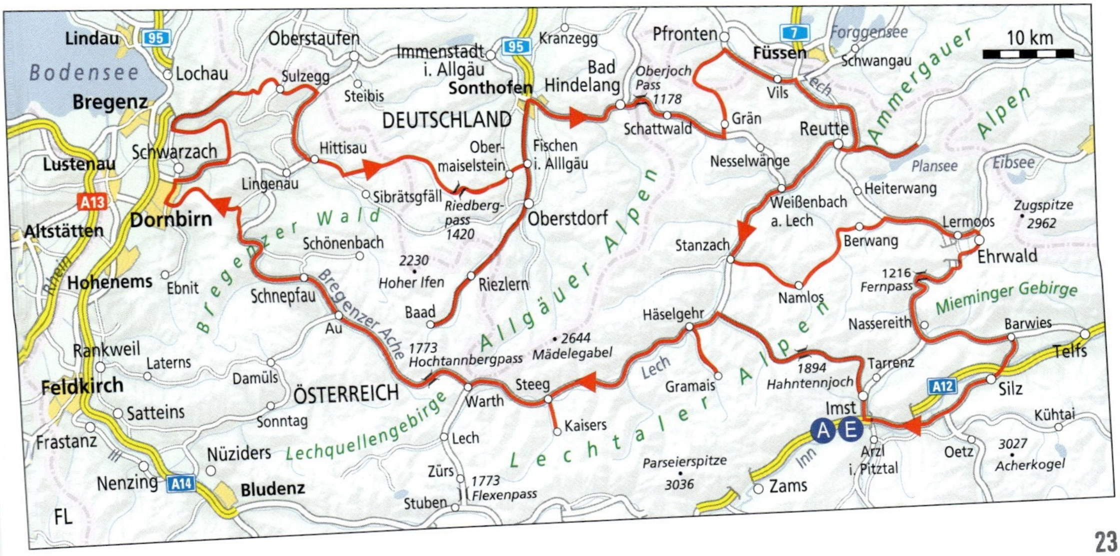

Vorspiel für Timmelsjoch und mehr: Der Jaufenpass gehört zu den bekanntesten Höhepunkten der Alpen.

TIROLER GLETSCHERSTRASSEN

Nach zwei Kapiteln dieses Buches bzw. den ersten 1000 Kilometern in den österreichischen Nordalpen sind wir bereit und warmgefahren für echte hochalpine Höhepunkte, für die landschaftlich atemberaubenden und fahrerisch schon anspruchsvollen Gletscher- und Panoramastraßen Tirols.

Checken Sie Ihr Motorrad, insbesondere das Restprofil der Reifen, packen Sie auch im Sommer ein paar warme Sachen ein, und lassen Sie uns aufbrechen. Auch unser Ausgangsort Seefeld in Tirol ist vor allem Skifahrern ein Begriff, von Frühling bis Herbst hingegen begeistert der Ort in einzigartiger Lage mit einer herrlich entspannten Atmosphäre. Und einer Umgebung, in der die Tiroler Bergwelt auch auf ganz besondere Art genossen werden kann: von oben zum Beispiel. In Seefeld habe ich vor vielen Jahren das Gleitschirmfliegen gelernt, und an unzähligen Flugwochenenden ist mir der beschauliche Ort ans Herz gewachsen.

So wie auch das westlich anschließende Mieminger Plateau samt Imst, über das im vorhergehenden Kapitel schon berichtet wurde. Sie sehen auch hier wieder: Alle Touren lassen sich herrlich einfach miteinander kombinieren. Das im historischen Zentrum durchaus sehenswerte Landeck ist einer der wichtigsten Verkehrsknotenpunkte der Region und für uns heute das nördliche Tor zum Reschenpass (1507 m). Dieser verbindet das österreichische Tirol mit dem italienischen Südtirol, genauer gesagt: mit dem herrlichen Vinschgau. Die Auffahrt zum Pass ist von beiden Seiten beinahe schon autobahnähnlich ausgebaut und fahrerisch eher anspruchslos.

Das heutige Highlight ist sicherlich die Geschichte um das kleine Bergdorf Graun, dessen Kirchturm der wohl am meisten fotografierte Europas ist, wenn nicht sogar der ganzen Welt. 1948 wurde auf der italienischen Seite des Passes der Reschensee aufgestaut. Dabei versank der Ort Graun (Südtirol) in den Fluten, lediglich der Kirchturm des Ortes ist noch sichtbar und dient heute als Foto-Motiv. Entgegen weit verbreiteter Gerüchte liegt dies jedoch nicht an seiner Höhe, sondern daran, dass er als einziges Gebäude nicht vor der Flutung abgerissen wurde. Bei Niedrigwasser im Stausee steht der Turm in einer Lagune und kann umwandert werden.

Nach einem langen Blick in das angrenzende Rojental wenden wir allerdings das Bike wieder und huschen über den Weiler Prutz hinüber ins Kaunertal, das Hauptziel dieses Tourentages. Und dort zieht uns vor allem der Talschluss mit seiner grandiosen Gletscherstraße an. Mein Tipp: Diese Sackgasse mitten hinein ins Herz eines der bekanntesten Gletscher-Skigebiete begeistert Motorradfahrer von Juni bis Oktober. Dann gehört diese herrliche Gletscher-Panoramastraße den Wanderern, Ausflüglern und natürlich uns.

Die hochalpine Panoramastraße folgt in ihrer Trassenführung weitgehend dem Pilgerweg vom Wallfahrtsort Kaltenbrunn über das Weißseejoch (2960 m) nach Melagg im Langtauferer Tal. Um 1965 erbaute die Tiroler Wasserkraft AG im Kaunertal mit dem Gepatsch-Stausee den höchsten Naturschüttdamm Europas mit satten 140 Millionen Liter Speichervolumen. Im Zuge dieses Staudammbaus wurde auch die Straße ausgebaut und asphaltiert – die Kaunertaler Gletscherstraße begann ihren Siegeszug im Tourismus. Und falls Sie diesen Tourentag im Kaunertal beenden möchten, habe ich einen Übernachtungstipp für Sie parat (s. Infokasten).

Über das Tiroler Bergdorf Piller wechseln wir anderntags hinüber ins Pitztal. Wie in vielen Alpentälern heißt es auch hier: Am Talschluss ist Ende Gelände – auch für Enduristen. Zwar mögen einige Kiespisten

Gegen Rheuma und andere Schmerzen: Gereinigtes Murmeltierfett ist ein uraltes Hausmittel im Alpenraum.

Mehr braucht es nicht zum Genuss: Am Westufer des Kaunertaler Gletschersees herrscht wohl niemals Trubel.

Sinnbild der Hohen Kunst des Motorrad fahrens: die Kaunertaler Gletscherstraße im oberen Drittel

noch weiter in die herrliche Bergwelt der Alpen führen, deren Befahren ist aber meist verboten. Akzeptieren wir, dass es herrliche Flecken Alpenwelt gibt, die auch wir nur zu Fuß erreichen dürfen, und genießen wir dennoch die Fahrt hinein ins Pitztal bis zu seinem Ende weit hinter St. Leonhard beim Örtchen Mandarfen – bestes Beispiel dafür, wie man eine herrlich gelegene Alm zu einer touristischen Perle Tirols ausbauen kann.

Apropos: Das sodann vor uns liegende Ötztal ist auch eine Perle Tirols. Vor allem natürlich wegen seiner ausgeschilderten Gletscherstraße. Diese mautpflichtige Sackgasse empfiehlt sich nicht nur als Abstecher auf dem Weg zum Timmelsjoch, sondern auch als eigenständiges Tourenziel. Immerhin geht es hinauf auf hochalpine 2800 Meter Höhe ins Herz des Gletscherskigebiets rund um den Rettenbachferner. Oben am Gletscher finden sich ausreichende Parkmöglichkeiten, die es auch erlauben, das Bike für ein paar Stunden abzustellen, um z. B. eine Wanderung zu unternehmen. Weiter geht es dann zum Tiefenbachgletscher und durch

Herrliches Abseits: Im Kühtai steppt im Winter der berühmte Bär, im Sommer fast nur der Biker.

den Rosi-Mittermeier-Tunnel, den höchstgelegenen Straßentunnel Europas inmitten eines wohl einzigartigen Naturpanoramas, dessen Anblick für alle Zeiten im

Gebaut für den großen Ansturm: Auch die Ötztaler Gletscherstraße ist bis zum Ende perfekt ausgebaut und asphaltiert.

Nicht gerade billig, aber lohnend: 15 Euro kostet die Timmelsjoch-Maut – einfach. Hin und retour sogar satte 19 €.

Gedächtnis bleiben wird. Knurrt Ihnen jetzt der Magen? Dann besuchen Sie doch mal meinen Tipp für Sölden: das Gasthaus »s'Pfandl« im Plörweg 4. Denn gut gestärkt sollten wir sein, es erwartet uns schließlich die Nordrampe des legendären Timmelsjochs.

Gut 2500 Meter Höhe verlangen eine satte Portion Kenntnis in der Hohen Schule des Passfahrens – das Timmelsjoch ist kein Trainingsgelände für Führerschein-Neulinge! Da die Straße auf italienischer Seite für Kraftfahrzeuge über acht Tonnen sowie für Gespanne und Busse gesperrt ist, gehört die kehrenreiche und mautpflichtige Passstraße uns Bikern und den normalen Pkws. Und das ist einer der besonderen Reize des Timmelsjochs. Hinzu kommen herrliche Panoramaaussichten auf die umliegenden Nord- und Südtiroler Alpen. Und auf das im Süden liegende Passeier Tal mit seinem bildhübschen zentralen Ort, Sankt Leonhard im Passeier, wohin unsere Fahrt nun führt. Lust auf noch einen Einkehrtipp? Das Bar-Restaurant Theis in der Passeier Str. 19 lohnt eine Pause – obwohl, das hübsche Bergdorf besteht im Grunde aus einer Aneinanderreihung von lohnenden Boxenstopps ...

Und dann bitte erneut die Knie an den Tank, denn der Anstieg zum Jaufenpass lockt. Dieser Pass verbindet Sankt Leonhard im Passeier mit Sterzing im Eissacktal. Unterhalb der Passhöhe auf Sterzinger Seite befindet sich ein Berggasthof, der vor allem an den Wochenenden viel besuchtes Zwischenziel der Motorradfahrer ist; auf der Passhöhe selbst liegt ein winziges Gasthaus mit freiem Blick zurück auf das Passeier Tal. Spätestens hier ahnen Sie, warum ich als Motorradfahrer geradezu süchtig bin nach unseren Alpen. Und nun schon unzählige Male auch in Sterzing den Seitenständer ausgeklappt habe. Gönnen Sie sich unbedingt einen Rundgang durch Sterzings vom berühmten Zwölferturm dominierte Fußgängerzone mit ihren unzähligen Einkehr- und Shoppingmöglichkeiten. Der sehenswerte Ort bietet so einiges an historischer Substanz. Wie auch die nahe Burg Reifenstein, eines der wohl schönsten Relikte aus Römertagen und fast 1000-jähriges Wahrzeichen perfekter Burgenbaukunst. Rechtzeitig dazu folgt jetzt mein Einkehrtipp: das Restaurant Hubertushof in der Via Guglielmo Marconi 17.

Dem nun vor uns liegenden Brenner und ganz besonders seinen atemberaubend schönen Seitentälern widme ich explizit ein ganzes Kapitel – das sogleich folgende –, sodass wir uns auf dieser Runde auf ein paar Fakten beschränken können. Natürlich auf der alten Brennerstraße überqueren wir den berühmtesten Pass der Alpen. Die Passhöhe bietet neben einigen Shoppingmöglichkeiten auch den Blick auf das alte Dorf Brenner mit einer höchst spannenden Geschichte. Mehr dazu gleich.

Geschwind wie der Wind geht es kurvenreich hinab nach Innsbruck, der Hauptstadt des Bundeslands Tirol im Herzen des Inntals. Die fünftgrößte Stadt Österreichs ist Start und Ziel auf unserer nächsten Rundreise und sei deshalb heute nur kurz gestreift. Denn auf dem Heimweg erwartet uns noch das idyllische Kühtai mitsamt Sattel auf gut 2000 Metern Höhe. Folgen Sie dazu bei Kematen im Westen Innsbrucks einfach den Beschilderungen. Der Genussfaktor des Kühtaisattels sowie des umliegenden Sellraintals liegt einmal mehr in den herrlichen Landschaften rechts und links des Lenkers, für deren Betrachtung wir auch während der Fahrt genügend Muße haben. Dies umso mehr, als die Strecke fahrerisch nicht allzu anspruchsvoll ist. Über Axams und Sankt Sigmund im Sellrain geht es kurvenreich Richtung Scheitelhöhe des Sattels. Die liegt nahe beim Ort Kühtai, der einmal mehr zum ausgiebigen Einkehrschwung einlädt.

Im Dorf Ochsengarten setzen wir den Blinker rechts, gönnen uns neun überraschend echte Spitzkehren hinab ins Inntal und zum Abschluss dieser Runde noch den berühmten Zirler Berg – immer in der Hoffnung, keinen Lkw oder Rentner-Reisebus vor sich zu haben, denn Überholen ist abschnittsweise recht schwierig auf dieser steil ansteigenden Bergstrecke. Deren Nordrampe führt uns dann gemütlich zurück nach Seefeld. Und zu meinem Einkehrtipp für den Abend: die »Südtiroler Stube« in der Reitherspitzstr. 17.

DIE TOUR IM ÜBERBLICK

Schwierigkeitsgrad: Mittel

Streckenlänge: 690 km

Reine Fahrtzeit: 11–12 Std.

Zeitaufwand inkl. Sightseeing: 4 Tage

Beste Jahreszeit: Anfang Juni bis Anfang Oktober

Start- und Zielort: Seefeld in Tirol

Mein Hotel-Tipp dort: Pension Krinserhof, Krins 10, A-6100 Seefeld, Tel. +43/(0)5212/27 21, www.krinserhof.com (lassen Sie sich vom Layout der Website nicht abschrecken)

Optionale Übernachtungsstopps: Im Kaunertal und in Sölden im Ötztal

Meine Hotel-Tipps dort: Hotel Weisseespitze, Platz 30, A-6524 Kaunertal, Tel. +43/(0)5475/316, www.weisseespitze.com; Alpengasthof Grüner, Außerwaldstr. 19, A-6450 Sölden, www.gruener-soelden.com

Unbedingt anschauen: Landeck, Reschensee, Kaunertaler und Ötztaler Gletscherstraßen, Timmelsjoch und Sankt Leonhard im Passeier, Sterzing, Innsbruck

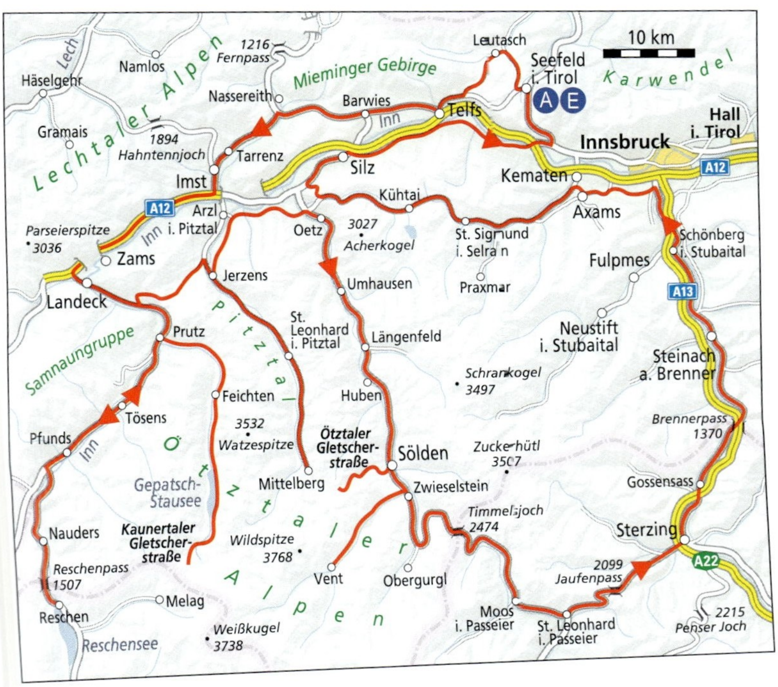

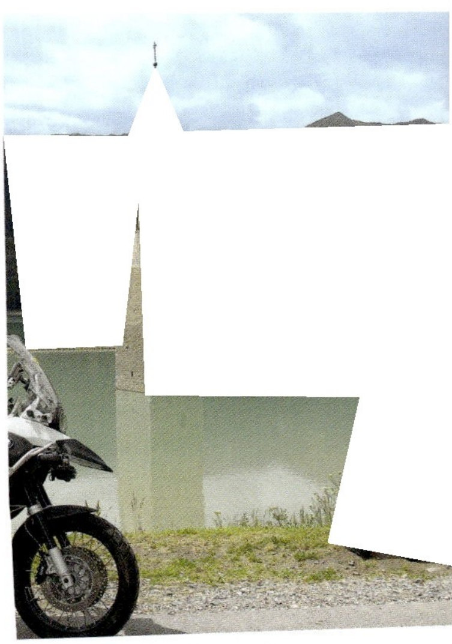

Weltberühmt: Ein Foto des Kirchturms von Alt-Graun im Reschensee hat fast jeder Biker schon im Album.

Welch pralle Geschichte: Der Brennerpass ist viel zu schade, um einfach nur über ihn hinweg zu flitzen.

INNSBRUCK UND DIE BRENNERTÄLER

Ja, ich gebe es zu: Unzählige Male schon bin ich auf meiner Hatz in den Süden der Alpen über die alte Brennerstraße gewedelt, ohne einen einzigen Blick nach rechts und links in die angrenzenden Täler zu werfen. Sträflicherweise, wie ich nach meiner ersten intensiven Brennertäler-Exkursion 2008 nun für alle Zeiten konstatiere.

Alle Täler rund um die Brennerhauptroute bieten eine sehenswerte und höchst individuelle Schönheit, die Sie sich unbedingt intensiv gönnen sollten. Nehmen Sie sich drei Tage Zeit, spendieren Sie unserem Tourenstandort Innsbruck einen ausführlichen Sightseeing-Tag und den Tälern den Rest Ihrer Zeit – es wird Ihnen gefallen! Aber gestatten Sie mir zuerst noch ein paar Worte zu Innsbruck, einer weiteren Perle Österreichs. Die so vielseitige Hauptstadt Tirols und immerhin fünftgrößte Stadt des Landes ist reich gesegnet mit historischen Bauten aus der Zeit Kaiser Maximilians I. Berühmt ist die sehenswerte Altstadt nicht nur für ihr »Goldenes Dachl«, einen mit vergoldeten Kupferschindeln gedeckten Erker der ehemaligen Fürstenresidenz, auch das Helblinghaus sowie die Hofburg lohnen einen Besuch. Und bitte aufgepasst: Die unzähligen Einkehrmöglichkeiten in den Innsbrucker Altstadtgassen können Tourenpläne atomisieren.

Deshalb lassen Sie uns an dieser Stelle den Rundgang zunächst beenden und zügig aus der Großstadt hinaus und direkt zum Eingang des berühmten Stubaitals huschen. Denn nicht nur Fans des weißen Sports kann dieses Hochtal begeistern, die Stubaier Ortschaften sind auch im Frühling ein echter Hingucker. Gleich hinter Neustift zweigt eine weitere Sackgasse gen Nordwesten ab, die Single-Track-Road in das mehr als prächtige Oberbergtal. Eine landschaftliche und fahrerische Perle, die wir uns bis zum Talschluss nahe der Oberissalm gönnen. Und das mit ordentlich Muße, denn das eigentliche touristische Highlight des Stubaitals, der berühmte gleichnamige Gletscher, ist rasch abgehakt. Der bietet nämlich vom Frühjahr bis in den Herbst hinein weder eine besondere Attraktion noch einen besonders schönen Anblick.

Dafür verwöhnt uns wenige Kilometer weiter das Navistal mit seiner einzigartigen Pracht. Das beschauliche Hochtal ist eines der schönsten am Brenner. Durch eine atemberaubend einsame Bergbauern-Kulturlandschaft führt uns die Straße hinauf in die Welt der Tuxer Alpen. Nach gut 15 Kilometern enden alle betonierten Wege rund um das Örtchen Navis, nur Enduristen finden hier noch die eine oder andere Offroad-Piste weiter hinein in die Tiroler Berge. Und natürlich Wanderer.

Gschnitz- und Obernbergtal sind die beiden kürzesten Sackgassen am Brenner und stehen als nächste Highlights auf unserem Roadbook. Fernab von Ringelpiez und Hektik zweigt das Gschnitztal bei Steinach gen Westen ab. Den Taleingang dominiert – man möchte fast sagen: verschandelt – die gut 700 Meter lange Gschnitztalbrücke der Brennerautobahn. Über Trins und Gschnitz, Unter- und Obertal führt uns eine kurvenreiche Landstraße entlang idyllischer Almen und einsamer Siedlungen bis hinauf zum Talschluss nahe der Laponesalm am Fuß der imposanten Weißwandspitze, einem der markantesten Gipfel der Stubaier Alpen. Spätestens hier sollten Sie das morgens am Frühstücksbuffet zusammengestellte leckere Tagespicknick ausbreiten, eine Decke aus dem Topcase holen und sich eine lange Pause inmitten der Pracht der Tiroler Alpen gönnen. Das reinigt auch die Biker-Seele!

Gleich hinter Gries setzen wir erneut den Blinker und dirigieren das Motorrad hinauf Richtung Schmirn. Östlich von St. Jodok, einer höchst geruhsamen Alpensiedlung, erwarten uns das Valser- und das Schmirntal mit immer wieder überraschender Weitläufigkeit. Ganz

Egal wie eng es wird, erkunden Sie jedes Brennertal unbedingt bis zu seinem Talschluss – sofern es erlaubt ist.

gleich, ob Sie sich zuerst Vals oder Schmirn gönnen, fahren Sie in beiden Fällen erneut bis zum ultimativen Talschluss tief in den Tuxer Alpen. Vals, Schmirn sowie all die anderen Weiler sonnen sich inmitten einer prächtigen Bergwelt und gleichen einer eher zufälligen Ansammlung von alten, über die Jahrhunderte hinweg zusammengewachsenen Bergbauernhöfen. Hier wird jeder neue Einwohner noch mit Herzlichkeit begrüßt – ebenso wie jeder Gast.

Nur einen Katzensprung südlich davon erwartet uns zu guter Letzt auf österreichischer Seite noch das Obernbergtal, auch heute noch ein Geheimtipp

Erinnerungswürdig: Die Abendstimmung im Umfeld der Alten Brennerstraße – hier bei Gries – ist einzigartig.

Eine der Perlen Tirols: Blick auf Innsbruck im mächtigen Inntal umgeben von den Tiroler Alpengipfeln

bei allen Naturfreunden. Durch lichte Lärchenwälder schwingt die Strecke bergan, verziert mit bizarren Fels- und Steingebilden. Wenige Meter hinter dem Dorf Obernberg ist Schluss mit Kurvenhatz, ab hier geht es nur zu Fuß oder mit dem Mountainbike weiter. Rasch den Seitenständer ausgeklappt und ganz tief durchgeatmet – das ist hier oben derart gesund, das müsste eigentlich über jede Krankenkasse abzurechnen sein.

Und dann liegt er vor uns, der berühmte Brennerpass. Mit gerade einmal 1370 Metern Höhe gehört er zu den niedrigsten Pässen des Alpenhauptkamms. Das macht ihn zwar fahrerisch nicht unbedingt zu Bikers Lebenstraum, wenn es aber darum geht, bereits im zeitigen Frühjahr oder noch im Spätherbst eisfrei gen Süden zu kommen, ist er unverzichtbar. Die alte Brennerstraße, die B 182, ist die mautfreie und »historisch wertvolle« Alternative zur gewaltigen Brenner-Autobahn. Und eben jene Bundesstraße führt direkt vorbei an Stubai- und Gschnitztal, am Obernberger, Navis-, Schmirn- und Valser Tal auf die Südtiroler Seite. Dort warten noch Val di Fleres, Val Ridanna, Val Giovo und Val di Vizze auf uns – alle vereint in der Tourismusregion Wipptal.

TOUR-TIPP

Promi-Kuren am Brenner

Seit der Antike sind die Heilquellen des Brennerbads bekannt, doch erst 1338 wird das Heilbad urkundlich erwähnt. Trotz widriger äußerer Umstände – die Quellen wurden mehrmals von Lawinen und Muren verschüttet – gaben sich im Lauf der Jahrhunderte eine Vielzahl berühmter Persönlichkeiten kurend die Klinke in die Hand, erhofften sich Linderung ihrer Schmerzen und Gebrechen. Herzog Sigmund von Tirol mit Eleonore von Schottland, große Komponisten wie Richard Strauß und Franz Lehar oder auch der Dramaturg Hendrik Ibsen stehen auf der überlieferten Gästeliste. Das Thermalwasser des Brennerbads stammt aus einer Tiefe von mehr als 1000 m und nimmt bei seinem Weg an die Oberfläche jene wichtigen Eigenschaften an, die es so heilsam machen. Es besitzt eine nahezu konstante Temperatur von 22 °C, eine eher seltene Mischung aus Kalzium, Magnesium, Natrium, Kalium, Sulfaten, Kohlensäure und Spurenelementen sowie signifikante Mengen an Brom und Jod. Ganz offiziell ist das Wasser der Sanct-Zacharias-Heilquelle von Brennerbad seit Jahren als Thermalwasser eingestuft, seine heilende Wirkung kann in Form von Trink- und Badekuren sowie als Aerosoltherapie genossen werden (Infos auch unter www.termedibrennero.it).

Bilderbuch-Panoramen: Auch das Pfitschtal auf der Brenner-Südseite bietet uns viele Postkarten-Ansichten.

Lebendige Traditionen: Fein herausgeputzt ziehen die Bewohner von Pflersch am Sonntag zur Kirche.

Vier nicht minder bildhübsche Alpentäler erwarten uns auch südlich des Brenners, allesamt kleine, in sich ruhende Alpenwelten mit einer satten Portion italienischem Flair. Im Zentrum von Colle Isarco (Gossensaß) zweigt wenige Kilometer nach der Brenner-Scheitelhöhe rechter Hand unsere erste Sackgasse ab, das Val di Fleres oder Pflerschtal. Wie, noch nie davon gehört? Macht nichts, genießen Sie die Fahrt entlang der Südflanke der imposanten Tribulaun-Gipfel. Das Val Ridanna (Ridnauntal) einen Katzensprung südlich von hier ist da schon deutlich touristischer geprägt. Schloss Wolfsthurn hoch über Mareta ist ein Postkartenidyll; die barocke Schlossanlage stammt aus dem 12. Jahrhundert und beherbergt sehenswerte Relikte aus längst vergangenen Zeiten. Am Talschluss erwartet uns dann die spannende Geschichte des Silberbergbaus rund um den Schneeberg (Monteneve) – das weitläufige Schaubergwerk entführt uns zu den heute noch funktionierenden Anlagen tief unter Tage.

Zurück im Tageslicht gönnen wir uns nach einem langen Blick hinauf nach Innerratschings, einem Seitenarm des Ridnauntals, erst einmal einen Einkehr-

Pflichttermin im Stubai: Das Oberbergtal ist das größte Seitental des Stubai – gönnen Sie es sich unbedingt.

schwung in Sterzing. Oder auch eine Übernachtung, denn anderntags wartet nicht nur der Rückweg auf der recht einsamen östlichen Talseite des Brenners auf uns. Zum Abschluss besuchen wir noch das idyllische Val di Vizze (Pfitscher Tal), ein malerisches Hochtal mit gut 40 Kilometern höchst kurvenreichen Fahrgenusses. Wer dort allerdings den ausgeschilderten Passo di Vizze, das Pfitscher Joch, auf 2246 Metern Höhe erobern will, benötigt ein Mountainbike oder Wanderschuhe. Die Straße ist nur bis etwa vier Kilometer vor dem Pass motorisiert befahrbar und danach selbst für leichte Enduros offiziell gesperrt. Achtung, eine Missachtung kann in Südtirol richtig teuer werden! Macht aber nichts, und Pläne, den Passo di Vizze mit einer asphaltierten Zufahrt dem Tourismus zu öffnen, gibt es bereits. Haben wir einfach noch ein wenig Geduld und genießen den Rückweg nach Innsbruck.

Mit Kohorten von Biker-Kollegen geht es auf wohlbekannter Piste bergan und zurück; spätestens in Matrei sollten Sie allerdings die Piste nach Pfons wählen und über Erlach und Sankt Peter auf der östlichen Talseite nach Innsbruck huschen. Das schenkt Ihnen zum Abschluss nochmals panoramareiches Fahrvergnügen, das in Erinnerung bleiben wird. Und in Zukunft werden auch Sie den Brenner und seine Täler wohl ebenfalls mit gänzlich anderen Augen betrachten.

DIE TOUR IM ÜBERBLICK

Schwierigkeitsgrad: Leicht

Streckenlänge: 310 km

Reine Fahrtzeit: 6–7 Std.

Zeitaufwand inkl. Sightseeing: 2–3 Tage

Beste Jahreszeit: Mitte Mai bis Ende Oktober

Start- und Zielort: Innsbruck

Mein Hotel-Tipp dort: Basic Hotel Innsbruck, Innrain 16, A-6021 Innsbruck, Tel. +43/(0)512/58 63 85, www.basic-hotel.at

Optionaler Übernachtungsstopp: Sterzing

Mein Hotel-Tipp dort: Hotel Klammer, Brennerstr. 42, I-39049 Sterzing, Tel. +39/0472/76 51 86, www.hotel-klammer.com

Unbedingt anschauen: Jedes der Brennertäler bis zu seinem Talschluss, Sterzing und natürlich Innsbruck

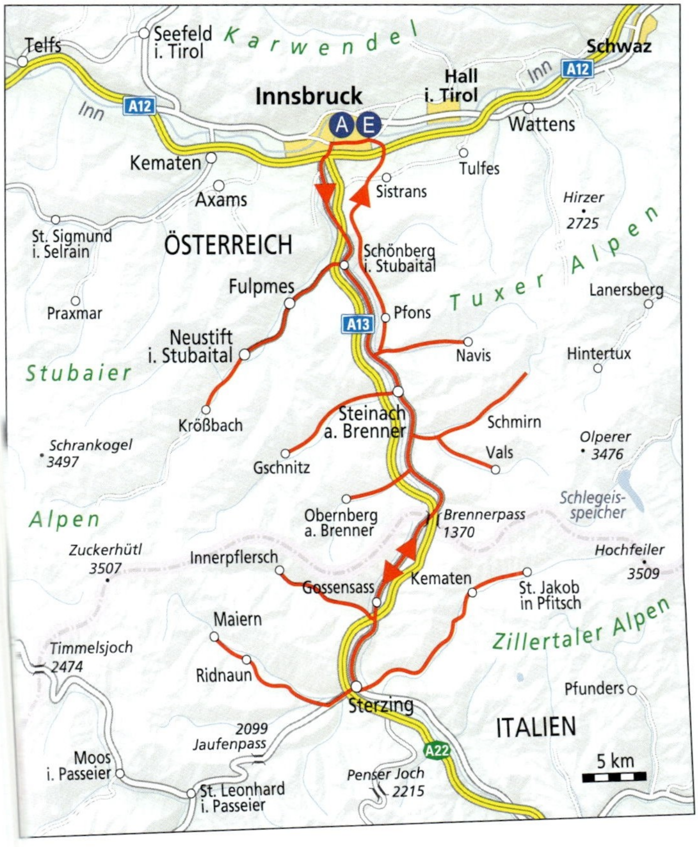

Bislang nur zu Fuß erreichbar: Eine Weiterfahrt zum Pfitscher Joch wird immer wieder diskutiert.

Gibt es Schöneres? Auf Nebenstrecken durch die Kitzbüheler und Tiroler Alpen zu huschen, macht richtig Laune.

RUND UM DEN WILDEN KAISER

Nein, in diesem Kapitel zum Wilden Kaiser geht es nicht um irgendeinen südosteuropäischen Despoten, sondern um eine mächtige Gebirgsgruppe in den Ostalpen. Die besteht aus Wildem und Zahmem Kaiser und bietet eine perfekte Kulisse für eine Rundreise, beginnend in Kufstein, der viel besungenen Perle Tirols.

Kufstein liegt direkt an der Grenze zu Bayern, dementsprechend schicksalsreich ist seine Geschichte. Umgeben von Wiesen, Wäldern und Seen, beherrscht vom mächtigen Massiv des Kaisergebirges, ist das Wahrzeichen der Stadt auch heute noch die imposante Festung. Doch die historischen Gassen haben noch viel mehr zu bieten: z. B. das Nähmaschinenmuseum zu Ehren des Kufsteiner Erfinders jener Nähmaschine, Josef Georg Madersperger, oder die Tiroler Glashütte, die den Besucher jene Glasmacherkunst hautnah miterleben lässt. Und in der Römerhofgasse mit ihren traditionellen Häusern steht das Denkmal für Karl Ganzer, den Komponisten des weltberühmten »Kufstein-Lieds«. Für die abendliche Einkehr habe ich auch noch einen Tipp parat: Das einzigartige »Purlepaus« am Unteren Stadtplatz 18 – ein Erlebnis.

Aber nun auf zum Kurventanz! Über Bad Häring geht es schwungvoll nach Wörgl und am Südufer des mächtigen Inns flussaufwärts nach Strass zum Eingang ins imposante Zillertal, eine der Top-Destinationen Tirols. Auf das Zillertal komme ich übrigens im letzten Kapitel nochmals ausführlich zu sprechen – inklusive zweier auch heute noch unter Motorradfahrern weitgehend unbekannter fahrerischer Höhepunkte.

Für heute geben wir einfach Gas und wedeln auf der Talstraße zügig gen Süden, Richtung Gerlospass, einem fahrerisch ebenfalls lohnenden Höhepunkt, den wir auf dieser Runde sogar *vollkommen mautfrei* genießen werden. Bereits der Anstieg von Zell am Ziller Richtung Hainzenberg beginnt durchaus anspruchsvoll mit einer Handvoll Spitzkehren. Lassen Sie sich dabei bitte nicht von den prächtigen Ausblicken auf das Zillertal ablenken – die sind vom Parkplatz unterhalb von Hainzenberg in aller Ruhe und mit ausgeklapptem Seitenständer gefahrloser zu betrachten. Einer meiner absoluten Lieblings-Pausenplätze der gesamten Alpen befindet sich nahe des Scheitelpunkts der Strecke mit Blick auf den Speichersee Durlaßboden auf gut 1400 Metern Höhe. Sechs Kilometer lang, zwei Kilometer breit und bis zu 55 Meter tief speichert der Stausee nicht nur die Schmelzwasser der umliegenden Berge, sondern bietet auch eine der höchstgelegenen Surf- und Segelschulen, einen Bootsverleih, ein Strandbad mit Kinderspielplatz und Grillstelle sowie ein gemütliches Restaurant mit Ausblicken bis in die Unendlichkeit der Zillertaler Alpen.

Direkt am Abzweig zum Almdorf Königsleiten wählen wir heute die mautfreie alte Gerlosstraße, eine kurvenreiche und abschnittsweise recht schmale Buckelpiste, die volle Konzentration verlangt. Im Örtchen Wald im Pinzgau treffen beide Pisten wieder aufeinander, und wir huschen durch das liebliche Salzachtal nach Neukirchen am Großvenediger. Ihnen kommt der Name irgendwie bekannt vor? Korrekt, es ist jener Ort in dem ein bekannter britischer »Raubtierzüchter« alljährlich seine legendärste Biker-Party feiert. Ich meine natürlich Triumph und seine berühmten »Tridays« Mitte

Ein Versprechen: Die Alte Gerlosstraße ist eine fahrerische Herausforderung – dafür aber gänzlich mautfrei.

Im Zweifel schaut Sozia Kirsten nach: Schwerbepackt auf einsamen Pisten verlangt es oftmals etwas Vorausschau.

Toll: Das Bauern-Holzhaus nahe Kitzbühel lässt bereits erahnen, dass es hier viel zu sehen geben wird.

Juni. Die große siebentägige Veranstaltung heißt übrigens ab 2017 offiziell »Club of Newchurch« und ist nicht mehr strikt an Triumph gekoppelt, sondern markenoffen. Nicht minder erlebenswert, wie ich glaube.

Für heute geht es weiter durchs Salzachtal bis Mittersill mit seiner herrschaftlichen Burganlage. Seit 1888 ist das Schloss in Privatbesitz, es werden aber Führungen veranstaltet, u. a. durch das reichhaltig ausgestattete Heimatmuseum im beinahe 1000 Jahre alten Felberturm. Und die Gästeliste des Schlosses ist mit der niederländischen Königin Juliane, dem Schah von Persien und Soraya, mit Clark Gable, Henry Ford, Bob Hope und Aristoteles Onassis auch recht illuster.

Unser nächstes Ziel lautet Pass Thurn. Er zählt mit seinen 1273 Metern nicht zu den spektakulärsten oder fahrerisch schwierigsten Pässen der Alpen, dennoch lohnt die Runde über ihn allemal. Seine Passhöhe dominiert eine herrlich gelegene historische Herberge, deren Tafern- und Schankrechte immerhin bis ins 13. Jahrhundert zurückreichen.

A bisserl mondän, a bisserl versnobt ist es ja schon, dieses Kitzbühel direkt am Fuß von Hahnenkamm und Kitzbüheler Horn. Auch außerhalb der weißen Saison hat der Liebling der europäischen High Society einiges zu bieten, nur ist alles etwas ruhiger, gelassener. Und a

Auf Schleichwegen: Auch Richtung Kitzbühel gibt es zahlreiche wenig befahrene Strecken zu erkunden.

Eine Wucht: Kufstein und seine Trutzburg sind zu recht eine der erlebenswerten Perlen Tirols.

bisserl günstiger ... vielleicht. Die Panoramastraße auf das Kitzbüheler Horn kostet immer gleich, schenkt uns für 5 Euro neben einigen Kurven und Kehren vor allem grandiose Ausblicke und echten Gegenwert in Form eines Verzehrbons für die oben gelegene Gastwirtschaft. Auch eine nette Idee, wie ich finde.

Die insgesamt auskömmlich breite Straße ist aus allen Hauptrichtungen ausgeschildert und zweigt von der B 161 etwa zwei Kilometer nördlich des Kitzbüheler Zentrums gen Osten ab. Anfänglich geht es noch recht schmal durch Vorortstraßen, ab dem Mautautomaten wird die Piste dann breiter und panoramareicher. Über Almwiesen und durch Waldstücke geht es teilweise mit ordentlicher Steigung bergan. Vor allem die Ausblicke auf Kitzbühel und seine Alpenkette bleiben hierbei in Erinnerung.

TOUR-TIPP

Kitzbühel für Warmduscher

Einer der natürlichen Schätze Kitzbühels ist der am Stadtrand gelegene Schwarzsee. Auf den ersten Blick recht unscheinbar, handelt es sich immerhin um den wärmsten Moorsee Tirols. Direkt vor den nordwestlichen Toren der Stadt breitet er sich auf gut 16 ha aus und erwärmt sich mit seinen gerade einmal 7 m Tiefe im Sommer auf über 24 °C. Direkt am See finden wir ein Seebad sowie aussichtsreiche Cafés und Restaurants, die sich auch für einen schnellen Boxenstopp immer lohnen (Infos unter www.kitzbuehel.com).

Spätestens in Kirchberg am Eingang zum Brixental lassen wir alles Schickimicki-Gehabe hinter uns und genießen pure Tiroler Lebensqualität. Der Hauptort des Tales Hopfgarten im Brixental bietet zahlreiche touristische Annehmlichkeiten, und im unteren Bereich zwischen Westendorf und Hopfgarten verengt sich das Tal zu einer schluchtartigen Kerbe, durch die sich die Bundesstraße kurvenreich schlängelt – landschaftlich und fahrerisch ein Genuss. So wie die Sackgasse in die berühmte Wildschönau, einem 25 Kilometer langen Hochtal und einem der bekanntesten Urlaubszentren Tirols, endet dann dieser lohnende Abstecher, der abseits der Rentner-Reisebus-Saison einfach nur eines ist: toll!

In Scheffau am Wilden Kaiser sind wir dann unserem Kapitelthema ganz nah. Mitten in einem breiten Talkessel zwischen dem Gebirgsmassiv des Wilden Kaisers und dem Kitzbüheler Horn begrüßt uns mit Sankt Johan in Tirol einer der beliebtesten Ferienorte der Alpen. Der Ortskern liegt auf gut 700 Metern Höhe, das gesamte Gemeindegebiet ist touristisch perfekt erschlossen und bietet alle Annehmlichkeiten, die sich der Reisende wünscht. Mein Einkehrtipp dazu lautet: das Wirtshaus »Zum Dampfl« am Hauptplatz 1.

Am Westufer des idyllischen Pillersees suchen wir uns anderntags den weiteren Weg nach Waidring, Erpfendorf und Kössen. Vor allem im Frühjahr und bei Unwetter beginnt der Pillersee übrigens ganz merk-

Nein bestimmt nicht: Sozias Wunsch, am Pass Thurn das Bike zu wechseln, ist hoffentlich nur ein Scherz.

würdig zu brodeln, zu »pillern« wie die Einheimischen sagen. So entstand sein Name. Die hier lebenden Forellen stört das augenscheinlich wenig, sie gehören zu den schmackhaftesten in ganz Tirol. Der Koch vom Gasthaus Strasserwirt – gestatten Sie mir diesen unplanmäßigen Einkehrtipp – kann das bestätigen.

Im Gleitschirmflieger-Paradies Kössen wenden wir uns westwärts Richtung Walchsee (nicht zu verwechseln mit dem oberbayerischen Walchensee, den wir im letzten Kapitel beinahe streifen). Der Walchsee ist das touristische Juwel der gesamten Ferienregion. Seine einzigartige Lage direkt am Fuß des Kaisergebirges

Blick ins herrliche Pinzgau: Am Ende des Buches kommen wir nochmals darauf zurück. Versprochen …

mit seiner imposanten Silhouette begeistert sommers wie winters.

Am Westrand des Sees lockt der Anstieg hinauf nach Rettenschöss inmitten eines einsamen Hochplateaus. Gönnen Sie sich auch diesen Exkurs, er ist fahrerisch und landschaftlich ein Hochgenuss. Bei Oberaudorf erreichen wir bayerischen Boden und widmen uns dem berühmtesten Biker-Treff der Voralpen: dem Sudelfeld mit dem Tatzelwurm. Gleichwohl außerhalb Österreichs gelegen, wäre es geradezu fahrlässig, keinen fahrerischen Schlenker über das Sudelfeld zu unternehmen. Denn für alle Motorradfahrer ist dies der Inbegriff eines Biker-Treffs, direkt am Café Kotz in einer prächtigen Applauskurve – ein Boxenstopp ist hier Pflicht! Ebenso, wie der optionale Abstecher zur Speck- und Waller-Alm am ausgeschilderten Oberen Sudelfeld. Doch Vorsicht: Der Einkehrschwung auf den Almen am Oberen Sudelfeld kann Tourenpläne atomisieren, so herrlich erholsam ist es dort auf über 1400 Metern Höhe.

Beinahe 1000 Jahre alt sind die Wurzeln des sehenswerten heilklimatischen Luftkurortes Bayrischzell am Fuß von Sudelfeld und Wendelstein. Den 1838 Meter hohen und markanten Wendelstein kann man übrigens mit Seil- und Zahnradbahn erobern – oder natürlich auch zu Fuß. Oben auf dem Gipfel finden sich neben einer Kapelle, einer Stern- und einer Wetterwarte auch Einkehrmöglichkeiten mit grandioser Aussicht.

DIE TOUR IM ÜBERBLICK

Schwierigkeitsgrad: Mittel

Streckenlänge: 410 km

Reine Fahrtzeit: 6–7 Std.

Zeitaufwand inkl. Sightseeing: 2–3 Tage

Beste Jahreszeit: Mitte Mai bis Mitte Oktober

Start- und Zielort: Kufstein in Tirol

Mein Hotel-Tipp dort: Hotel Kufsteinerhof, Franz-Josef-Platz 1, A-6330 Kufstein in Tirol, Tel. +43/(0)5372/714 12, www.kufsteinerhof.at

Optionaler Übernachtungsstopp: Sankt Johann in Tirol

Mein Hotel-Tipp dort: Pension Bachlweberhof, Speckbacherstr. 34, A-6380 St. Johann in Tirol

Unbedingt anschauen: Kufstein, Neukirchen am Großvenediger, Kitzbühel und sein Horn, Wildschönau, Sankt Johann in Tirol, Kössen und Walchsee, Sudelfeld und Bayrischzell

Gemütlich, ja beschaulich pendelt dann diese Rundreise über den Ursprungpass aus. Der gehört zu jenen Alpenquerungen, bei denen wir höllisch aufpassen müssen, den Scheitelpunkt und damit die Passhöhe für das obligatorische »Ich-war-hier«-Facebook-Posting nicht gänzlich zu übersehen bzw. zu überfahren. Zurück in Kufstein bleibt mir nur noch, Ihnen meinen zweiten Einkehrtipp zu verraten: die »Fliegerstube« in der Kufsteiner Str. 40.

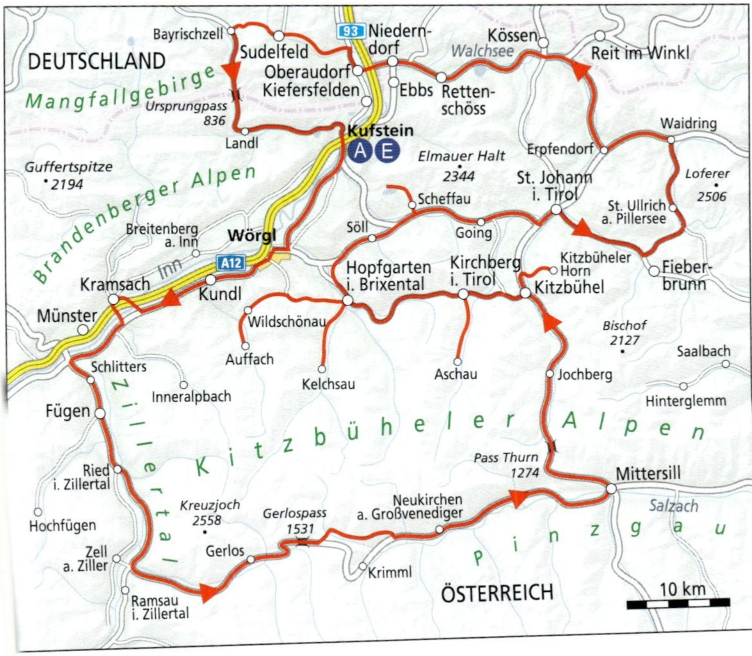

Aufgepasst am Oberen Sudelfeld: Hier ist es so schön, hier möchte man gar nicht mehr weg.

Wohl wahr: »Und der Herrgott hat g'lacht, wia Berchtesgad'n hat g'macht«, sagen die Einheimischen.

UNTERWEGS IM SALZBURGER LAND

Salzburg, das umliegende Salzburger Land sowie natürlich das Salzkammergut sind neben Tirol die wohl bekanntesten Ferienregionen Österreichs und vor allem bei uns Deutschen auch sehr beliebt als ganz spontanes Reiseziel. Nicht verwunderlich, beginnt all diese Pracht doch gleich an der deutsch-österreichischen Grenze.

Gleichwohl ist es recht schwierig, eine exakte Trennung zwischen Salzburger Land und Salzkammergut zu ziehen. Macht aber nichts, wie Sie feststellen werden. Das historische Hallein stellt unser Basislager für dieses Kapitel dar, die alte Salzhandelsstadt am Ufer der Salzach hat viel zu erzählen. So wie mein Übernachtungs- und Einkehrtipp gleich vor den nördlichen Toren Halleins: der traditionsreiche »Hohlwegwirt«. Dessen Besitzer und Wirt aus Leidenschaft, Ernst Kronreif, ist ein echtes Unikat, bei dem sich ein ausgiebiger Boxenstopp zu jeder Jahreszeit lohnt. Sei es zum zweiten Frühstück, zur mittäglichen Einkehr oder zum abendlichen Tourenende: Ernst Kronreif empfängt jeden mit echter, herzlicher Gastlichkeit inmitten seiner seit über 130 Jahren im Familienbesitz befindlichen alten Poststation. In der Wirtsstube kann jedes Ausstattungsdetail eine eigene Geschichte erzählen, z. B. auch die der österreichischen Zweiradschmiede KTM. Denn die Buchstaben KTM stehen für die Gründerfamilien Kronreif und Trunkenpolz aus Mattighofen. Obwohl zwischen dem heutigen Chef von KTM und der Familie Kronreif keine engen Bande mehr bestehen, zu erzählen hat Ernst Kronreif, der Sohn des Firmengründers, viel darüber. Und falls der Abend bei Geschichten und ausgezeichneter, ja sogar prämierter Kochkunst wieder einmal lang wird, stehen fünf stilvoll eingerichtete Themenzimmer im Gasthof Hohlwegwirt zur Verfügung.

Gleich nach dem Frühstück mit Butterzopf und hausgemachter Marmelade geht es dann hinaus ins KTM-Land … Verzeihung, ins Salzburger Land. Über kleine kurvenreiche Landstraßen, über Adnet und Gaißau geht es dahin, Kurven und Kehren wechseln sich ab, ohne uns jemals zu überfordern. Der Wiestalstausee verbirgt sich hinter dichten Laubbäumen, der berühmte Salzburgring hinter dichter Verbauung. Die 1969 eröffnete Rennstrecke gehörte einst zu den berühmtesten in Europa, vor allem auch die Naturtribünen oberhalb der Strecke sind bis heute einzigartig. Und gleichwohl auf der deutlich in die Jahre gekommenen Piste heutzutage keine internationalen Rennen mehr ausgetragen werden, ist der Salzburgring, in dessen Nähe KTM eine Teststrecke betreibt, alljährlich gut gebucht und hält sich bislang sogar ohne bedeutende Subventionen.

Ganz anderes Thema: der Wallersee. Wenige Kilometer weiter begrüßt er uns mit seinen idyllischen Uferstrecken. Er ist mit gut sechs Quadratkilometern Wasserfläche der größte See des Flachgaus; sein Name könnte von dem auch heute noch im See zu findenden mächtigen Waller (= Wels) stammen. Der See war immer schon ein berühmter Quell literarischer Inspiration, seine malerischen Uferregionen lockten Künstler und Literaten an, die in Henndorf einen weithin bekannten Kulturtreffpunkt pflegten.

Auch die sodann folgende Kombi Mattsee und Obertrumer See ist sehenswert. Beide Seen gehören zum Salzburger Seengebiet der sogenannten Trumer Seen im Flachgau und sind ein beliebtes Bade- und Ausflugsrevier. Motorboote sind zwar auf allen Trumer Seen verboten, es können aber Elektroboote gemietet werden. Oder buchen Sie eine Fahrt mit dem Ausflugsschiff zwischen Mattsee und Obertrumer See. Das weithin sichtbare Schloss Mattsee direkt am Seeufer

Sehr sehenswert: Ein Boxenstopp im historischen Zentrum von Burghausen ist Pflicht.

stammt übrigens aus dem 11. Jahrhundert und wurde von 1998 bis 2003 nach Originalplänen neu restauriert. Sein Kaffeehaus sowie die angrenzende Kunstakademie sind weithin bekannt und beliebt.

Die Wurzeln der beschaulichen Stadt Mattighofen reichen bis in frühbajuwarische Zeiten zurück, doch erst Ende des 18. Jahrhunderts kamen Mattighofen und das gesamte Innviertel zu Österreich. Heute ist ein berühmter Name fest mit der ansonsten sehr beschaulichen Stadt verknüpft: KTM. Das 1943 gegründete Unternehmen begann 1954 mit der Serienproduktion von Mo-

Mann, ist die lang! Über 1000 Meter soll sich die Burganlage von Burghausen erstrecken.

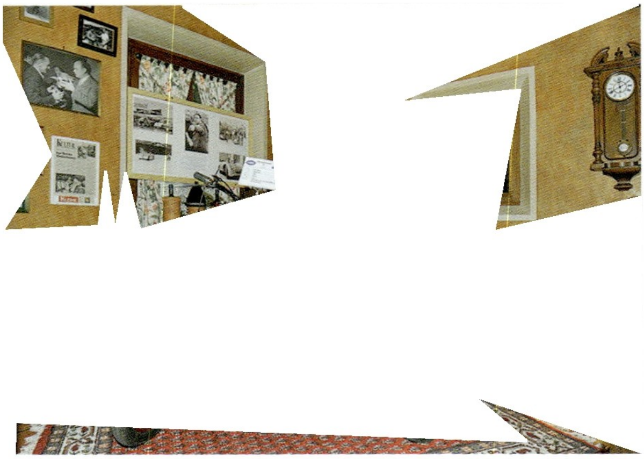

Zwei Legenden unter sich: Ernst Kronreif jun. und die KTM mit Rahmennummer 1

torrädern und feierte zahlreiche Erfolge im Motorsport. Die heutige KTM-Sportmotorcycle AG zählt weltweit zu den führenden Herstellern von Moto-Cross-Motorrädern. Mein Tipp: Falls Sie in der legendären Moped-Schmiede eine »Factory Tour« buchen möchten, gibt es alle Infos auf Anfrage an factorytour@ktm.com – planen Sie aber mindestens zwei Stunden für eine Führung ein. Auch der Showroom im KTM-Werk ist sehr interessant.

Jetzt geht es erneut hinaus ins Land zu einer satten Portion Güterwege. Das sind jene in Österreich meist für den Verkehr freigegebenen landwirtschaftlichen Versorgungswege, die sich in aussichtsreichen Streckenführungen über die Höhenrücken ziehen – ein echter Genuss für den Entdecker in uns. Folgen Sie ganz einfach und spontan an jedem Abzweig der schönsten Aussicht, und genießen Sie eine unbeschwerte Hatz über Land. Übrigens: Noch mehr genussreiche Güterwege gönnen wir uns in Kapitel 8.

Für heute folgen wir einfach der groben Richtung Burghausen, denn auch dort gibt es mächtig viel zu entdecken. Bereits der Anblick Burghausens, an der Grenze zu Österreich gelegen, ist überwältigend, und vom österreichischen Ufer aus hat man auch einen grandiosen Blick auf die längste Burg Europas, die insgesamt über einen Kilometer lange Wehranlage hoch über der Stadt. Gönnen Sie sich doch danach in einem der zahlreichen Cafés im mittelalterlichen Kern Burghausens eine leckere Pause – das Ambiente ist ein Erlebnis für sich. Mein Einkehrtipp dazu: das »Palazzo« am Stadtplatz 57.

Die Salzach bildet hier allerorten die Grenze zwischen Österreich und Deutschland, und entlang ihrem Ostufer suchen wir uns den weiteren Weg über Sankt Radegund nach Ettenau. Dort empfehle ich eine kurze Stippvisite im Örtchen Tittmoning auf deutscher Seite: Hier starten alljährlich von Mai bis Oktober die berühmten Plättenfahrten auf eben jener Salzach Richtung Burghausen. Auf Nachbildungen mittelalterlicher Salzkähne schippert man über den Fluss – ein historisch authentisches Vergnügen für Jung und Alt. Aber auch

Paradiesisches Grenzland: Der Frühling im Salzburger Land zeigt sich von seiner ganz besonderen Seite.

Foto statt Ölfarbe: Der Malerwinkel an Hintersee lockte früher berühmte Maler, heute unzählige Fotografen.

Einzigartig: Der Königssee ist zwar nur zu Fuß zu erreichen, aber selbst bei einem Motorradtrip Pflicht.

der Ort selbst ist sehenswert, er stellte nicht nur in der Kultserie »Königlich bayerisches Amtsgericht« so manchen originalen Schauplatz. Der legendäre Biergarten der Postbrauerei aus dem Abspann der Serie ist hier ebenfalls zu finden – schauen Sie sich also ruhig mal um.

Zurück auf österreichischem Boden geht es via Sankt Pantaleon und Oberndorf zügig Richtung Salzburg. Die Stadt selbst gönnen wir uns aber erst im nächsten Kapitel, an dieser Stelle queren wir nun erneut die Salzach und statten Bad Reichenhall sowie dem Berchtesgadener Land einen Besuch ab. Bad Reichenhall war immer schon reich gesegnet mit Solequellen, das Salz prägte die gesamte Region seit historischen Tagen. Die Alte Saline sowie der Königliche Kurgarten in Bad Reichenhall erzählen noch heute davon. Über Schneizlreuth und den malerischen Hintersee erreichen wir dann Berchtesgaden und Königssee. »Und da Herrgott hat g'lacht, wia Berchtesgad'n hat g'macht«, sagen die Einheimischen, und wahrlich, es ist etwas dran. Mein Einkehrtipp dazu: Gönnen Sie sich eine Pause im »Café Kostbar« in der Ludwig-Ganghofer-Straße.

Wo Legenden leben: Beim Hohlwegwirt von Hallein trifft man sich gerne – nicht nur zu Oldtimer-Veranstaltungen.

Dann geht's weiter zum Königssee – sein Echo ist weltberühmt, seine über einen Meter langen und bis zu 55 Pfund schweren Forellen wahrlich kein Anglerlatein, und so eine Bootsfahrt über den See bleibt für immer in Erinnerung. Da stört es auch nicht, dass wir das alles nur zu Fuß erreichen. Und in der Ferne lockt der berühmte Watzmann, der schon so manches Bergsteigerleben forderte.

Doch genug des Gruselns, jetzt liegt der perfekte Abschluss dieses Tourentages vor uns. Folgen Sie einfach östlich von Berchtesgaden der Beschilderung

Richtung Marktschellenberg und Rossfeld-Panoramastraße. Das ausgeschilderte Informationszentrum Obersalzberg lädt zu einer Führung tief in die Geschichte krankhaften politischen Größenwahns ein. 1923 ließ sich Hitler hier ein Wochenendhaus errichten, 1933 wurde der Obersalzberg sogar neben Berlin zum zweiten Regierungssitz ausgebaut. Das Informationszentrum arbeitet die dunkelbraunen Kapitel deutscher Geschichte auf.

Einen prächtigen Überblick über die heute ungetrübte Schönheit des Berchtesgadener Lands haben wir von der mautpflichtigen Rossfeld-Panoramastraße. In herrlichen Rechts-links-Kombinationen führt sie uns bis hinauf auf 1600 Meter Höhe – am Scheitelpunkt der Strecke liegt uns der gesamte Berchtesgadener Alpenpark zu Füßen. Rund um den Scheitelpunkt gibt's einige nette Alpengasthöfe, die sich für eine Einkehr mit herrlicher Aussicht allesamt empfehlen. Einen ganz besonderen Ausblick bietet die Ringstraße auch an so manchem Herbstmorgen, wenn die ersten fetten Nebel durch die umliegenden Täler wallen und die Welt in Watte zu packen scheinen. Zu guter Letzt huschen wir im letzten Licht des Tages über Bad Dürnberg hinunter ins Salzachtal und direkt zum »Hohlwegwirt« und zum KTM-Gründersohn Ernst Kronreif. Stilvoller und genussreicher kann ein Tourentag nicht enden!

DIE TOUR IM ÜBERBLICK

Schwierigkeitsgrad: Leicht

Streckenlänge: 290 km

Reine Fahrtzeit: 5 Std.

Zeitaufwand inkl. Sightseeing: 2 Tage

Beste Jahreszeit: Anfang Mai bis Ende Oktober

Start- und Zielort: Hallein

Mein Hotel-Tipp dort: Gasthof Hohlwegwirt, Salzburger Str. 84, A-5400 Hallein-Taxach, Tel. +43/(0)6245/82 41 50, www.hohlwegwirt.at

Optionaler Übernachtungsstopp: Burghausen an der Salzach

Mein Hotel-Tipp dort: Klostergasthof Raitenhaslach, Raitenhaslach 9, 84489 Burghausen, Tel. 08677/97 30, www.klostergasthof.com – das etwas andere Hotel!

Unbedingt anschauen: Hallein mit Hohlwegwirt, Salzburg (eventuell mit separatem Tag), Mattighofen mit KTM, Burghausen, Tittmoning, Bad Reichenhall, Berchtesgaden und das Sudelfeld

Perfekter Kurvenschwung: Beide Rampen der Rossfeld-Panoramastraße sind tadellos ausgebaut.

Kein Zweifel: Dass diese Piste am Attersee von Bikern konzipiert wurde, steht für mich außer Zweifel.

HERRLICHES SALZKAMMERGUT

Die schönsten Panoramastrecken des berühmten Salzkammerguts kombiniert mit einem der bekanntesten Biker-Treffs des Salzburger Lands – auch diese Rundtour verspricht pures Fahrvergnügen. Lassen Sie uns beizeiten aufbrechen.

Unser Basisort Sankt Gilgen ist nach Sankt Wolfgang die wohl bekannteste Destination am berühmten Wolfgangsee im Salzkammergut. »Oberdrum« soll er noch zu Zeiten der Römer geheißen haben – nun ja, da kann man den Bewohnern für die Umbenennung nach dem heiligen Gilgian nur gratulieren. Zahlreiche Prominente, die dem Rummel um Sankt Wolfgang entfliehen wollten, errichteten in Sankt Gilgen ihre Sommervillen, es entwickelte sich sogar eine richtige Künstlerkolonie im Ort: die Zinkenbacher Malerkolonie mit bis zu 27 zeitgenössischen Malern und Künstlern. Ihnen ist heute noch ein Museum im Ort gewidmet. Rund um die Schiffsanlegestelle drapieren sich hübsche Biergärten – mein Einkehrtipp dazu: der »Fischer-Wirt« mit grandiosem, kostenlosem Seeblick obendrein.

Und nun: Please start your engines – lassen wir den Kurventanz beginnen. Mit einem Katzensprung huschen wir hinüber zum Fuschlsee. Den schönsten Blick auf diesen schüchtern hinter blickdichten Baumreihen dösenden Weiher hat man zweifelsohne von der Seeterrasse des traumhaft gelegenen Fünf-Sterne Hotels Schloss Fuschl aus. Okay, hier kostet der Cappuccino-Boxenstopp zwar ein paar Euro mehr, dafür bekommen Sie aber auch eine satte Portion einmaliges Ambiente.

Nach einem Abstecher zum verträumten Hintersee schwingen wir über Ebenau und Eisenwang zum Mondsee. Der sich im See spiegelnde Mond soll einst den Bayern-Herzog Odilo davor bewahrt haben, mitsamt Pferd und Rüstung in den See abzustürzen und elendig zu ersaufen. Kurzerhand – und zugegebenermaßen nicht besonders einfallsreich – nannte Odilo das Gewässer Mondsee. Ach ja: Ganz am Ende dieser Rundreise kommen wir nochmals zum Mondsee, dann habe ich noch ein ganz besonderes Angebot für Sie. Bleiben Sie gespannt …

Fast schon in Sichtweite wartet nun der Irrsee auf uns. Das unter Naturschutz stehende Gewässer ist der wärmste See des Salzkammerguts. Bis zu 27 °C wird er warm, gleichwohl seine tiefste Stelle bei über 30 Metern liegt. Zur Zeit der Glaubenskriege zwischen Protestanten und Katholiken kam es auf einem Bauernhof am Ufer des Irrsees zu Massenhinrichtungen. Die Skelette der Opfer sollen noch heute am Seegrund zu finden sein, nach ihnen zu tauchen ist allerdings nicht erwünscht.

Über den nächsten »feuchten« Boxenstopp, den Wallersee, habe ich ja schon in Kapitel 6 berichtet, heute pendeln wir an seinem Ostufer entlang in einigen Schlenkern zielstrebig Richtung Salzburg. Apropos Schlenker: Der metergenaue Verlauf meiner hier beschriebenen Touren steht Ihnen auch als GPS-Download für Ihr Navigationssystem auf der Verlags-Website zur Verfügung. Salzburg selbst sollten Sie sich an einem separaten Reisetag intensiv widmen, das UNESCO-Weltkulturerbe hat viel zu erzählen und zu bieten.

UNESCO-Welterbe: Sobald Sie durch Hallstatt schlendern, wissen Sie auch warum.

A bisserl Schickimicki: Im Kurgarten von Bad Ischl erinnert man sich an vergangene Tage mit Kaisern und Königen.

TOUR-TIPP

Salzburg – das Herz Österreichs?

Am 27. Januar 1756 erblickte Wolfgang Amadeus Mozart in Salzburgs Getreidegasse 9 das Licht der – auf ihn wartenden – Welt, ein Umstand, dem die sehenswerte Stadt mit ihren zahlreichen historischen Bauten auch heute noch viel zu verdanken hat. Mehr als die Hälfte seines allzu kurzen Lebens verbrachte Mozart immerhin hier. Erstmals urkundlich 1120 erwähnt, ist Salzburg zudem die älteste Stadt Österreichs. Basis ihres mittelalterlichen Wohlstands waren das »weiße Gold«, also das Salz, sowie zeitweise auch das echte Gold. Bewacht von der Festung Hohensalzburg – übrigens einer der größten Burgen des Mittelalters – konnten die Bewohner jahrhundertelang ihren Geschäften nachgehen und gut leben. Heutzutage ist Salzburg nicht nur UNESCO-Weltkulturerbe, sondern eine der bekanntesten Städte Österreichs mit einem großen Reichtum an touristischen Highlights und Sehenswürdigkeiten (Infos unter www.salzburg.at).

Da macht es durchaus mehr Sinn, zu einem zweiten Frühstück oder einem mittäglichen Einkehrschwung in Hallein anzuhalten. Oder genauer gesagt in Hallein-Taxach, in der alten Poststation Gasthof Hohlwegwirt der Familie Kronreif. Deren Butterzopf und vor allem die Marillenkonfitüre sind ein Geschenk des Himmels, garniert mit unzähligen Tourentipps des leidenschaftlichen Bikers und Gastwirts Ernst Kronreif jun., dem heutigen Hohlwegwirt und Sohn eines der legendären Gründer der Moped-Schmiede KTM.

Gut gestärkt und mit einem Topcase voller Tipps versehen, widmen wir uns dem ersten geografischen Höhepunkt dieser Tour: der Trattberg-Panoramastraße im Süden von Hallein. Eines der Lieblingsreviere des Hohlwegwirts, führt sie uns auf gut 1600 Meter Höhe hinauf. Gleich hinter Bad Vigaun finden sich die leicht zu übersehenden Wegweiser nach Sankt Koloman und zur Panoramastraße.

Unser nächster fahrerischer Höhepunkt hat noch deutlich mehr zu bieten. Satte 40 Quadratkilometer misst Österreichs größtes Almengebiet und ist mit einer mittleren Höhe von über 1300 Metern zudem Europas zweithöchstes Plateau. Sowohl von Abtenau im Südwesten als auch von Strobl am Wolfgangsee im Nordosten führen mautpflichtige Panoramastraßen in

Frühling am Grundlsee: Vor allem am Südufer gibt es viele lohnende Nebenstrecken zu erkunden.

Einzigartig Nr. 2: Hallstatt am gleichnamigen See ist so schön, es wurde in Asien sogar nachgebaut.

unzähligen Kurven und Kehren hinauf zur legendären Postalm. Im Winter als Skigebiet genutzt, gehört das Almenland vom Frühling bis weit in den Herbst hinein vor allem uns Bikern. Die treffen sich dann u. a. hoch droben an der Almwirtschaft Lienbachhof zu Benzingesprächen und einem ausgiebigen Einkehrschwung inmitten hochalpiner Landschaften. Toll!

Die Ostrampe der Postalm-Panoramastraße leitet uns direkt hinunter nach Sankt Wolfgang und zum wohl berühmtesten See Österreichs. Der Heilige Wolfgang suchte hier um 976 als Bischof von Regensburg im Kloster Mondsee Zuflucht und gab dem See seinen Namen. Was ein eitler Fratz, dieser Wolfgang. Die malerischen, durchweg sehenswerten Orte wie Strobl, Sankt Gilgen und Sankt Wolfgang locken Jahr für Jahr Touristen an, ebenso wie die zahlreichen Badeplätze und -möglichkeiten, die den See auch für Einheimische zu einem beliebten Ausflugsziel machen. Und eine Fahrt mit der Wolfgangsee-Schifffahrt gehört sowieso zu den Pflichtterminen im Salzburger Land.

Zu guter Letzt geht es dann noch nach Bad Ischl, meinem Vorschlag für einen gelungenen Tagesausklang zu bezahlbaren Preisen. Bad Ischl ist auch ohne eigenen See ein Kurort von europäischer Bedeutung geworden und kann auf eine lange Liste berühmter Gästenamen zurückblicken. Klappen Sie nicht nur im sehenswerten historischen Zentrum des Ortes den Seitenständer aus, gönnen Sie sich doch auch einen Übernachtungsstopp.

Anderntags erwartet uns das einzigartige Hallstatt am gleichnamigen See. Der historische Ort ist so ansichtskartengleich gelegen, dass es fast schon kitschig wirkt. Wie Schwalbennester kleben die Häuser an den Steilhängen des fjordartigen Taleinschnitts, nur zu Fuß und mit ordentlich Kondition sind viele von ihnen zu erreichen. Im historischen Zentrum von Hallstatt – üb-

Das nenn ich ein Pausenplätzchen: Kaffee trinken im Fishermans am Mondsee erwärmt jede Biker-Seele.

Der Einkehrtipp in Sankt Gilgen am Wolfgangsee: der einzigartige Fischer-Wirt direkt an der Seepromenade

rigens nur morgens bis 10 Uhr uneingeschränkt befahrbar! – wird die Geschichte des Weltkulturerbe-Ortes wieder lebendig, der Marktplatz gleicht einem Freilichtmuseum mit freiem Eintritt. Im Beinhaus ist die weltgrößte Schädelsammlung zu bestaunen, in den Salzwelten werden die Tage des »weißen Goldes« erzählt, und der Anblick des vielleicht schönsten Seeortes der Welt bleibt bei einer Fahrt mit dem Fährschiff wohl für immer in Erinnerung.

TOUR-TIPP

Bad Goisern und das Echo der Ewigkeit

Auf dem Weg nach Hallstatt haben wir Bad Goisern im Inneren Salzkammergut gestreift, ein Ort mit ebenfalls langer Geschichte. Urkundlich wurde er allerdings erst im 14. Jh. erwähnt, und zwar unter dem Namen »Gebisharn«. Seit 1931 ist Goisern Heilbad und anerkannter Luftkurort, 1952 folgte die Erhebung zum Markt. Bad Goisern ist nicht nur die Heimat berühmter Alpenrocker, sondern auch des »Goiserers«, eines nur auf Bestellung handgefertigten Bergschuhs mit äußerst prominenten Fans, wie z. B. Kaiser Franz Joseph und Kaiserin Sisi. Eine weltberühmte Schuhmode frei nach dem Motto: »Was ist schon der Mode letzter Schrei gegen das Echo von Ewigkeit?« (Infos unter www.bad-goisern.net).

Am Südufer des Hallstätter Sees entlang und über den recht unscheinbaren Koppenpass erreichen wir sodann Bad Aussee und den Grundlsee. In Bad Aussee ist übrigens der geografische Mittelpunkt Österreichs, der Mittelpunktstein kann im Stadtkurpark besichtigt werden. Malerisch am Südende des Toten Gebirges gelegen, lockt uns der Grundlsee zu einem Abstecher. Der beliebte Badesee mit Trinkwasserqualität kann auch mit Ausflugsschiffen erkundet werden, und die kräftigen Thermikwinde begeistern Segler und Surfer vor allem im Frühling und Herbst. Ganz am Südzipfel des Grundlsees, nur zu Fuß erreichbar und versteckt im dunklen Tann, ruht der legendäre Toplitzsee, in dessen Tiefen man bis heute große Teile der Goldreserven des Dritten Reichs vermutet. Gut zwei Kilometer lang, 400 Meter breit und bis zu 100 Meter tief, war der See bis 1944 eine Marine-Versuchsstation für Sprengstoffe und Unterwasserraketen. Nicht nur diese sowie alle Unterlagen dazu wurden bei Kriegsende im See versenkt – im April 1945 wurden zudem unzählige Kisten zum Toplitzsee transportiert. Seitdem vermutet man dort u. a. 50 Kisten Gold und Feingold, fünf Kisten mit Brillanten, Beutegut aus Ungarn, den Tatarenschatz sowie 20 Kisten Goldmünzen aus aller

Welt. Die Suche danach wird allerdings strengstens reglementiert.

Via Altaussee und Bad Ischl geht es Richtung Nordosten an den Traunsee mit seiner äußerst vielfältigen Uferlandschaft. Er ist mit 191 Metern der tiefste und nach dem Attersee der zweitgrößte See Oberösterreichs. Im Osten wird er steil und unzugänglich flankiert vom mächtigen Traunsteinmassiv, im Westen umgeben ihn ausgedehnte Wiesenlandschaften und bewaldete Hügel. Der nahe Attersee ist unser letztes Etappenziel. Das größte Binnengewässer Österreichs ist ein beliebtes Segel- und Tauchrevier, vor allem seine Westuferstraße zählt zu den schönsten Pisten, die in diesem Buch beschrieben werden! Bis zu 170 Meter tief, birgt der See wohl so manches Geheimnis. Im August 1978 verschluckte sein Wasser sieben Menschen für immer, und selbst die größte Bergungsaktion Österreichs mit über 80 Tauchern konnte das mysteriöse Verschwinden der Menschen bis heute nicht aufklären.

Läuft Ihnen jetzt eine Gänsehaut über den Rücken? Dann lassen Sie uns diese Reise nicht nur im sonnenverwöhnten Sankt Gilgen beenden, sondern vorher auch noch einmal den Mondsee streifen. Gefällt Ihnen der Anblick des Sees? Hätten Sie Interesse ihn zu kaufen? Er gehört der Gutshof-Bäuerin vom nahen Höribachhof und steht – ohne Witz! – zum Verkauf. Die Verhandlungsbasis soll bei 16 Millionen Euro liegen und alle Interessenten bisher abgeschreckt haben. Falls Sie also immer schon einmal einen wirklich bildhübschen See im Salzkammergut besitzen wollten – fragen Sie einfach auf dem Höribachhof nach.

An der Seepromenade von Sankt Gilgen endet dann diese abwechslungsreiche Runde mit einem erinnerungswürdigen »Sundowner«. Apropos: Erinnern Sie sich noch an meinen Einkehrtipp, den »Fischer-Wirt« an der Seepromenade?

DIE TOUR IM ÜBERBLICK

Schwierigkeitsgrad: Leicht

Streckenlänge: 460 km

Reine Fahrtzeit: 7–8 Std.

Zeitaufwand inkl. Sightseeing: 3 Tage

Beste Jahreszeit: Anfang Mai bis Ende Oktober

Start- und Zielort: Sankt Gilgen am Wolfgangsee

Mein Hotel-Tipp dort: Hotel Schernthaner Garni, Schwarzenbrunnerstr. 4, A-5340 Sankt Gilgen, Tel. +43/(0)6227/24 02, www.hotel-schernthaner.at

Optionaler Übernachtungsstopp: Bad Ischl

Mein Hotel-Tipp dort: Landhotel Hubertushof, Götzstraße 1, A-4820 Bad Ischl, Tel. +43/(0)6132/244 45, www.hubertushof.co.at

Unbedingt anschauen: Sankt Gilgen, Mondsee (noch zu verkaufen!), Wallersee, Salzburg (eventuell an einem separaten Tag), Hallein samt »Hohlwegwirt«, Postalm, Sankt Wolfgang mit See, Bad Ischl, Hallstatt mit See, Grundlsee, Attersee

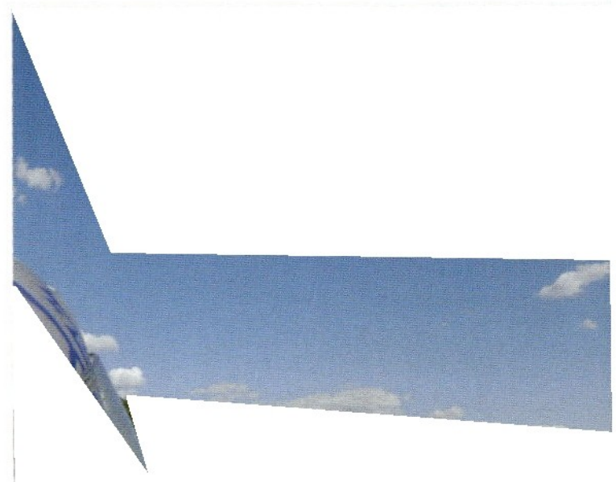

Sackgassen-Genuss: Am Nordufer des Wolfgangsees ist die Kehrtwende Pflicht. Gönnen Sie es sich dennoch.

Gemütliches Touren – im Innviertel und Bäderdreieck ticken die Mopeduhren gleich langsamer.

INNVIERTEL UND BÄDERDREIECK

KTM in Mattighofen ist vollkommen zu Recht Österreichs berühmtestes Aushängeschild in Sachen Motorradbau – kernige und kraftvolle KTM-Motorräder gehören auch zu meinen Lieblingsmaschinen, zumindest, wenn ich einmal solo unterwegs sein »darf«.

Macht Müde munter: Edelsprit für den Boxer und frische Milch für den Biker – gesünder geht's wohl nicht.

Das Land, die Region, in der KTM sicherlich auch hauseigene Testfahrten durchführt – das Innviertel –, ist Thema dieses Kapitels. Ried im Innkreis ist für diese Runde der ideale Basisort. Sein Zentrum ist geprägt von prächtig restaurierten Bürgerhäusern im Inn-Salzach-Stil. Der einst sogar größte Markt Österreichs wurde bereits 1857 zur Stadt erhoben. Rund um den historischen Hauptplatz empfängt uns nicht nur ein erlebenswerter Wochenmarkt, auch die Geschichte der Stadt zählt zu den spannendsten des gesamten Innviertels. Einst zu Bayern gehörend, 1364 von den Österreichern dem Erdboden gleichgemacht und anschließend mitten im Sumpf zwischen zwei Flüssen auf unzähligen Stützpfählen neu errichtet, wurde Ried dann das Zentrum der Leinweberei – der Rieder Leinen wurde weit über die Grenzen hinaus berühmt. 1816 kam Ried dann zu Österreich und wurde dessen größter Markt. Heute zählt das historische Zentrum mit seinen alten Plätzen und Bürgerhäusern zu den schönsten in Oberösterreich.

In weiten Bögen und unzähligen, auch ganz spontanen Schlenkern – das Hauptmerkmal dieser Rundreise, weshalb ich Ihnen unseren GPS-Download nochmals empfehlen darf! – huschen wir über Taiskirchen und Senftenbach und viele andere teils herrlich verschlafene Dörfer sukzessive Richtung Inn, zum Namensgeber der gesamten Region.

TOUR-TIPP

Mächtiger Inn

Mit gut 520 km ist der Inn einer der längsten und mächtigsten Alpenflüsse. Nahezu zwei Drittel seines Flusslaufs befinden sich in den Alpen. Der Fluss entspringt am Malojapass im Schweizer Engadin in 2484 m Höhe nahe dem Lunghinsee. Unterhalb der österreichischen Grenze bildet er das gewaltige Inntal und zwischen Kufstein und Erl den Grenzverlauf zwischen Deutschland und Österreich, bis er in der Dreiflüssestadt Passau in die Donau mündet. Dabei färbt sein grünes Gletscherschmelzwasser das blaue Donauwasser noch eine ganze Weile lang ein, eine Erscheinung, die auf die gewaltigen Wassermengen des Inns zurückzuführen ist, die sich in die Donau ergießen.

Über Ort im Innkreis – der Ort heißt tatsächlich so – und einen Schlenker über die sehenswerte Grenzstadt Schärding erreichen wir Obernberg und huschen direkt hinunter zum Fluss. Die Gelegenheit ist günstig, sprich: die Innbrücke mit der L 510 komplett mautfrei, und so lassen Sie uns den mächtigen Fluss queren zu einem lohnenden Abstecher in das direkt angrenzende baye-

»Güterwege« sind der Geheimtipp nicht nur im Innviertel – sammeln Sie so viele wie möglich auf der Tour.

Ganz schön bunt: Obernbergs historisches Zentrum geizt weder mit Farbe noch mit Blumenschmuck.

rische Bäderdreieck, eine der Regionen Bayerns mit der absolut höchsten E-Bike- und Rollator-Dichte. Das mag auf den ersten Blick etwas abschrecken, aufgeschlossene Geister werden aber bald schon erkennen, dass es sich auch in dieser Region herrlich Motorrad fahren lässt. Und für verspannte Biker-Rücken gibt es nichts Besseres, als ein heißes Bad in einer Therme.

TOUR-TIPP

Erholung im Bäderdreieck

Bad Füssing, Bad Birnbach und Bad Griesbach bilden diese wohl bekannteste Kurbad-Region ganz im Südosten Deutschlands. Die Orte liegen auf einem natürlichen Schatz: Aus bis zu 1600 m Tiefe sprudeln verschiedene Natrium-Hydrogen-Karbonat-Quellen seit Jahrzehnten bis zu 70 °C heißes Thermalwasser an die Erdoberfläche und füllen die sie umgebenden Frei- und Hallenbäder, Thermenlandschaften und Planschbecken mit nachweislich gesundheitsförderlichem Nass. Zur perfekten Vermarktung dieses Naturschatzes haben sich drum herum im Lauf der Zeit nicht nur alle medizinischen Fachrichtungen, sondern auch sonstige touristische Einrichtungen etabliert, die der kurende Gast außerhalb des Beckens sucht. Zugegeben: Nach einem langen Tag auf dem Bike kann so ein Sprudelbad mit heißem Quellwasser herrlich beleben – probieren Sie es ruhig mal aus (Infos unter www.bad-fuessing.de).

Auf bayerischem Hoheitsgebiet schwingen wir in des Wortes reinster Bedeutung »über die Dörfer«, suchen an jedem Abzweig einfach den schönsten Ausblick. Über Bad Füssing geht es nach Kirchham und nach Aigen am Inn und am historischen Rottthalmünster mit seinen mehr als 1250 Jahren Geschichte vorbei mitten hinein ins sehenswerte Kößlarn. Schloss und Kirche dominieren den typisch niederbayerischen Marktflecken, und in der Metzgerei gleich gegenüber sollten Sie sich unbedingt mit Reiseproviant eindecken. Hier schmeckt die Wurst noch nach Wurst, alle Ingredienzien stammen aus der unmittelbaren Umgebung. Und in meinem Einkehrtipp, im Gasthof zum Weißbräu, wird das Weißbier tatsächlich noch selbst gebraut. Eine Leckerei, für die wir im Topcase unbedingt einen Platz reservieren sollten.

In Simbach queren wir erneut den Fluss und erreichen mit Braunau am Inn wieder österreichischen Boden. Die Wurzeln der ältesten aller Innviertler Städte reichen bis ins Jahr 788 zurück; 1380 wurde die hölzerne Stadt durch einen Brand komplett zerstört und in der Folge wieder aufgebaut. Ebenfalls 1816 kam die Stadt mitsamt Innviertel dann in österreichischen Besitz und war 1889 bekanntlich Geburtsort des schlimmsten Kriegsverbrechers Europas. Das Zentrum rund um den

Ein typisches Innviertler Wirtshaus – wo dieses Schild erscheint, lohnt eine Einkehr ganz besonders.

imposanten Stadtplatz begeistert mit sehenswerten Bürgerhäusern und einer reichen Geschichte, hier wird der Boxenstopp beinahe zu einer kleinen Zeitreise. Mein Tipp dazu: die »Tafelspitz & Nudlkuchl« am Stadtplatz 15 – und hier für alle Nicht-Vegetarier eine der Wiener-Schnitzel-Variationen. Und als »Nachtisch« empfehle ich jenes Terrain, das ich ganz besonders zu schätzen gelernt habe: die österreichischen Güterwege.

TOUR-TIPP

Freie Fahrt auf Güterwegen!

Mit Güterwegen werden Betonpisten und Einspur-Sträßchen gekennzeichnet, die einst wie heute zur Versorgung der verstreut und oftmals idyllisch gelegenen Bauernhöfe angelegt wurden. Viele dieser waschechten Single-Track-Roads sind im Innviertel nicht nur frei befahrbar, sie führen meist sogar auf herrlichen Panorama- und Kurvenstrecken durch die sanfte Hügellandschaft der Region und bilden ein Hunderte Kilometer langes Netz aus echten fahrerischen Leckerbissen – ein Innviertler Schmankerl, dass wir uns höchstens mit einigen Traktoren und ab und an einem Auto teilen müssen.

Erst der Anblick Burghausens überzeugt uns dann doch wieder, die Geschwindigkeit zu drosseln und den Blick rechts und links vom Lenker schweifen zu lassen.

400 Jahre pralle Geschichte: Die Stadtapotheke von Ried im Innkreis hat uns heute noch viel zu erzählen.

Gefährten des Windes: Freie Fahrt hat auf Innviertler Güterwegen nicht nur der Wind, auch der Biker.

Viel Natur pur: Rund um Sankt Roman schwingen wir durch eine irgendwie auch heute noch heile Welt.

Denn das Bild Burghausens an der Grenze zu Deutschland ist überwältigend – vor allem vom österreichischen Ufer aus hat man einen grandiosen Blick auf die längste Burg Europas. Für deren Anblick bleiben wir auf dem östlichen Salzach-Hochufer, und für einen empfehlenswerten Einkehrschwung queren wir den Fluss Richtung Altstadt. Mein Einkehrtipp dazu: der »Pritzlwirt« im Pritzl 102 – fast schon Kult.

Nettes »Häuschen«: Der Abstecher nach Vichtenstein mit seiner mächtigen Burganlage lohnt auf jeden Fall.

Von Sankt Adelgund geht es nach Fucking, einem Dorf mit ganz besonderer Geschichte. Oder sollte ich eher sagen: Problemen? Denn der Ortsname respektive das daraus abgeleitete Verb ist im Englischen äußerst beliebt, sodass vor allem englischsprachige Touristen sogar mit Bussen angereist kommen, um Selfies mit dem Ortsschild zu machen. Oder die Ortstafeln bei Nacht und Nebel zu stehlen, weshalb sie inzwischen einbetoniert und verschweißt werden mussten. All das finden die Einwohner des Dorfs gar nicht mehr lustig, weshalb auch schon Namensänderungen diskutiert wurden.

Weiter geht es über die Dörfer, über Trimmelkam nach Lamprechtshausen, vorbei an Matt- und Obertrumer See – Sie erinnern sich an das berühmte Kaffeehaus im Schloss Mattsee – und noch ein letztes Mal nach Mattighofen. Dessen Geschichte ist wie erwähnt mit einem berühmten Namen eng verknüpft: mit KTM. Das 1943 gegründete Unternehmen begann 1954 mit der Serienproduktion von Motorrädern und feierte zahlreiche Erfolge im Motorsport. Die heutige KTM-Sportmotorcycle AG zählt u. a. zu den führenden Herstellern von Moto-Cross-Motorrädern. Eine Werksbesichtigung bei KTM ist übrigens nicht nur via Website möglich ...

Noch ein letztes Mal huschen wir durch einsame Landschaften, durch menschenleere Rotten, wie Weiler und kleine Dörfer in Österreich bezeichnet werden, und erfreuen uns an einer Kurvenhatz frei von Stau und roten Ampeln. Über Sankt Veit und Sankt Johann am Walde erreichen wir schließlich Vöcklamarkt, ein beinahe 1000-jähriges Städtchen mit hübschem Ortskern, eigenem Schloss und viel Lokalkolorit. Wie wäre es mit einem letzten Boxenstopp vor dem Zieleinlauf in Ried? Mein Einkehrtipp für Vöcklamarkt lautet: die »Weißmühner Stub'n« in der Fornacher Str. 19. Durch das leichte Hügelland des Hausruck geht es im letzten Licht des Tages dann zurück zu unserem Basisort Ried.

DIE TOUR IM ÜBERBLICK

Schwierigkeitsgrad: Leicht

Streckenlänge: 420 km

Reine Fahrtzeit: 7–8 Std.

Zeitaufwand inkl. Sightseeing: 2 Tage

Beste Jahreszeit: Anfang Mai bis Ende Oktober

Start- und Zielort: Ried im Innkreis

Mein Hotel-Tipp dort: Hotel Ried, Griesgasse 4, A-4910 Ried im Innkreis, Tel. +43/(0)7752/225 88, www.hotelried.at

Optionaler Übernachtungsstopp: Burghausen an der Salzach

Mein Hotel-Tipp dort: Klostergasthof Raitenhaslach, Raitenhaslach 9, 84489 Burghausen, Tel. 08677/97 30, www.klostergasthof.com – das etwas andere Hotel!

Unbedingt anschauen: Bäderdreieck auf deutscher Seite, Burghausen, Mattighofen mit KTM, Sankt Veit im Innkreis, Salzburg (mit separatem Tagesausflug)

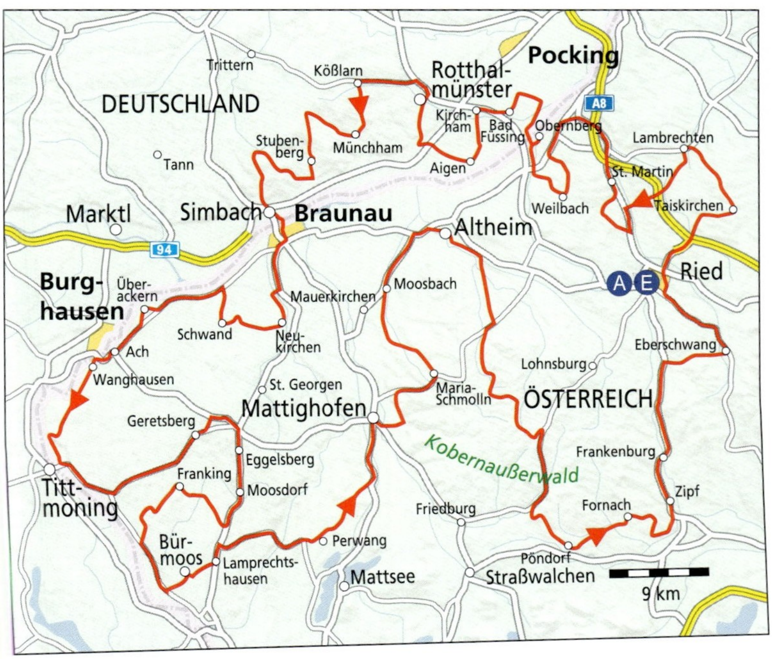

Bunt, frisch und quirlig: Wenn in Ried im Innkreis Markt ist, erwacht der Ort zu vollem Leben.

Hilft gegen die Hektik unserer Tage: Eine Floßfahrt auf den Flüssen des Mühlviertels macht den Kopf frei.

IM WALD- UND MÜHLVIERTEL

Die Donau ist neben dem Inn der wichtigste und wohl auch das Land prägendste Flusslauf auf österreichischem Boden. Und während der Inn hauptsächlich als natürliche Grenze fungiert, quert, prägt und dominiert die Donau den Norden des Landes wie kein anderes Gewässer.

Das betrifft auch die Kernregionen von Wald- und Mühlviertel, die wir uns in diesem Kapitel intensiv anschauen wollen – eine Landschaft, wie geschaffen für den tourenden Entdecker.

Unser sehenswerter Basisort Freistadt wurde ab dem Jahr 1220 streng nach planerischen Vorgaben angelegt und erlebte seine Blütezeit vom 14. bis 16. Jahrhundert. Von beiden Weltkriegen verschont, begeistert die gotische Altstadt mit ihrer mittelalterlichen Stadtbefestigung, den Wehrtürmen und den barocken Fassaden der Bürgerhäuser jeden Besucher. Ist doch Freistadt eine der wenigen Städte Österreichs, deren Befestigungsanlagen fast vollständig erhalten sind.

Früh am Morgen wenden wir das Moped Richtung Norden und tauchen über Windhaag und Leopoldschlag erst einmal tief in das Grenzland zu Tschechien ein – in eine ganz andere Welt, deutlich geprägt von Einsamkeit. Das betrifft ausdrücklich auch die Landstraßen, denn Gegenverkehr ist hier so selten wie eine lila Milka-Kuh auf der Weide. Über Kerschbaum geht es nach Rainbach im Mühlkreis, wo wir den Blinker rechts setzen. Gut 500 Meter südlich des Ortes Reichenthal im Mühlviertel erhebt sich ein Schloss aus dem 13. Jahrhundert, das sich seit immerhin 1636 nun schon im Besitz der Familie Grundemann-Falkenberg befindet. Das nenne ich konstant, Respekt. Der heutige Bau stammt aus dem 16. Jahrhundert, die Wurzeln der ersten Burg sollen aber auf das Jahr 1290 und die Brüder Heinrich und Eberhard von Wallsee zurückgehen. Die sehenswerte Anlage steht für Veranstaltungen, Festlichkeiten und Führungen offen.

Über Bad Leonfelden, Traberg und Haslach an der Mühl pendeln wir gemütlich durch den Mühlkreis, wie das Mühlviertel hier meist genannt wird. Die Steinerne Mühl begleitet uns auf diesem Abschnitt ein Stück und mäandriert fröhlich neben der Straße. Und erinnert mich daran, an dieser Stelle mit einem Klischee aufzu-

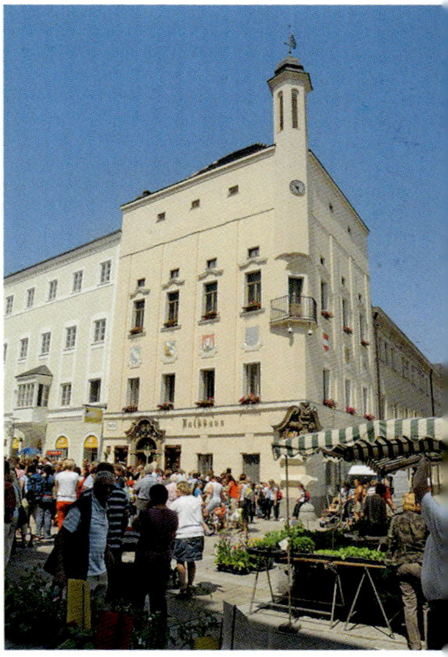

Prächtig: Blick auf Freistadt und seine imposante Burganlage samt Garten und Teichen.

Ist seit über 500 Jahren im Familienbesitz: Burg Clam im Örtchen Klam hat viel historische Substanz.

räumen, denn der Name Mühlviertel stammt nicht – wie man annehmen könnte – von einer hier existierenden Vielzahl an Mühlen ab. Nein, die Flüsse Steinerne Mühl, Große und Kleine Mühl sollen der nördlich der Donau liegenden sehenswerten Landschaft ihren Namen gegeben haben.

Im Herzen des Oberen Mühlviertels gelegen, wurde unser nächstes Etappenziel Rohrbach um 1200 an der Kreuzung wichtiger mittelalterlicher Handelswege gegründet und diente damals als willkommene Rast an der Grenze zum Böhmerwald. Dies brachte den Rohrbacher Bürgern bereits früh ansehnlichen Wohlstand sowie um 1320 sogar die Verleihung der wichtigen Marktrechte. Bis in unsere Tage hinein begünstigt diese zentrale Lage die Stadtentwicklung und macht Rohrbach zu einem erlebenswerten Boxenstopp auf dieser Rundreise. Mein Einkehrtipp für Rohrbach lautet übrigens: der »Queens Garden« in der Pfarrgasse – warum nicht mal chinesisch.

Ein wenig geheimnisvoll: Die Sprüche des Mühlviertler Tourismus sind so vielfältig wie das Land.

In weiten Bögen über Ödenkirchen und Ulrichsberg »schlendern« wir Richtung bayerische Grenze, queren diese kurzerhand und ohne große Formalitäten nahe Schwarzenberg am Böhmerwald und gönnen uns einen Abstecher in den angrenzenden Nationalpark Bayerischer Wald, eines der größten zusammenhängenden Waldgebiete Mitteleuropas.

TOUR-TIPP

Welch' mächtiger Strom

Sie ist mit ihren 2888 km Länge nach der Wolga der längste Strom Europas: Die Donau entspringt im Schwarzwald und mündet ins Schwarze Meer, durchfließt dabei 6 Staaten (Deutschland, Österreich, Slowakei, Ungarn, Serbien, Rumänien) und ist für weitere 4 Staaten (Kroatien, Bulgarien, Moldawien, Ukraine) der Grenzfluss. Doch kaum ein Land wird so eng mit der Donau in Verbindung gebracht wie Österreich, sei es nun durch den »Donauwalzer«, die Donaumonarchie oder gar durch die köstlichen »Donauwellen«.

Bei Obernzell erreichen wir die mächtige Donau und lassen uns flussaufwärts Richtung Passau »treiben«. Trockenen Fußes, versteht sich. Rechtzeitig zur Abenddämmerung erreichen wir die Stadt, deshalb auch mein Übernachtungstipp im Infokasten. Ach ja: Schauen Sie sich ausgiebig um in dieser geschichtsträchtigen Stadt – Passau besitzt eine mehr als zweitausendjährige Vergangenheit und dennoch ein ewig junges Gesicht. Und gleichwohl Donau, Inn und Ilz vor allem zur Schneeschmelze die Stadt immer wieder unter Wasser setzten und obwohl große Brände weite Teile in Schutt und Asche legten, wuchs die Stadt ständig weiter. Beschützt von den mächtigen Festungen Oberhaus und Niederhaus, hat sich im Lauf der Jahrhunderte eine sehenswerte Mixtur aus 2000-jähriger Tradition und junger, universitärer Moderne entwickelt, die Passau einen ganz eigenen Charme verleiht. Mein Einkehrtipp in Passau: das »Hacklberger Bräustüberl« am Bräuhausplatz 7.

Am anderen Morgen geht es frisch ausgeruht zurück zur Donau. Wir queren diese und bei Haibach auch wieder die Grenze zu Österreich und folgen dem Fluss konsequent Richtung Osten. Auf ihrem weiteren Weg nach Linz, der oberösterreichischen Landeshauptstadt, darf die Donau weitgehend unbeeinflusst von Menschenhand gewaltig strömen und formte so im Lauf der Jahrtausende ein höchst idyllisches Tal, das wir uns auf dieser Tour einmal besonders intensiv anschauen wollen. Natürlich auf beiden Seiten des Flusses, denn es gibt dort nicht nur eine abwechslungsreiche Mixtur

Auf Ab- und Güterwegen: Auch im Mühlviertel locken uns unendlich viele Güterwege zu versteckten Orten.

Alles Pusteblume: Der Frühling rund um Neumarkt steht oftmals schon Anfang April in voller Pracht.

aus kurvenreichen Haupt- und Nebenstraßen zu entdecken.

Über Esternberg erreichen wir Münzkirchen, werfen einen Blick auf die imposante Burg Vichtenstein und huschen über Wald-, Neu- und Waizenkirchen dann Aschach an der Donau. Die Gelegenheit ist günstig, und via Donaubrücke queren wir den Fluss Richtung Sankt Martin im Mühlkreis und Kirchberg ob der Donau. Das gehörte ursprünglich einmal zum Osten des Herzogtums Bayern, wurde aber im 12. Jahrhundert dem Herzogtum Österreich zugesprochen. Und seit 1490 wird es dem Fürstentum Österreich ob der Enns zugerechnet, dem heutigen Bundesland Oberösterreich.

Erneut tauchen wir ab in die weiten Landschaften des nördlichen Donautalrands, huschen über Pfarrkirchen nach Lembach im Mühlkreis und nach Hühnergeschrei. Kein Witz, der 60-Seelen-Ort heißt tatsächlich so, und sein Name soll von dem lauten Geschrei der in dieser Gegend häufig durchziehenden Wildhühner stammen. Ich hatte zwar das Ortsschild rasch mit dem Handy fotografiert, muss aber ehrlich gestehen, dass die Bilddatei vermutlich beim Zurücksetzen des Telefons verloren ging …

Weiter geht es über Sankt Veit im Mühlkreis und in einem weiten Bogen schließlich nach Linz. Die Landeshauptstadt ist mit gut 190 000 Einwohnern nach Wien und Graz auch die drittgrößte Stadt Österreichs und die wohl einzige des Landes, nach der sogar ein eigener Asteroid benannt wurde: der Asteroid Nr. 1469 mit dem Namen Linzia. Die »irdischen« Linzer Sehenswürdigkeiten listen so interessante Stationen auf wie die Wallfahrtsbasilika Pöstlingberg hoch über Linz, die Pöstlingbergbahn – immerhin die wohl steilste zahnradlose Bergbahn der Welt – oder auch den größten Stadtplatz an der Donau mit Dreifaltigkeitssäule und sehenswertem alten Rathaus. Und Europäische Kulturhauptstadt war Linz auch schon. Wie wäre es mit einer Einkehr? Mein Einkehrtipp dazu: »Schindler's Heuriger« in der Eisenbahngasse 18.

Richtung Osten verlassen wir anschließend Linz zu einer nochmals ausgiebigen Hatz über die Dörfer. Erinnern Sie sich an meinen Tipp »Güterwege« im letzten Kapitel? Der gilt explizit auch für das Mühlviertel. Irgendwann führen uns diese Pisten dann über Pregarten nach Reichenstein, einem an sich eher unscheinbaren Ort mit einer aber höchst imposanten Burgruine hoch über dem verträumten Waldaisttal. Fast 800 Jahre hat die Ruine auf steilem Fels bereits auf dem Buckel und lohnt einen Rundgang allemal. Sankt Thomas am Blasenstein hat uns zum Abschluss dieser Reise noch einmal eine ganz besondere Geschichte zu bieten: das Rätsel des »Luftg'selchten Pfarrers« – höchst spannend!

Über Klam, Sankt Georgen am Walde und Sankt Oswald erreichen wir zu guter Letzt wieder unser Basislager Freistadt im Mühlviertel und können diese so abwechslungsreiche Reise genüsslich ausklingen lassen. Mein Einkehrtipp in Freistadt lautet: der »Kräuter Wirt« am Guttenbrunn 18 – guten Appetit!

TOUR-TIPP

Der »Luftg'selchte Pfarrer«

Gut 171 cm groß, noch 10 kg schwer und in einem bemerkenswert guten Zustand gibt eine mumifizierte Leiche in St. Thomas am Blasenstein seit ihrem Fund 1855 viele Rätsel auf. Mit komplett kariesfreien Zähnen, einem gesunden Allgemeinzustand und ausgestattet mit einst durchaus wertvoller Kleidung, war es augenscheinlich kein armer Mann, dessen Lebenszeit Experten auf irgendwann zwischen 1670 und 1750 datieren. Doch wer war er? Einer Überlieferung zufolge soll es sich um Franz Xaver Sydler von Rosenegg handeln, einen Chorherren und Pfarrvikar, der in St. Thomas im Alter von nur 37 Jahren plötzlich verstarb. Bereits einen Tag nach seinem Tod beerdigt, kamen bald Gerüchte auf, dass hier etwas nicht stimmen könne. Denn gerade bei Geistlichen war es üblich, sie zunächst tagelang aufzubahren, damit ihre Gemeinde Abschied nehmen konnte. Als man dann 1855 sein Grab beseitigen wollte, fand man einen nahezu unversehrten Leichnam. 2001 begann man den »Luftg'selchten Pfarrer« zu untersuchen – ohne das Geheimnis seiner Mumifizierung lösen zu können. Nur der eigentlichen Todesursache scheint man einen Schritt näher gekommen zu sein: Bei einer Röntgenuntersuchung fand sich im Magen der Mumie eine kirschkerngroße Kugel, die an zwei Seiten kleine Öffnungen aufweist. Auf diese Art wurde im Mittelalter Gift in Speisen verabreicht – der Pfarrer von St. Thomas am Blasenstein scheint bereits in jungen Jahren vergiftet worden zu sein! Doch wer hat ihn anschließend derart perfekt mumifiziert? Und vor allem auch: warum? (Weitere Infos unter www.st-thomas.at)

DIE TOUR IM ÜBERBLICK

Schwierigkeitsgrad: Leicht

Streckenlänge: 710 km

Reine Fahrtzeit: 11–12 Std.

Zeitaufwand inkl. Sightseeing: 4 Tage

Beste Jahreszeit: Anfang Mai bis Ende Oktober

Start- und Zielort: Freistadt im Mühlviertel

Mein Hotel-Tipp dort: Hotel Zum goldenen Adler, Salzgasse 1, A-4240 Freistadt, Tel. +43/(0)7942/72112, www.hotels-freistadt.at

Optionale Übernachtungsstopps: Passau auf deutscher Seite und Linz an der Donau

Meine Hotel-Tipps dort: Altstadt-Hotel Passau, Bräugasse 23–29, 94032 Passau, Tel. 0851/33 70, www.altstadt-hotel.de; arte Hotel, Fiedlerstr. 6, A-4040 Linz, Tel. +43/(0)732/73 37 33, www.arte-linz.at

Unbedingt anschauen: Freistadt im Mühlviertel, Dreiflüssestadt Passau, die Dörfer entlang der Donau ab Passau, Linz an der Donau

Ein lohnender Blick zurück: Hinter Weikersdorf erklimmen wir rasch die Höhenzüge des Mühlviertels.

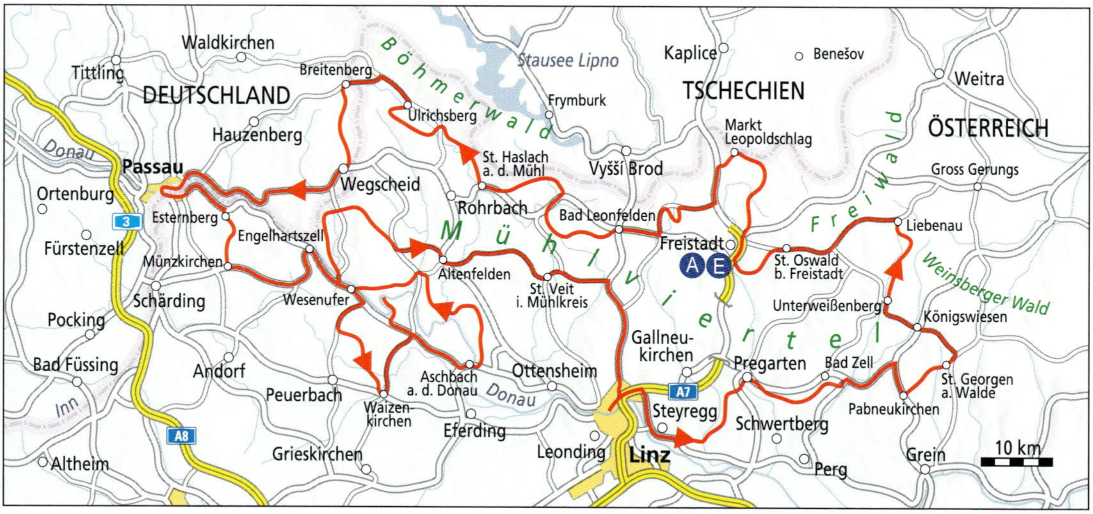

Ewiger Antrieb: Das Wasser spielte eine zentrale Rolle bei der Eisenverarbeitung in historischen Zeiten.

DIE EISENWURZEN UND DAS MOSTVIERTEL

Das Land der Eisenwurzen (der Eisenschmieden und -hämmer) ist so reich an Geschichten wie kaum eine Region Österreichs. In Kombination mit dem außerhalb Österreichs eher unbekannten Mostviertel haben wir ein Tourenrevier vor uns, das zudem landschaftlich wie kulinarisch einige »Schmankerl« für uns bereithält.

Direkt am Zusammenfluss von Enns und Steyr an der Grenze zu Niederösterreich gelegen, besitzt unser Ausgangsort Steyr heute noch eine sehenswerte historische Altstadt, in der ein jeder Stein seine eigene Geschichte erzählen kann. Bereits 600 v. Chr. wanderten die Kelten ein, die das Eisen des steirischen Erzberges abzubauen begannen. Die Römer brachten das Eisen auf der alten Eisenstraße zu ihrer Schildfabrik nahe Lorch, Bajuwaren und Franzosen besetzten später immer wieder die prosperierende Stadt – und in der heutigen Löwenapotheke bei Zwischenbrücken wurde im Dezember 1800 der Waffenstillstand zwischen Österreich und Frankreich besiegelt, die Basis für den berühmten Frieden von Lunéville. Der malerische Steyrer Stadtplatz ist eines der besterhaltenen Altstadtensembles im gesamten deutschsprachigen Raum. Doch nicht nur baulich begeistert die Stadt, auch alle Technikfans kommen mit der Steyrtalbahn auf ihre Kosten, einer historischen Schmalspurbahn aus dem 19. Jahrhundert, die heute noch an den Sommerwochenenden zwischen Steyr und Grünburg dampfend und schnaubend verkehrt.

An der Steyr entlang verlassen wir die gleichnamige Stadt Richtung Westen und suchen unseren Weg über Mengersdorf und Bad Hall nach Kremsmünster, schlagen dort einen weiten Bogen durch den Traunkreis, der uns via Voitsdorf und Kirchham fast auf Sichtweite an das Nordufer des Traunsees und nach Gmunden führt. Sie erinnern sich an Kapitel 7 und das Salzkammergut? Das schließt hier Richtung Westen sozusagen nahtlos an. Doch unser heutiges Thema heißt »Eisenhämmer«, und mit ihnen und ihrer spannenden Geschichte kommen wir dann erstmals in Scharnstein hautnah in Berührung: bei einem empfehlenswerten Besuch im ausgeschilderten Museum Geyerhammer. Untergebracht in einem uralten, originalgetreu erhaltenen Sensenwerk direkt am Almfluss, erzählt das einzigartige Industriedenkmal mit originalen Ausstellungsstücken und Live-Betrieb die uralte, mächtig lärmende Geschichte der Sensenschmiedekunst. Wirklich toll und ein mehr als würdiger Einstieg in die Geschichte der »Schwarzen Grafen«. Johann Geyer, einer der zahlreichen Besitzer und der Namensgeber des Werks, war einer von ihnen.

Draußen im strahlenden Sonnenschein erwartet uns dann eine ganz andere Welt. Über Pettenbach, Steinbach an der Steyr und Kirchdorf an der Krems wedeln wir durch eine liebliche Landschaft, die so gar nichts mehr gemein hat mit den früheren rußgeschwärzten Tagen der Eisenhämmer. An die erinnert uns allerdings noch das Städtchen Micheldorf in Oberösterreich – oder genauer gesagt: das dortige Oberösterreichische Sensenschmiedenmuseum. In sieben restaurierten Fabrikgebäuden des Sensen-Unternehmers Caspar Zeitlinger geht es auf eine Zeitreise zurück zu den »Schwarzen Grafen«, wie die Besitzer der Sensenschmieden ob ihrer Heerscharen an feuerverrußten Arbeitern genannt wurden. Herren- und Schmiedhaus, Gradnhammer und die Kram, das spezielle Versandhaus, lassen uns die Vergangenheit erleben – jene Tage, als das Eisen die Menschen noch ernährte.

Genug von Vergangenem – nun gilt wieder der Landschaft, der Natur und der ausgiebigen Kurvenhatz unser Hauptaugenmerk. Über Ramsau nähern wir

Krasse Arbeitsbedingungen: Sensen waren ein Verkaufsschlager in den österreichischen Eisenwurzen.

uns dem weitläufigen Nationalpark Kalkalpen mit den Fast-Zweitausendern des Sengsengebirges. Wertvolles Bauxit wurde hier früher abgebaut, und im Bergknappenhaus in Unterlaussa wird in Bildern und Gerätschaften die Geschichte dieser äußerst mühsamen Rohstoffgewinnung bis hin zum fertigen Produkt, dem Aluminium, wieder lebendig.

Der 19 000 Hektar große Nationalpark ist übrigens ein beliebtes Wander- und Naherholungsgebiet. So wie auch das Plateau von Hinterstoder, das ich vor einigen

Immer wieder gerne: Die Eisenwurzen gehören seit Anbeginn meines Biker-Lebens zu meinen Lieblingszielen.

Groß und gesund: Diese Werbung für das Mostviertel ist wenig Topcase-tauglich und kaum genießbar.

Jahren einem Tipp meiner Wirtsleute folgend entdeckte. Bei Steyrbrücke geht es rechts ab hinauf auf die Hochebene. Plötzlich und unerwartet breitet sie sich hinter einer Kuppe dann vor uns aus. Steigen Sie in die Eisen, stellen Sie das Bike am Wegesrand ab und setzen Sie sich ins Gras. Überall summt und brummt es im prächtigen Alpensommer, allerorten krähen Dorfhähne um die täglich neu zu vergebende Ehre des Lautesten und Ausdauerndsten und vervollständigen das Idyll.

Vermutlich hat die Sonne bereits deutlich den Zenit überschritten, wenn Sie anschließend über Windischgarsten, Dambach und Rosenau hinauf zum Hengstpass schwingen. Aber keine Sorge, die zu erklimmende Höhe auf 985 Metern hier am Südrand des Nationalparks Kalkalpen überfordert niemanden – fahrerisch ist die Strecke aber dennoch ein echter Genuss. Bei Unterlaussa öffnet sich der Talgrund und gibt den Blick frei auf prächtige Gipfelwelten. In Sankt Gallen können Sie diesen Tourentag beschließen, wenn Sie mögen. Mein Tipp dazu steht im Infokasten, mein Einkehrtipp folgt hier: die »Post« im Ortsteil Altenmarkt direkt am Marktplatz. Morgen geht es ins Mostviertel – ein weiterer Beweis dafür, wie abwechslungsreich und vielfältig dieses Land ist. Doch erst einmal: Gute Nacht.

Panoramafreiheit: Auch die Höhenstraßen des Mostviertels führen fernab aller Hektik durch die Hügelwelt.

Herbstgenuss. Das Mostviertel entfaltet vor allem natürlich im Herbst zur Ernte seinen ganz besonderen Reiz.

TOUR-TIPP

Oberösterreichische Eisenstraße

1000 Jahre alt und dementsprechend reich an Geschichten, Traditionen und Überlieferungen ist die österreichische Eisenproduktion. Abbau und Verarbeitung des Erzes brachten der Region einst den Wohlstand, das »Land der Eisenhämmer« wurde sogar in der österreichischen Nationalhymne verewigt, in der es heißt: »Land der Berge, Land der Ströme, Land der Äcker, Land der Dome, Land der Hämmer, zukunftsreich ...« Der Kulturpark Eisenstraße verbindet die traditionsreichen Gemeinden der Obersteiermark östlich von Steyr und umfasst die Wälder der Eisenwurzen, in denen ein Teil des Erzes gefördert wurde. Die Steirische Eisenstraße zieht sich als loser Ortsverband entlang der B 115 von Altenmarkt über Eisenerz nach Leoben durch das im Frühmittelalter ergiebigste Erzvorkommen Mitteleuropas. Die Oberösterreichische Eisenstraße hingegen führt direkt ins Herz des Eisenwurzenlands, zu den Eisenhämmern und Sichelwerken, die sich dem technischen Fortschritt in der Verarbeitung verschrieben hatten (Infos unter www.austria.info).

Über Altenmarkt, Weyer und Hollenstein an der Ybbs schwingen wir anderntags nach Gössling an der Ybbs, werfen in Lunz kurz einen Blick auf den angrenzenden See und wenden uns dann ganz anderen Genüssen zu – denen des Mostviertels, denn die sind nicht nur lecker und gesund, sondern auch ausnehmend panoramareich. Was ich meine, sind die ausgeschilderten Mostviertler Höhenstraßen, recht einsame Gassen und Güterwege zu den verstreut liegenden Höfen und Weilern. Ein fahrerischer Genuss nicht nur im Herbst zur Erntezeit!

Das Kerngebiet des Mostviertels liegt zwischen Ybbs, Enns und Amstetten und lässt sich – hört man auf den Volksmund – so eingrenzen: Überall dort, wo man mit freiem Auge die Basilika von Sonntagberg sehen kann, ist noch das Mostviertel. Typisch für das Mostviertel sind die horizontweiten Streuobstwiesen, in denen nur ganz vereinzelt große Gehöfte liegen – und das alles inmitten der lieblich hügeligen Landschaft des Alpenvorlands. Beginnen wir unsere Fahrt in Amstetten, der quirligen und insgeheimen Hauptstadt des Mostviertels. Von dort aus wenden wir uns südwärts, folgen der Beschilderung nach Leutzmannsdorf und Ferschnitz.

Hier heißt es dann aufpassen und die Beschilderung »Moststraße« suchen, der wir im weiteren Verlauf einfach folgen. Die auf weiten Strecken aussichtsreiche Panoramastraße führt kurven- und abwechslungsreich durch die zunächst eher unscheinbaren »Schätze« des Mostviertels. Nehmen Sie sich genügend Zeit,

Die Saison ist »angezählt«: Wenn die Nebel im Mostviertel wallen, ist das Saisonende leider nicht mehr fern.

Welch eine Schau: Auch die größte handgemachte Sense der Welt stammt aus den Eisenwurzen.

schalten Sie in den gemütlich tourenden fünften Gang, und genießen Sie die Fahrt über diese Themenstraße. Zugegeben: Es mag spektakulärere Strecken in diesem Buch geben und ganz sicher auch hochalpinere – aber diese »Moststraße« bietet die Basis für eine der schönsten Seiten des Motorradelns: für das tourende Entdecken.

»Fahr hoch nach Sonntagberg, da bist du vielleicht über den Wolken«, lautete bei meinem ersten Besuch in der Region der Tipp meines Zimmerwirts. Ich tat, wie geheißen, und entdeckte eine kleine Insel der Glückseligkeit hoch über dem Alltag. Vor allem bei zähen Nebellagen schwimmt der Ortskern von Sonntagberg mitsamt mächtiger Basilika in einem riesigen Meer aus Wolkenwattebäuschen. Falls Sie so einen Tag erwischen, setzen Sie sich auf eine der zahlreichen Aussichtsbänke und warten Sie ab, bis die Sonne rauskommt. Dann brodelt und wabert es mächtig, und immer wieder reißen sich mächtige Wolkenfetzen los und verdampfen wenige Meter über dem Helm. Ein erlebenswertes Naturschauspiel!

Einen Kilometer weiter bergab begrüßen uns der neue Teil von Sonntagberg sowie das Städtchen Waidhofen an der Ybbs mit zahlreichen Biergärten und

Straßencafés. Mein Einkehrtipp für Waidhofen lautet: Café-Konditorei Piaty am Unteren Stadtplatz 39. Waidhofen an der Ybbs erinnert uns erneut an die Geschichten der »Schwarzen Grafen«: Jahrhundertelang war der Ort das Zentrum der Eisenverarbeitung Österreichs. Heute ist Waidhofen der Hauptort der Tourismusregion »Niederösterreichische Eisenstraße« mit einer sehenswerten, in sich geschlossenen historischen Bausubstanz. Und unendlich vielen Geschichten, die auf uns warten. Lassen Sie sich ruhig Zeit.

TOUR-TIPP

Die Wiege Österreichs

Im Jahr 996 schenkte Kaiser Otto III. dem Bischof von Freising gut 1000 ha fruchtbares Land in der Gegend um Waidhofen an der Ybbs. Und in eben jener Schenkungsurkunde erscheint erstmals der Name »Ostarrichi« – so sollte dieser Landstrich auf Weisung des Kaisers genannt werden. Und aus »Ostarrichi« entwickelte sich im Lauf der Jahrtausende »Österreich«. Deshalb ist diese Reise, dieses Kapitel natürlich ein absoluter Pflichttermin für jeden geschichtsinteressierten Motorradfahrer. Und ein Muss in einem Reiseführer über Österreich!

Noch einmal zurück auf der »Moststraße« wenden wir uns Richtung Westen und pendeln genüsslich nach Seitenstetten. Je nachdem, wie weit Ihr Tourentag nun bereits fortgeschritten ist, stehen hier zwei Alternativen zur Wahl: An einem nur noch kurzen Tourentag fahren wir über Wachtberg direkt zurück nach Steyr, oder, bei einem noch längeren Tourentag, wir schwingen über Maria Neustift, Pechgraben, das Ramingtal und Salaberg in weiten Bögen zurück zu unserem Ausgangspunkt.

DIE TOUR IM ÜBERBLICK

Schwierigkeitsgrad: Leicht

Streckenlänge: 590 km

Reine Fahrtzeit: 11–12 Std.

Zeitaufwand inkl. Sightseeing: 3 Tage

Beste Jahreszeit: Mitte Mai bis Mitte Oktober

Start- und Zielort: Steyr

Mein Hotel-Tipp dort: Landhotel Mader in Herz der historischen Altstadt, Stadtplatz 36, A-440 Steyr, Tel. +43/(0)7252/533 58, www.mader.at

Optionaler Übernachtungsstopp: Sankt Gallen

Mein Hotel-Tipp dort: Pension Haus Loidl, Unterer Markt 228, A-8933 Sankt Gallen (über TripAdvisor oder HRS)

Unbedingt anschauen: Steyr, Scharnstein mit Geyerhammer-Museum, Kirchdorf an der Krems, Micheldorf mit Sensenschmiedemuseum, Hinterstoder-Plateau, Sankt Leonhard am Forst, Waidhofen an der Ybbs, Mostviertler Höhenstraße, Sonntagberg

Tschüss Eisenwurzen: Ein ideeller Seitenkoffer voller Tourenideen bleibt auch diesmal wieder zurück.

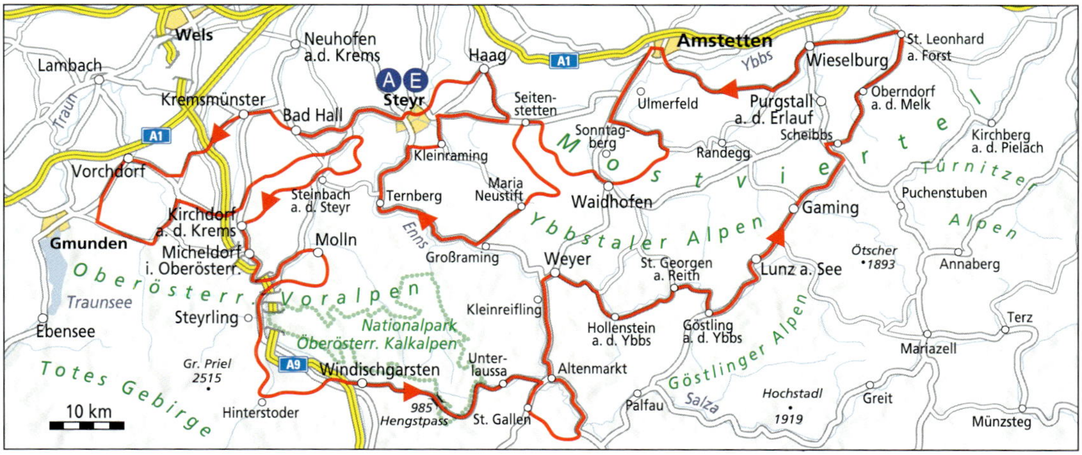

Frühsommer in Niederösterreich: Blühende Rapsfelder setzen frische Akzente in das Dauergrün der Wälder.

NIEDERÖSTERREICH UND SEINE WÄLDER

Mächtig viel Landschaft, mächtig viel Wald, mächtig viele Kurven – und stets zur rechten Zeit ein »Fingerhut« voller Sightseeing-Möglichkeiten samt Einkehrschwüngen: Diese Rundreise ist vor allem ein fahrerischer und landschaftlicher Genuss.

Das beschauliche Zwettl in Niederösterreich ist unser Basisort und bietet uns am Abend alle Annehmlichkeiten, die wir uns wünschen. Gleich östlich außerhalb der Stadt erwartet Sie zudem ein Highlight, das Sie sich anschauen sollten: Stift Zwettl. Das Zisterzienserkloster gehört zu den bedeutendsten Klöstern Österreichs. Es besteht seit seiner Gründung 1138 und ist damit auch das drittälteste Zisterzienserkloster der Welt. Sehenswert sind u. a. der frühgotische Kreuzgang, der das Paradies versinnbildlicht, sowie die nach italienischem Vorbild gestalteten Gärten. Historisch wertvoll sind auch das frühgotische Brunnenhaus und der romanische Kapitelsaal.

Und wo wir gerade dabei sind: Auch der nur einen Katzensprung weiter östlich beginnende Ottensteiner Stausee besitzt nicht nur sehenswerte Naherholungs-Aspekte, sondern mit Burg Ottenstein auch einen weiteren echten Hingucker. Hoch droben auf einer Anhöhe über dem Stausee Ottenstein steht die gleichnamige Burg. 1177 erstmals urkundlich erwähnt, dürfte sie allerdings bereits deutlich älter sein. 1536 wurde sie an die Familie Lamberg verkauft und war über 400 Jahre lang in deren Besitz. Gleich zweimal wurde die Burg im Dreißigjährigen Krieg belagert – beide Male aber erfolglos. Seit 1958 gehört sie einer Stiftung und beherbergt ein beliebtes Ausflugs- und Schlossrestaurant.

Aber nun – der Worte sind genug gewechselt – starten wir die Triebwerke unserer Motorräder und wedeln gen Westen hinaus ins Land. Tunlichst und wo immer möglich die B 38 meidend, geht es über die Dörfer, über Marbach am Walde und Rappottenstein nach Hausbach und Kamp. Doch zuvor werfen Sie bitte noch einen Blick auf Burg Rappottenstein: Die mittelalterliche Burg im Nordwesten Niederösterreichs wurde nie erobert und zählt deshalb zu den besterhaltenen Burgen Österreichs. Um 1150 gegründet, besaß sie von Beginn an eine große strategische Bedeutung. Selbst aufständische Bauern und schwedische Truppen versuchten vergeblich, das Bollwerk einzunehmen und zu zerstören. 1664 kauften die heutigen Besitzer, die Grafenfamilie Abensperg-Traun, das sehenswerte Anwesen.

Gefallen Ihnen die Pisten vor dem Windshield? Nahezu alle Straßen der Region tragen das »Grüne Band«! Da fällt die Auswahl leicht und schwer zugleich, und meine Tour ist nur ein Vorschlag von vielen in dieser Landschaft. Über Griesbach und Langschlag geht es weiter nach Liebenau mit seinem »Schmankerl«, dem Tanner Moor. Es ist eines der größten Hochmoore Österreichs und garniert den Reisetag mit einer Prise echtem Grusel. Denn seit Urzeiten weigern sich die Menschen der Region, dieses geheimnisvolle, oft nebelverhangene Moor abzuernten, sprich: Torf zu stechen oder gar wertvolles Holz zu schlagen. Viele Gruselgeschichten ranken sich um das Hochmoor; ein rund sechs Kilometer langer Moorwanderweg führt über Stege und Brücken zu einem Hochstand, von dem sich das gesamte Moor überblicken lässt.

Lohnt einen Rundgang: Gmünd mit seinem Stadtcafé und einem historischen Zentrum ist sehenswert.

Welch mächtiges Bollwerk: Die Burg in Heidenreichstein schützt sogar noch ein fast unergründlicher Wassergraben.

Wälder haben auch etwas Schönes: Vor allem, wenn sie mit winzigen Landstraßen gespickt sind wie hier.

Über Bad Großpertholz und Lauterbach dringen wir direkt vor in das so unendlich einsame Grenzland zu Tschechien – ich möchte fast behaupten: in eine auch optisch gänzlich andere Welt. Über Pyhrabruck und Weitra erreichen wir Gmünd, einen der wichtigsten Grenzübergänge zur Tschechischen Republik. Vor allem die Gmünder Altstadt besitzt zahlreiche historische Sehenswürdigkeiten, wie z. B. die Sgraffito-Häuser am Stadtplatz aus dem 16. Jahrhundert. Auch das Alte Rathaus sowie die alte Schranne lohnen eine Besichtigung. Nicht nur, um gleich neben dem Stadtmuseum das populärste Café der Stadt zu besuchen. Mein Einkehrtipp lautet deshalb: Café-Konditorei Pilz am Stadtplatz 16.

Gmünd ist zudem Ausgangspunkt der Waldviertler Schmalspurbahnen, die vor allem in den Sommermonaten zahlreiche Eisenbahnfreunde anlocken. Und die Stadt liegt nahe beim Naturpark Blockheide, der immer mehr Naturfreunde begeistert. Die fruchtbare Heidelandschaft ist mit gewaltigen Granitblöcken durchsetzt, oftmals bizarr geformten Blockburgen und Findlingen, allesamt Überbleibsel eines einstigen Hochgebirges. Vom Aussichtsturm des Naturparks hat man einen grandiosen Blick auf diese vollkommen natürliche Pracht.

Etwa um das Jahr 1160 muss es gewesen sein, als die Grundmauern von Burg Heidenreichstein wenige Kilometer weiter im Auftrag des Burggrafen Heidenreich von Gars errichtet wurden. Bis heute nur über zwei Zugbrücken zu betreten, hinterlässt die Burg mitten im gleichnamigen Städtchen einen gewaltigen Eindruck bei jedem Besucher. Als gut geschützte Wasserburg war sie im Mittelalter eine weithin bekannte Minnesängerburg. Seit 1961 ist die imposante Anlage in Privatbesitz, kann aber im Rahmen von Führungen besichtigt werden. Wie wäre es jetzt mit einem Nachtlager? Und mit meinem Einkehrtipp: dem »Restaurant Burgstüberl« in der Waidhofener Str. 1.

Via Litschau und Kautzen erreichen wir mit Waldkirchen an der Thaya das westliche Tor zum idyllischen – und im weiteren Verlauf gen Osten als Nationalpark geschützten – Thayatal im nördlichen Waldviertel mit seinen zahlreichen Quellflüssen. Das Thayatal zählt mit seinen steilen Hangwäldern zu den schönsten Tälern Österreichs. Zudem beherbergt der kleinste Nationalpark des Landes immerhin die Hälfte aller in Österreich vorkommenden Pflanzenarten. Dazu gesellen sich zahlreiche seltene Tiere wie Fischotter, Würfelnatter, Kammmolch und Seeadler. Und nach der Öffnung des Eisernen Vorhangs sind im Thayatal sogar wieder Elch und Wildkatze gesehen worden. In Kapitel 12 kommen wir dem Nationalpark Thayatal ganz nah, freuen Sie sich darauf.

Österreichs legendäre Kulinarik: Wo dieses Schild am Wirtshaus prangt, da ist garantiert gut Einkehren.

Raabs an der Thaya hat uns nicht nur viel umliegende Natur zu bieten, sondern auch eine pralle Geschichte. Aus Raabs an der Thaya stammen die ersten Burggrafen von Nürnberg; 1260 übergab Königin Margarete die Grafschaft an die böhmische Adelsfamilie von Rosenberg, 1282 ging der Besitz über auf das Habsburger Adelshaus. Zahlreiche Zeugnisse der Geschichte sind bis heute im Herzen der Stadt zu besichtigen. Ebenfalls historisch bedeutsamen Boden betreten wir dann in Waidhofen an der Thaya mit seinem

Berühmte Filmkulisse: Das UNESCO-Welterbe Stift Melk war Drehort im Kinohit »Im Namen der Rose«.

So mag ich es: Freie Hatz durch Licht und Schatten sind nicht nur im Hochsommer ein herrlicher Genuss.

farbenprächtigen Marktplatz und den vielen Einkehrmöglichkeiten, die uns zum Bleiben überreden wollen (mein Übernachtungstipp steht wie immer im Infokasten). Erstmals 1171 urkundlich erwähnt, hatte die Stadt aufgrund ihrer Grenzlage immer wieder mit Überfällen aus Böhmen zu kämpfen; erst als 1526 die Habsburger Böhmen und Mähren aufkauften, beruhigte sich die Lage. 1873 wütete ein Großbrand, dem viele Häuser in der Altstadt zum Opfer fielen. Heutzutage zeichnet sich der Stadtkern von Waidhofen durch moderne Infrastruktur mit traditionellem Flair aus und wird immer noch dominiert vom sehenswerten Waidhofner Rathaus aus dem 16. Jahrhundert.

Am Tag 2 unserer Reise durch den Norden Österreichs und seine schier unendlichen Wälder geht es noch einmal auf meist einsamen Landstraßen fernab von aller Hektik durch eine Region, in der das Leben wohl noch nie übermäßig laut brummte. Macht aber nichts, denn diese Tour gehört damit zu den entspannendsten im gesamten Buch. Über Vitis und Schwarzenau erreichen wir in vielen Schlenkern – denken Sie bitte an meinen GPS-Download! – das Ufer des Dobra-Stausees. Er und seine »Brüder«, der Ottensteiner und der Thurnberger Stausee, gehören zu den drei sogenannten Kamp-Stauseen. Hinter ihren mächtigen Gewölbestaumauern wird das Wasser des Kamps aufgestaut; der größte von ihnen, der gewaltige Ottenstein-Stausee, beinhaltet so bei Vollstau z. B. rund 74 Millionen Kubikmeter Wasser. Die Wasserfläche beträgt dann über vier Quadratkilometer und reicht bis zum Stift Zwettl. Alle drei Stauseen sind beliebte Naherholungsziele der Region, Wassersportler und Badende finden allerorten Möglichkeiten.

Über Gföhl erreichen wir als Südgrenze unserer Rundreise die mächtige Donau in ihrem noch viel mächtigeren Bett. Und erreichen das sehenswerte Städtchen Weißenkirchen in der Wachau, in dem sich ein Boxenstopp immer lohnt. Mein Tipp dazu: der »Kirchenwirt« in der Kremser Str. 17. Apropos Wachau: Im Jahr 2000 wurde die Kulturlandschaft Wachau mit den Stiften Melk und Göttweig und der Altstadt von Krems in die Liste des UNESCO-Welterbes aufgenommen. Und das vollkommen zu Recht. Im nächsten Kapitel kommen wir nochmals auf dieses prächtige Tourengebiet zurück.

Heute schwenken wir über den Weiler Ottenschlag zu einer Runde südlich von Zwettl ein und werfen einen langen Blick auf Schloss Pöggstall. Die ehemalige Wasserburg liegt mitten im Zentrum der gleichnamigen Marktgemeinde, ja, dominiert diese mit ihrem wuchtigen Bau; ihre Wurzeln reichen bis ins 13. Jahrhundert zurück. Das Schloss gehörte lange Zeit den mächtigen Maissauern, von 1795 bis 1919 war es im Besitz der Habsburger, bis 1986 Eigentum der Republik Österreich. 1986 wurde es von der Gemeinde Pöggstall erworben und dient heute u. a. als Museum für Rechtsgeschichte mit der einzigen noch original erhaltenen Folterkammer Niederösterreichs aus dem Jahr 1593.

Am Südufer des Ottensteiner Stausees geht es jetzt gemächlich zurück zu unserem Ausgangsort. Lacht Ihnen gerade die Sonne von einem strahlend blauen Sommerhimmel? Und haben Sie vielleicht – rein zufällig – Badesachen im Topcase dabei? Dann gönnen Sie sich doch einen entspannten Tourenausklang am Seeufer samt Einkehr in einem der Gasthöfe in den Ortschaften am Südufer. Oder wählen Sie den Tagesausklang in Zwettl – ebenfalls eine gute Option. Mein Einkehrtipp dazu: der »Bergwirt Schrammel« am Westrand der Stadt, im Moidrams Nr. 1 – der Weg lohnt sich!

DIE TOUR IM ÜBERBLICK

Schwierigkeitsgrad: Leicht

Streckenlänge: 570 km

Reine Fahrtzeit: 11 Std.

Zeitaufwand inkl. Sightseeing: 3 Tage

Beste Jahreszeit: Mitte Mai bis Mitte Oktober

Start- und Zielort: Zwettl in Niederösterreich

Mein Hotel-Tipp dort: Faulenzerhotel Schweighofer, A-3533 Friedersbach Nr. 53 (bei Zwettl), Tel. +43/(0)2822/77 51 10, www.faulenzerhotel.at – sympathisch wie der Name

Optionale Übernachtungsstopps: Heidenreichstein oder Waidhofen an der Thaya

Meine Hotel-Tipps dort: Gasthof Großmann, Stadtplatz 9, A-3860 Heidenreichstein, Tel. +43/(0)2862/522 79, www.gasthof-grossmann.at; Landgasthof Streicher, Verstenötting 27, A-3830 Waidhofen an der Thaya, Tel. +43/(0)2842/524 70, www.landgasthof-streicher.at

Unbedingt anschauen: Zwettl, die Dörfer entlang der tschechischen Grenze, Gmünd am Naturpark Blockheide, Heidenreichstein, Waidhofen an der Thaya, Ottensteiner und Dobra-Stausee, die Dörfer der Wachau

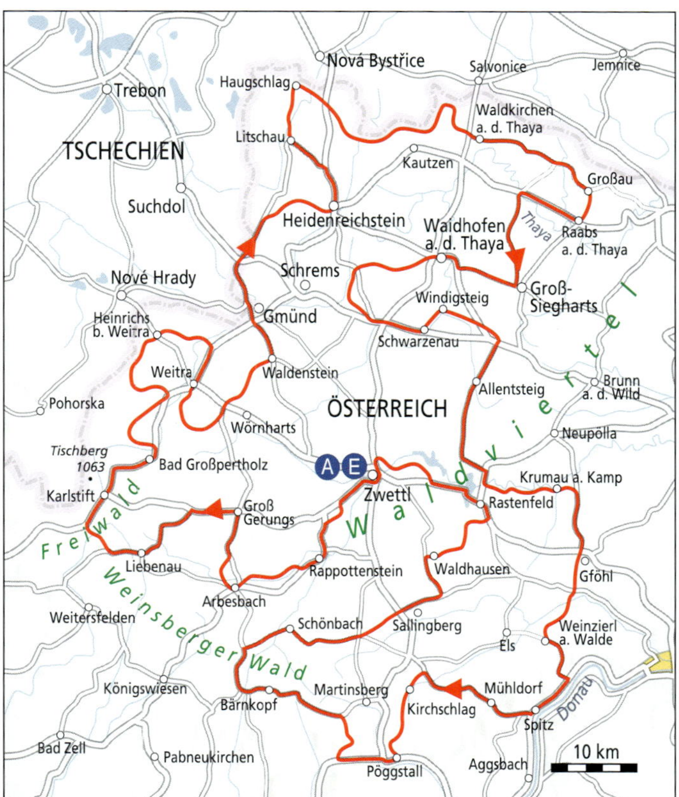

Für frühe »Vögel«: Sonnenaufgang in den Wäldern Niederösterreichs – mehr Stimmung geht kaum noch.

Blutgetränkter Boden: Rund um Jedenspeigen wurde eine der wichtigsten Schlachten Europas ausgetragen.

DAS WEINVIERTEL – AUCH FÜR BIERTRINKER

Das österreichische Weinviertel ist eines der bekanntesten und beliebtesten Reiseziele Österreichs und lässt die Herzen aller Weinkenner höher schlagen. Eine Reise durch diese wohl einzigartige Region ist nicht nur im Herbst rund um die Weinlese ein Genuss. Aber auch überzeugte Biertrinker werden in dieser Region viel Genüssliches finden, vor allem, wenn sie wie wir mit dem Motorrad unterwegs sind.

Bereits unser Basisort Hollabrunn bietet die perfekte Einstimmung dazu. Die erste urkundliche Erwähnung Hollabrunns erfolgte 1135, und bis heute ist der Ort mitsamt seinem Umland direkt am Dreiländereck zwischen Österreich, Tschechien und der Slowakei überaus reich an Geschichte. Am Hauptplatz wurde bereits 1681 eine berühmte Pestsäule errichtet, 1713 erweiterte man sie um vier Heiligenstatuen. Gleich daneben befindet sich der Florianibrunnen, die Stadtpfarrkirche geht auf das Jahr 1160 zurück, und die Alte Hofmühle war ursprünglich ein ansehnlicher Herrensitz – heute wird sie als Museum und Veranstaltungsort genutzt. Kurios ist auch der »Pinkelstein« im benachbarten Örtchen Raschala. Hier soll der Legende nach Wolfgang Amadeus Mozart auf seiner Reise nach Prag einem dringenden Bedürfnis nachgegangen sein – ein willkommener Grund für die Weinviertler, hier alljährlich das »Ringelreih'n am Pinkelstein« zu feiern. Ja, sogar der Ortsname soll aus dem Wunsch Mozarts heraus entstanden sein, mal eben »rasch ala« – also rasch allein – sein zu wollen ...

Gen Süden huschen wir am Morgen aus Hollabrunn hinaus, und sofort zieht uns die Andersartigkeit des Weinviertels in ihren Bann: Horizontweite Weinberge, heimelige Winzerorte und unzählige Weinkellereien säumen unseren Weg über Großweikersdorf, Ottenthal und Fels am Wagram. Jener Wagram ist ein bis zu 40 Meter aufragender Höhenzug beidseits der Donau und besitzt einen überaus fruchtbaren Boden, der sich perfekt für den Weinbau eignet. Die Beschaulichkeit vor unserem Windshield verwandelt sich in Quirligkeit, wenn wir die Stadtgrenzen von Krems an der Donau queren und uns dessen Zentrum für eine Stippvisite nähern. Krems zählt zu den ältesten Städten Österreichs – über 1000 Jahre pralle Geschichte haben in den historischen Gassen sozusagen auf Schritt und Tritt, auf Straßen und Plätzen, in Kirchen, Bürgerhäusern und Wehranlagen ihre Spuren hinterlassen. Das Wahrzeichen der Stadt Krems ist das Steinertor, und die gesamte Altstadt gehört mit zum UNESCO-Welterbe Kulturlandschaft Wachau, das im Jahr 2000 anerkannt wurde. Mein Einkehrtipp in Krems: das Stadtgasthaus »Zum Goldenen Hirschen« am Dreifaltigkeitsplatz – sehr lecker, sehr gastfreundlich.

Dann aber geht es wieder hinaus ins Land, ins Weinviertel. Über Langenlois nach Straß im Straßertale und über verkehrsarme Landstraßen kreuz und quer durch eine Welt voller Rebenhänge. Via Mühlbach, Schönberg und Gars am Kamp wedeln wir durch eine wunderbare Landschaft. Die Kamp ist übrigens der mit 153 Kilometern längste Fluss des Waldviertels und einer der längsten Zuflüsse der Donau. Groß und mächtig überragt bald darauf Schloss Maissau das gleichnamige Städtchen und lädt zu einem kurzen Fotostopp. Die Burgfeste der Herren von Maissau stammt aus dem 12. Jahrhundert und ist bis heute in Privatbesitz. Ein Schmuckstück, für dessen Kauf ich sogar mein Bankkonto überziehen würde – leider habe ich auch bei meinem letzten Besuch nirgendwo ein »Zu verkaufen«-Schild entdecken können …

Krafttraining Teil 1: Die von Sozia Kirsten erdachten »Kürbis-Übungen« sollen Bikers verspannte Rückenmuskulatur lockern.

Namensänderung: »Hiedungispuigin« hieß Schloss Jedenspeigen ursprünglich – gut, dass der Name wechselte.

TOUR-TIPP

Weinviertel

Die auch das »Viertel unter dem Manhartsberg« genannte Region ist Österreichs größtes Weinbaugebiet und grenzt im Osten an die Slowakei, im Norden an Tschechien, im Westen an das Waldviertel und im Süden an das Most- und Industrieviertel. Fast in jedem Ort findet sich ein Schloss, die meisten gehen auf mittelalterliche Festungen zurück und wurden teils sogar mehrmals zerstört und wiederaufgebaut. Zudem ist das Weinviertel reich an Bildstöcken, Lichtsäulen, Tabernakelpfeilern, Heiligenstatuen und Prangern (Infos unter www.weinviertel.at).

Über Burgschleinitz und Eggenburg erreichen wir Sigmundsherberg mit einer ganz besonderen Attraktion – speziell auch für uns Motorradfahrer –, denn hier residiert seit 2010 das legendäre »1. Österreichische Motorradmuseum«. Ob nun die größte PUCH-Sammlung der Welt, ob kaum bekannte Motorräder von Laurin & Klement, DSH, Titan oder Delta Gnom oder die edelsten Bikes der Welt namens Brough-Superiors – die sogar schon Lawrence von Arabien fuhr: Weit über 300 Motorräder, Roller und Exoten werden in thematisch gegliederten Sektionen gezeigt. Bikers Pflichttermin im Weinviertel ist ohne Zweifel das Motorradmuseum in Sigmundsherberg (www.motorradmuseum.at)!

Über den Weiler Horn streifen wir dann Raabs an der Thaya, uns schon bekannt aus Kapitel 11, dessen Route hier Richtung Westen nahtlos anschließt. Und wir schwingen dieses Mal wie versprochen durch den österreichischen Teil des prächtigen Nationalparks Thayatal, der sich uns hier im direkten Grenzgebiet zu Tschechien öffnet. Genießen Sie die sich immer wieder bietenden Gelegenheiten zu ausgiebiger Kurvenhatz. Wie der nach Riegersburg am Rand des Nationalparks Thayatal. Mein Einkehrtipp dort lautet: »Wippls Hofbergstubn« am Bergl 67 – nicht nur das Backhendl ist ein Gedicht!

Und mein Zusatztipp für Riegersburg lautet: Folgen Sie dort unbedingt dem Wegweiser zur Burg Hardegg, einem Acht-Kilometer-Abstecher nicht nur für Ritter und Burgfräuleins. Hoch über dem Flüsschen Thaya erhebt sich die gewaltige Trutzburg alsbald vor unserem Windshield, ihre Grundmauern sollen sogar bis auf das 10. Jahrhundert zurückdatierbar sein. Zwar sind Großteile der noch original ausgestatteten Räume nur im Rahmen von Gruppenführungen begehbar, doch auch von außen macht das Bollwerk gegen den Osten mächtig viel her. Und die Kapelle soll speziell für Hochzeiten sehr nachgefragt sein, sagt man …

Fließend ist auch hier erneut die Grenze zwischen Wein und Wald, rechter Hand reihen sich Reben bis

Krafttraining Teil 2: Mit BMWs prächtiger R1200RT geht es doch viel leichter durch das Kürbisland.

Welch prächtiger Boxenstopp: Das »Verderberhaus« ist nur ein Höhepunkt im historischen Zentrum von Retz.

zum Horizont, während über der Kupplungshand schon dichter Wald den schweifenden Blick begrenzt. Das Städtchen Retz unmittelbar vor der tschechischen Grenze bildet einen überraschend farbenprächtigen Kontrast zum dunklen Grün des Hügellands. Der imposante Marktplatz von Retz präsentiert sich als einer der schönsten und größten in Österreich. Durch das Tor des »Verderberhauses« im venezianischen Renaissancestil – benannt nach seinem Erbauer Thomas Verderber, einem wohlhabenden Kaufmann des Mittelalters – schwingen wir in ein Ensemble aus schön restaurierten Barock- und Biedermeierbauten entlang historischer Kopfsteinpflastergassen. Zahlreiche Cafés laden uns zu einem Einkehrschwung ein, bei dem man gemütlich das bunte Treiben des Marktfleckens beobachten kann. Mein Einkehrtipp: »Elmer's Café« am Hauptplatz 7. Unter dem Marktplatz erstreckt sich übrigens der »Retzer Erlebniskeller«, der größte Weinkeller Mitteleuropas. Immerhin satte 21 Kilometer lang und 30 Meter tief fasste und verwahrte er noch vor 500 Jahren sozusagen diebstahlsicher die gesamten Weinbestände der Region. Vom erklimmbaren Turm der Pfarrkirche aus hat man einen herrlichen Blick über all die umgebende Pracht.

Hadres hingegen hat einen ganz besonderen »Schatz« des Weinviertels zu bieten: seine farbenfrohen Kellergassen mit ihren typisch einstöckigen, in

Pflichttermin: Das »1. Österreichische Motorradmuseum« mit der Sammlung Ehn ist einzigartig in Europa.

In die Jahre gekommen: In den Gassen von Straning schlummern viele Gebäude einer ungewissen Zukunft entgegen.

den Hang geduckten Häusern. Zwar ist's hier an vielen Tagen im Jahr recht menschenleer und alles scheint »inaktiv«, dennoch ist die »Längste Kellergasse Österreichs« schon eine kleine Berühmtheit.

TOUR-TIPP

Weinviertler Kellergassen

Sie verstecken sich hinter dichtem Gebüsch oder hohen Bäumen, liegen meist irgendwo am Rand des historischen Dorfkerns, brauchen kaum Platz, sind nur wenige Meter breit, und ihre eigentlichen Schätze liegen hinter fensterlosen Türen tief unten in der gleichmäßig kühlen Erde verborgen. Sie sind optisch so bescheiden, die Kellergassen des Weinviertels, dass man sie oft glatt übersieht. Doch im Dorfalltag haben sie eine ebenso wichtige Stellung wie der Dorfwirt gleich daneben. Denn in den Kellergassen wird nach der Weinlese gearbeitet, hier wechseln Weine, ja ganze Jahrgänge traditionell nur mit dem Handschlag der Beteiligten den Besitzer – und anschließend wird der Handel ordentlich gefeiert. Unter der Woche meist geschlossen, erblühen sie vor allem sonntags zum Leben. Und ganz gleich, ob nun in Reih und Glied sortiert mit dem Prädikat, die »Längste« zu sein, wie etwa in Hadres, oder auch merkwürdig kreisförmig angeordnet, wie in Kronberg – jede der unzähligen Kellergassen ist im Grunde ein Unikat, eine Mischung aus längst vergangenen und ganz aktuellen Tagen (Infos unter www.kellergassenerlebnis.at).

Felder mit sauber aufgereihten, erntereifen Kürbissen setzen einen leuchtend gelben Kontrapunkt zum grünen Weinlaub und begleiten uns bis nach Seefeld-Kadolz mit seinen imposanten Herrenhäusern. Ein Rathaus frei nach dem Motto »Man gönnt sich ja sonst nichts« begeistert uns in Laa an der Thaya. Riesig, prachtvoll, pompös wurde es aus Anlass des 50-jährigen Regierungsjubiläums von Kaiser Franz Josef I. in den Jahren 1898/99 für damals immense 140 000 Kronen erbaut. Für ein ursprünglich lupenreines Bauerndorf ein gar enormes Bauvolumen, dessen postkartengleiche Pracht der bekannten Thermenstadt bis heute aber gut zu Gesichte steht. Ansichtskartengleich präsentieren sich dann auch die Ruine Staatz auf hohem Fels sowie Schloss Asparn aus dem 13. Jahrhundert mit sehenswertem Museum für Urgeschichte und dem angrenzenden Filmhof »Wein4tel«, in dem alljährlich ein viel beachtetes Filmfestival des Weinviertels stattfindet.

Noch fehlt uns ein gutes Stückchen Weinviertel und damit ein erlebenswertes Stück Niederösterreich. Erneut huschen wir durch einen Mix aus Wein und Wald, aus sonnenverwöhnten Rebenhängen und kühlem Schatten. Über Poysdorf und Bernhardsthal geht es nach Jedenspeigen und zu einer Portion Grusel.

60 000 Soldaten sollen sich hier im Umland von Jedenspeigen am 26. August 1278 in zwei feindlichen Lagern gegenübergestanden haben. Rudolf I. von Habsburg, seines Zeichens deutscher König, stand dem Eindringling Ottokar II., König von Böhmen, gegenüber, dessen Söldner er in einer der größten Ritterschlachten Europas vernichtend schlug. Auch Ottokar II. verlor dabei sein Leben, Rudolf I. hingegen legte mit seinem Sieg den Grundstein der Habsburger Herrschaft in Österreich. Davon weiß heute allerdings nur noch eine sehenswerte Dokumentation im Inneren des imposanten Schlosses von Jedenspeigen zu berichten, dessen gewaltige Mauern hinter Baumreihen hervorblitzen.

Via Dürnkrut, Gänserndorf, Bad Pirawarth und durch unzählige, vor allem im Herbst recht »weinselige« Orte geht es ganz allmählich wieder Richtung Westen und zu unserem Ausgangsort. Ach ja, und vielleicht vorab noch zum erwähnten Pinkelstein von Raschala mit seiner liebenswerte Anekdote aus dieser nicht minder liebenswerten Region.

DIE TOUR IM ÜBERBLICK

Schwierigkeitsgrad: Leicht

Streckenlänge: 640 km

Reine Fahrtzeit: 11–12 Std.

Zeitaufwand inkl. Sightseeing: 4–5 Tage

Beste Jahreszeit: Mitte Mai bis Ende Oktober, vor allem auch zur Weinlese im September und Oktober

Start- und Zielort: Hollabrunn im Weinviertel

Mein Hotel-Tipp dort: Gasthaus Rammel »Zum goldenen Engel«, Lothringerplatz 11, A-2020 Hollabrunn, Tel. +43 (0)2952 2161, www.gasthausrammel.at

Optionale Übernachtungsstopps: Raabs an der Thaya im idyllischen Thayatal und in Poysdorf

Meine Hotel-Tipps dort: Hotel Thaya, Hauptstr. 14–16, A-3820 Raabs/Thaya, Tel. +43/(0)2846/202, www.hotelthaya.at; Hotel Veltlin, Am Golfplatz 9, A-2170 Poysdorf, Tel. +43/(0)2552/20 60 60, www.hotelveltlin.at

Unbedingt anschauen: Hollabrunn, Gars am Kamp, Sigmundsherberg mit Motorrad-Museum, Raabs an der Thaya, Burg Hardegg und Nationalpark Thayatal, Hadres und die Kellergassen, Jedenspeigen

Wein so weit das Auge reicht: Woher das Weinviertel seinen Namen hat, ist innerhalb von Minuten geklärt.

Nix wie raus aus der Stadt: Wien mit dem Motorrad macht keinen Spaß – der Wienerwald hingegen sehr viel.

WIEN UND VOR ALLEM SEIN UMLAND

Wien als Start und Ziel einer Motorradrunde zu wählen, macht eigentlich nur für Wiener Sinn, denn sie haben keine andere Wahl, als sich aus dem täglichen Verkehrsinfarkt der Großstadt zu befreien. Andererseits wäre es natürlich sträflich, in einem Reiseführer über Österreich dessen Hauptstadt gänzlich außen vor zu lassen.

Weltberühmt: Die Donau markiert nicht nur Österreichs Grenzen, sie prägt auch das Land wie kein anderer Fluss.

Deshalb lautet die Kapitelüberschrift auch »Wien und vor allem sein Umland«. Im unten stehenden Kasten finden Sie meine Tipps für einen erlebenswerten Intensiv-Aufenthalt in der einzigartigen Stadt selbst.

TOUR-TIPP

Wien als separates Tourenziel

Gönnen Sie sich – und der besten Sozia! – einen separaten Wien-Trip, ein auf 3, 4 Tage verlängertes Wochenende! Lassen Sie sich z. B. mit dem Zug aus dem Umland höchst bequem in diese Weltstadt mit ihrem unvergleichlichen Charme und einzigartigen »Schmäh« transportieren. Erkunden Sie die schönsten Flecken der Stadt zu Fuß oder mit dem Fiaker, gönnen Sie sich so viele Kaffeehaus-Besuche, wie Ihr Magen verträgt, und lernen Sie diese pulsierende Metropole gepäck- und mopedbefreit aus der Perspektive des Fußgängers kennen. Es gibt zahlreiche Stadtführungen und noch vielfältigere Möglichkeiten, Wien zu erkunden. Einen ersten Überblick sowie eine hervorragende Basis für eine Vorabplanung bietet auch die Wien-Tourismus-Website www.wien.info, wo Stadtführungen, Rundfahrten, Ausflüge und City-Card-Möglichkeiten sehr übersichtlich aufgelistet sind. Intensiver oder gar einfacher geht es mit dem Motorrad keinesfalls!

Unser Basislager bei Traiskirchen liegt deutlich außerhalb von Wien, im Süden. Und das ist auch gut so. Nicht nur optisch gelingt hier der Anschluss an das vorhergehende Kapitel – Traiskirchen ist nämlich eine originäre Weinbau-Region mit zahlreichen Heurigen –, auch die Tatsache, dass wir hier frei von Stau und Berufsverkehr in den Tag starten können, empfiehlt den Ort als Start- und Zielpunkt. Über Trumau und Tattendorf geht es zunächst einmal nach Wiener Neustadt, der immerhin zweitgrößten Stadt Niederösterreichs gut 50 Kilometer südlich von Wien. Kaiser Friedrich III. nutzte sie neben Linz und Graz als weitere Residenz, auch sein Sohn Maximilian I. hielt Hof in Wiener Neustadt, wo er seine letzte Ruhe fand. Sehenswert sind u. a. der Wiener Neustädter Dom, die Burg mit der Theresianischen Militärakademie, die gotischen Arkaden am Hauptplatz und auch die Reste der Stadtmauer mit Kasematten, Reck- und Wasserturm sowie die Mariensäule.

Wir wenden uns nun Richtung Nordwesten unserem nächsten und recht ausgiebigen Thema zu: dem schon legendären Wienerwald. Nein, ich meine nicht den österreichischen Hendlbrater und seine – zugegeben – sehr leckeren Produkte, sondern das beliebteste Naherholungsgebiet der Wiener Großstädter. Über Emmenberg, Markt Piesting und Berndorf erreichen wir Bad Vöslau, eines der »Tore« in den Wienerwald.

TOUR-TIPP

Der Wienerwald

Das 45 km lange und bis zu 30 km breite Mittelgebirge ist das zentrale und sehr beliebte Naherholungsgebiet der Wiener Großstädter. Der Wienerwald legt sich wie ein natürlicher Gürtel um den gesamten Westen der Landeshauptstadt und ist von allen Seiten verkehrstechnisch sehr gut erreichbar. Seine höchsten Erhebungen sind der gut 900 m hohe Schöpfl mit der Matraswarte und sein Nachbar Mitterschöpfl mit dem Leopold-Figl-Observatorium der Wiener Universität. Vom Schöpfl aus reicht der Blick bis zu 100 km weit in die steirisch-niederösterreichischen Kalkalpen. Im Wienerwald gibt es zudem einige Höhlen, Burgen, Ruinen und mit Stift Heiligenkreuz, Kloster Kleinmariazell und der Kartause Mauerbach auch so manch sehenswerte Klosteranlage zu entdecken.

Auch Baden bei Wien ist eines der bekanntesten »Tore« zum Wienerwald. Bereits die Römer liebten die warmen Schwefelquellen des Ortes, die erste Siedlung hieß deshalb »aquae«, also Bad. 1480 erhielt Baden seine Stadtrechte, Kaiser und Könige kamen zur Kur, und Königinnen erhofften sich hier sogar Heilung von

Heilige Hallen: Die Säulengänge in Klosterneuburg sind einer der Höhepunkte der gesamten Anlage.

ihrer Kinderlosigkeit. Die Türken zerstörten die Stadt zweimal, die Pest raffte ihre Bewohner dahin, und nach dem großen Stadtbrand von 1812 wurde Baden aus Ruinen als Biedermeierstadt komplett neu aufgebaut. Mit dem Bau des Spielcasinos 1934 wurde Baden sogar zum bedeutendsten Kurort Österreichs. Daran konnte letztendlich auch der Zweite Weltkrieg nicht viel ändern.

In weiten Bögen und Schlenkern huschen wir anschließend am Westrand des Wienerwalds entlang

Mach doch mal Pause: Entlang der Donau erwarten uns herrliche Pausenplätze – manche sogar mit »Liegestuhl«.

Echt Wiener Schmäh: Schloss Belvedere ist so kitschig, dass es schon wieder sehenswert ist.

über Heiligenkreuz, Sankt Corona am Schöpfl und Pyhra nach Sankt Pölten, der Hauptstadt und zugleich größten Stadt Niederösterreichs. Soweit die unbestreitbaren Fakten der sehenswerten Stadt. Heftigen Streit gibt es allerdings um den Titel »Älteste Stadt Österreichs« – diesen beanspruchen nämlich auch noch Salzburg und Enns. Doch auch ohne dieses Prädikat hat St. Pölten viel zu bieten, z. B. das sehenswerte Rathaus, das Wahrzeichen der Landeshauptstadt, oder den Riemerplatz mit seiner lückenlosen historischen Bausubstanz aus der Barockzeit.

Am Ostrand der Wachau – seit dem Jahr 2000 UNESCO-Weltnaturerbe, s. auch Kapitel 11 – geht es weiter über Böheimkirchen und Herzogenburg gen Norden zur Donau und ihrem gewaltigen Bett. Der nach der Wolga längste Strom Europas hat nicht nur hier auf seinen letzten Kilometern auf österreichischem Territorium die Landschaft für immer geprägt. Sehenswerte Städte liegen direkt am Donauufer, und horizontweite Auenlandschaften sorgen dafür, dass das Donauwasser nicht zu oft in die Keller der Zivilisation schwappt. Wie zum Beispiel in Tulln an der Donau oder in Sankt Andrä-Wördern auf dem Weiterweg nach Klosterneuburg. Werfen Sie rasch noch einen Blick in die ausgeschilderte Lourdesgrotte in Maria Gugging. 1925 wurde in einem aufgelassenen Steinbruch jene Nachbildung der berühmten Marienwallfahrt in den Pyrenäen errichtet. Originalgetreue Kopien einiger Statuen und Tore sind das touristische Highlight des Ortes, der allerdings bei Weitem nicht so überlaufen ist wie das Original.

Klosterneuburg – ebenfalls direkt am Donauufer gelegen – empfängt uns wenig später mit einer imposanten Stadtansicht. Das quicklebendige Donaustädtchen wird vom mächtigen Stift Klosterneuburg dominiert. Dieses liegt nordwestlich von Wien und gehört heute den österreichischen Augustinerchorherren. Der eindrucksvolle Komplex geht auf eine Stiftung des Markgrafen Leopold III. und seiner Frau Agnes von Waiblingen zurück und war ursprünglich ein Dop-

Viel mehr als nur ein Hendl-Brater: Der Wienerwald ist das wohl einmalige Naherholungsgebiet einer Weltstadt.

pelkloster mit Chorherren und -frauen. In den darauf folgenden Jahrhunderten wurde die Anlage immer wieder erweitert und umgebaut, sodass sie sich heute als eindrucksvolle Melange aus vielgestaltiger mittelalterlicher Bausubstanz zeigt. Das Stift Klosterneuburg besitzt zudem eines der größten und ältesten Weingüter Österreichs.

Eigentlich läge uns jetzt Wien zu Füßen – oder besser gesagt: direkt vor unserem Windshield. Ich habe es allerdings auf meinen bislang zwei Besuchen in der Stadt stets bereut, mit dem Motorrad ins historische Zentrum vordringen zu wollen. Das mag zwar technisch, sprich: fahrerisch möglich sein, macht aber aufgrund des vor allem morgens und abends herrschenden erheblichen Verkehrsaufkommens keinen Spaß. Meine Tipps für einen separaten Wien-Aufenthalt finden Sie im Infokasten. Für heute sollten wir uns darauf beschränken, am westlichen Donauufer entlang durch den Ostteil Wiens Richtung Schwechat zu huschen. Das ist nicht nur leicht zu navigieren, Schwechat als Standort von Wiens internationalem Flughafen ist auch allerorten ausgeschildert. Zudem besitzt Schwechat nicht nur Österreichs größte Erdölraffinerie, sondern auch eine der bekanntesten Bierbrauereien des Landes, die Brauerei Schwechat. Erdöl und Bier – eine, wie ich finde, immer wieder erwähnenswerte Kombination.

Sobald wir den Flughafen passiert haben, setzen wir den Blinker rechts und huschen über Ebergassing, Gramatneusiedl und Fischa durch den deutlich ruhigeren Süden der Landeshauptstadt, unserem Ausgangsort Traiskirchen entgegen. Oder Sie kombinieren diese Runde mit dem nun folgenden Kapitel – das ist an dieser Stelle wieder einmal sehr einfach. Doch zuallererst denken Sie bitte an Ihr leibliches Wohl. Dazu hier mein Einkehrtipp: den Heurigen »Alphart« in der Wassergasse 9.

DIE TOUR IM ÜBERBLICK

Schwierigkeitsgrad: Leicht

Streckenlänge: 470 km

Reine Fahrtzeit: 8–9 Std.

Zeitaufwand inkl. Sightseeing: 2–3 Tage plus Wien

Beste Jahreszeit: Anfang Mai bis Ende Oktober (Wien nicht zur Ferienzeit im August!)

Start- und Zielort: Traiskirchen südlich von Wien

Mein Hotel-Tipp dort: Winzerhotel Vöhringer, Wiener Str. 26, A-2352 Gumpoldskirchen bei Traiskirchen, Tel. +43/(0)2252/60 74 00, www.winzerhotel.at

Optionaler Übernachtungsstopp: Tulln an der Donau

Mein Hotel-Tipp dort: Hotel Nibelungenhof, Donaulände 34, A-3430 Tulln, Tel. +43/(0)2272/626 58, www.nibelungenhof.info

Unbedingt anschauen: Wien (s. Infokasten), Wiener Neustadt, Bad Vöslau, Baden mit Wienerwald, Sankt Pölten, Tulln an der Donau, Klosterneuburg, Nationalpark Donau-Auen

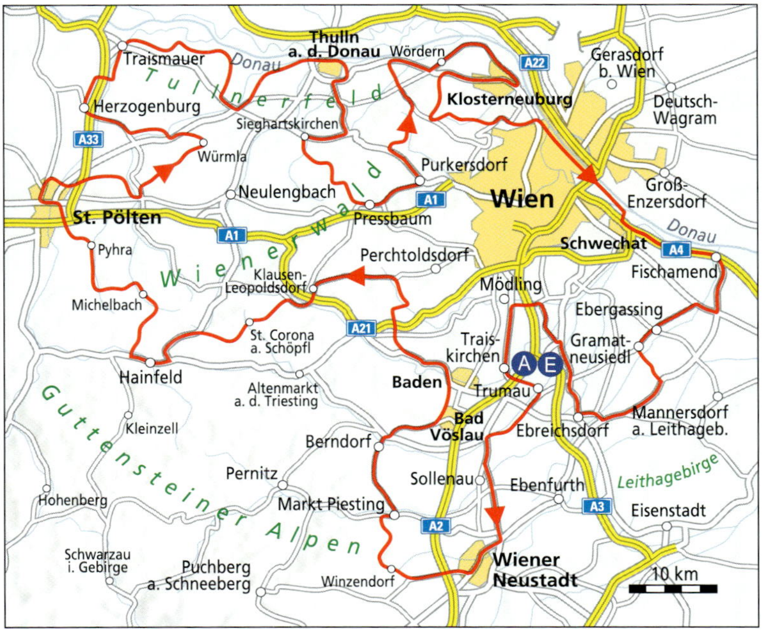

Natürlich: Wien ohne sein Riesenrad im Prater wäre zweifelsohne sträflich unvollständig. Genießen Sie die Stadt.

Mit Kawasaki durch die Kellergassen – in Breitenbrunn erwartet uns eine besonders schöne Gasse.

EISENSTADT UND NEUSIEDLER SEE

Es mag auf den ersten Blick nicht unbedingt nötig sein, diese Rundreise mit einem Übernachtungsstopp auf halber Strecke zu versehen. In diesem Fall aber vielleicht schon, denn der berühmte Neusiedler See besitzt einen Charme, dem man sich einerseits nur schwer entziehen kann.

Andererseits braucht es aber auch eine Weile, um ihn zu entdecken. Deshalb mein Tipp vorweg: Gleichwohl diese Tour an einem langen Sommertag absolviert werden kann, gönnen Sie sich rund um die wärmste »Badewanne« Europas eine Auszeit vom Mopedsattel. Es macht Spaß ... und hilft sogar gegen Bikers notorische Blässe.

Spaß macht auch unser Basislager Eisenstadt. Zwar hat uns die Stadt selbst keinen Seeblick zu bieten, dafür aber ein Stück pralle – und leicht gruselige – Geschichte. »Klein, aber fein!«, lautet der Wahlspruch einer der kleinsten Landeshauptstädte Österreichs. Dominiert wird der Anblick der ehemaligen Residenzstadt der Fürstenfamilie Esterházy natürlich vom gleichnamigen Schloss, in dessen historischen Mauern man sich unwillkürlich in eine längst vergangene, oft mysteriöse Zeit zurückversetzt fühlt. So soll die 1682 verstorbene Gattin des Fürsten Paul I. Esterházy – nach ihrem Tode, wie damals üblich, stehend aufgebahrt – nicht etwa ganz natürlich verwest sein, sondern bis heute unerklärlich, weil ohne menschliches Zutun, mumifiziert worden sein. Nachdem diese Merkwürdigkeit im Lauf der Jahrhunderte die Basis für eine landesweite Wallfahrt zu werden drohte, sah man sich Anfang des 20. Jahrhunderts gezwungen, die ausgestellte Mumie in einer Gruft für immer zu verschließen.

Bevor wir uns nun früh am Morgen dem Neusiedler See widmen, empfehle ich erst noch einen ausgiebigen Abstecher ins Leithagebirge zu einer Kurvenhatz der besonderen Freude. Winzige Stichstraßen führen immer wieder hinab zum See, viel reizvoller ist allerdings die hügelige Ostflanke des Leithagebirges, zumal es dort von einsamen, oftmals überraschend kurvigen Güterwegen nur so wimmelt. Über Leithaprodersdorf und Hof am Leithagebirge huschen wir nach Donnerskirchen und Purbach, können dort einen ersten Abstecher hinab zum Seeufer einbauen, das sich allerdings meist hinter kostenpflichtigen Großparkplätzen verbirgt. Dann geht es nochmals bergan zu einer ausgiebigen

Hatz durch die idyllischen Höhenzüge. 35 Kilometer lang und bis zu sieben Kilometer breit ist dieser Bergrücken, der sich bis zu einer Höhe von knapp 500 Metern über dem Meeresspiegel erhebt. Laubwälder und Weinberge bestimmen seinen Anblick, durchzogen von einem recht dichten Netz winziger Landstraßen. Herrlich!

Inmitten von Weingärten und mit direktem Seezugang begrüßt uns das Städtchen Neusiedl bald darauf am Nordufer des Neusiedler Sees. Der Ort gehörte mitsamt dem Burgenland bis 1921 zu Ungarn. Nach Ende des Ersten Weltkriegs wurde die Region Österreich zugesprochen und ins neu gegründete Bundesland Burgenland integriert. Rasch entwickelte sich Neusiedl zu einer der touristischen Perlen im Niemandsland zu Ungarn. Wer heutzutage an das Burgenland denkt, sieht vermutlich automatisch diesen horizontweiten, flunderflachen See vor seinem inneren Auge, an dessen Ufern dieses quirlige Touristenstädtchen auf uns wartet. Sehenswert sind hier u. a. die Stadtpfarrkirche mit gotischer Fischerkanzel aus dem 18. Jahrhundert, die Dreifaltigkeitssäule von 1714 sowie die am Taborberg gelegene Burgruine aus dem 16. Jahrhundert. Die Neusiedler Hauptattraktion im Sommer ist natürlich das herrliche Strandbad mit vielen Möglichkeiten zum Schwimmen, Surfen und Segeln. Aber auch für Radtouren ist Neusiedl ein beliebter Ausgangspunkt.

Mahnmal gegen Krieg und Vertreibung: Die Fluchtstraße von Andau erzählt von längst vergangenen blutigen Zeiten.

TOUR-TIPP

Neusiedler See

Er ist einer der letzten echten Steppenseen Europas und zudem der größte See Österreichs. Seine 320 km² Fläche teilen sich Österreich (250 km²) und Ungarn. Breite Schilfgürtel, eine geringe Wassertiefe von maximal 1,8 m sowie ein sehr mildes Klima prägen dieses naturgeschützte Gewässer, das seit 2001 zum UNESCO-Welterbe gehört. Bis zu 30 °C kann sich der See im Hochsommer erhitzen und ist damit eines der beliebtesten Badegewässer Österreichs – vor allem natürlich für »Ganz-Warm-Duscher« (Infos unter www.burgenland.info).

Zehn grüne Daumen: Die Gärtner von Schloss Esterhazy in Fertöd haben Lust auf schwungvolle Figuren.

Eisenstadt und sein Esterhazy-Schloss – seit Jahrhunderten eine wahrlich unzertrennliche Kombination

Wir umrunden den See, schlagen nach Podersdorf einen kleinen Bogen Richtung Osten und düsen über Frauenkirchen und Halbturn nach Andau. Noch eine Portion Grusel kann uns dort am Rand des Ortes ein »Kunstwerk« der ganz besonderen Art liefern: die berühmte, heute aber fast in Vergessenheit geratene »Fluchtstraße von Andau«. Suchen Sie nach ihr, und schauen Sie sich das hochinteressante »Kunstwerk« an.

TOUR-TIPP

Die Fluchtstraße von Andau

»Bei Andau gab es eine Brücke. Konnte sie einer erreichen, fand er den Weg in die Freiheit ...« (aus: James Michener, »Die Brücke von Andau«)

Am 23. Oktober 1956 brach in Ungarn ein Volksaufstand aus, der in den folgenden Wochen von sowjetischen Truppen blutig niedergeschlagen wurde. Aus Panik vor den metzelnden Soldaten flüchteten über 200 000 Ungarn ins angrenzende Österreich. Die Brücke von Andau, eine einfache Holzkonstruktion über den breiten Einser-Kanal für die Bauern der Umgegend, war in jenen Tagen für viele von ihnen die letzte Möglichkeit, in die ersehnte Freiheit zu gelangen. Der amerikanische Autor James Michener war damals als Kriegsberichterstatter in Andau und schrieb über die dramatischen Ereignisse das Buch »Die Brücke von Andau«. Die Brücke wurde von den Soldaten gesprengt, später als Denkmal nachgebaut. Viele Vereine und Künstler Österreichs und Ungarns haben die blutgetränkte Fluchtstraße von der Brücke in den Ort Andau und die Erlebnisse der Menschen auf dem Weg in die ersehnte Freiheit künstlerisch nachgestaltet und in einer äußerst eindrucksvollen Freiluftgalerie mit 90 Skulpturen zusammengestellt (Infos unter www.andau.info).

Wer an dieser Stelle einen Übernachtungsstopp einlegen möchte, dem sei mein Tipp in Podersdorf nahegelegt. Ansonsten geht es weiter, und spätestens in

Zwischen Wein, Weib und Gesang: Unterwegs zu sein im Leithagebirge macht nicht nur der Kawasaki richtig Spaß.

Weites flaches Land: Und ganz in der Ferne lockt der Neusiedler See als wärmste Badewanne Europas.

Sankt Andrä am Zickensee oder in Illmitz können wir bei einem sonnenverwöhnten Einkehrschwung jeglichen letzten Anflug von Gänsehaut bekämpfen. Mein Einkehrtipp dazu: die »Pusztascheune Illmitz« – lecker und urig. Und ein Höhepunkt, der uns frisch gestärkt zu einem Tiefpunkt führt, genauer gesagt: zu Österreichs tiefstem Punkt nahe Apetlon auf freiem Feld. Ein echter Hingucker, wenngleich weltpolitisch eher unbedeutend. Hinter Pamhagen erwartet uns dann die überwältigende Andersartigkeit im Grenzland zwischen Österreich und Ungarn. So sehenswert, dass wir uns im folgenden Kapitel noch eine große Portion davon gönnen werden.

Gleich nach Grenzübertritt landen wir in Fertöd, einer der touristischen Perlen des ungarischen Nordwestens. Dessen historischer Schatz ist das Esterházy Schloss, eines der schönsten und größten Rokokoschlösser Ungarns. Der Park des UNESCO-Weltkulturerbes ist frei zugänglich, und während sich in den historischen Gemäuern oft ganze Busladungen schnatternder und Selfie-verliebter Japaner von Zimmer zu Zimmer wälzen, kann die herrliche Gartenanlage des Prunkbauwerks kostenlos besichtigt werden. Es gibt kaum ein stilvol-

Ohne Zweifel Warmduscher-tauglich: Neusiedl und sein See leben gut vom alljährlichen Badetourismus.

Keine Angst vor Überschwemmung: Österreichs tiefster Punkt liegt höher als zum Beispiel jeder Damm Ostfrieslands.

leres Ambiente, um sich einmal ausgiebig die Beine zu vertreten.

Trödeln Sie aber nicht zu sehr, denn mit Sopron erwartet uns noch ein weiterer Höhepunkt des ungarischen Nordwestens. Sie ist eine der ältesten Städte Ungarns, erste Quellen erwähnen Sopron bereits um das Jahr 100. Rund um die historische Altstadt tobt das Leben unter einem meist prächtigen Sonne-Wolken-Mix, und jeder Besucher lässt sich mit Leichtigkeit dazu verlocken, der Stadt und ihren freundlichen Menschen einen ausgiebigen Rundgang zu schenken. Auch für die anschließende Stärkung finden sich viele Ange-

Lohnt eine mittägliche Einkehr: Das Filmdorf Rust am Neusiedler See hat einen ganz eigenen Charme.

DIE TOUR IM ÜBERBLICK

Schwierigkeitsgrad: Leicht

Streckenlänge: 340 km

Reine Fahrtzeit: 6–7 Std.

Zeitaufwand inkl. Sightseeing: 2 Tage, inkl. Badespaß mindestens 3 Tage

Beste Jahreszeit: Mitte Mai bis Mitte Oktober (zur Ferienzeit im August den Neusiedler See eher meiden!)

Start- und Zielort: Eisenstadt

Mein Hotel-Tipp dort: Gasthof Wimmer, Brunnengasse 1, A-7000 Eisenstadt, Tel. +43/(0)2682/624 29, www.gasthof-wimmer.at

Optionaler Übernachtungsstopp: Podersdorf am Neusiedler See

Mein Hotel-Tipp dort: Gästehaus & Weingut »Zur Wiederkehr«, Hauptstr. 5, A-7141 Podersdorf am See, Tel. +43/(0)2177/24 55, www.strudler.at

Unbedingt anschauen: Eisenstadt, Mörbisch am See, Rust, Hof und das Leithagebirge, Bruck an der Leitha, Neusiedl am See, Andau und die Fluchtstraße, Fertöd und Sopron in Ungarn, Mattersburg

bote. Mein Einkehrtipp dazu: das Café »Randevú« an der Várkerület 30 am Nordostrand der Altstadt.

Bei Klingenbach haben wir wieder österreichischen Boden unter unseren Reifen, können noch einen weiten Schlenker durch das menschenleere Grenzland in unsere Tour einbauen und uns über Schattendorf, Rohrbach und Sauerbrunn ganz allmählich wieder dem Ausgangsort Eisenstadt annähern. Oder Sie lassen diesen Tourentag am Neusiedler See ausklingen, z. B. im sehenswerten Mörbisch oder auch in Breitenbrunn mit seinen historischen Kellergassen. Mein Einkehrtipp für den Abend: »Dani's Schenke« in der Hauptstr. 124.

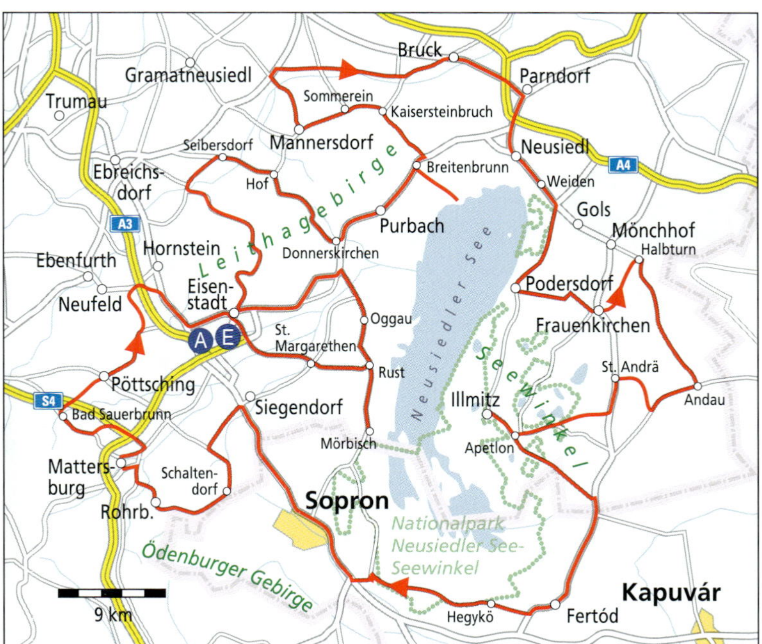

Weiter Horizont: So platt und rund wie um den Neusiedler See ist es sonst nirgendwo in Österreich.

Welch bucklige Welt: Ein Tourenstandort m Herzen der »Buckligen Welt« macht täglich Lust auf mehr.

HINTER DEM EINST EISERNEN VORHANG

Auch diese Rundtour durch das Burgenland samt westlichem Ungarn lässt sich herrlich einfach mit den Kapiteln 14 und 16 kombinieren – zu einem perfekten Österreich-Motorradurlaub von einer Woche und mehr. Und der Name unseres Basisortes macht doch spontan schon Lust darauf, oder?

Burgenländer Kellergassen ähneln denen des Weinviertels – auch hier ist, vor allem zur Lese, der Genuss zu Hause.

Dort wo sich die Ostalpen zur ungarischen Tiefebene hinab verbeugen und zum Wiener Becken eine Landschaft mit breiten Tälern und runden Höhen bilden, da formen Dörfer, Wiesen, Felder und Wälder eine ganz eigene Welt, eben jene Bucklige Welt, das »Land der 1000 Hügel«. Das fruchtbare Gebiet war schon seit dem 3. Jahrtausend vor unserer Zeitrechnung besiedelt und als Ostgrenze Österreichs jahrhundertelang umkämpft. Nicht nur eine prächtige Natur, auch eine pralle Geschichte hat diese Region seinen Besuchern zu bieten.

Unser Ausgangsort für dieses Kapitel ist das Örtchen Kirchschlag in der Buckligen Welt (welch ein Name!!) mit seiner wechselvollen Geschichte. Als Bollwerk des Abendlands gegen die von Osten anstürmenden Feinde machte es sich als »Granitfestung« einen Namen, also als nahezu uneinnehmbar. Heutzutage ist es ein durch und durch friedvoller Ort an der Grenze zwischen Burgenland und Niederösterreich mit viel Sehens- und Erlebenswertem – auch für einen längeren Aufenthalt. Das »Land der 1000 Hügel« begrüßt uns gleich am Morgen von Tag 1 mit einem Potpourri an herrlichen Rechts-links-Kombinationen, die uns einen perfekten Vorgeschmack darauf geben, was uns auf dieser Tour erwartet. Über Aigen und Kaltenberg pendeln wir nach Bromberg und über Wiesmath, Landsee und Blumenau – inklusive einem halben Dutzend waschechten Kehren – wieder in den Dunstkreis von Kirchschlag, ohne uns aber im Ort selbst auszuruhen. Denn die nächsten Kurven warten bereits, und via Weingraben, Neutal und an der imposanten spätmittelalterlichen Esterházy-Burg Forchtenstein vorbei erreichen wir Mattersburg, unseren heute nördlichsten Punkt der Burgenland-Exkursion. Lust auf einen Boxenstopp, bevor wir uns noch einmal ungarischen Genüssen widmen? Mein Einkehrtipp für Mattersburg lautet: Pizzeria Taverna in der Michael-Koch-Str. 30.

Über Klingenbach queren wir erneut die Grenze, statten wahlweise Sopron noch einen Besuch ab, falls Sie es in Kapitel 14 noch nicht gemacht haben oder wiederholen möchten, was ich durchaus verstehen würde. Noch einmal durchstreifen wir Fertöd, anschließend Kapuvár und wenden das Motorrad dann gen Süden. Über Celldömölk geht es nach Sávár; schnurgerade führen hier manche Straßen zum Horizont. Etwas eintönig, wären da nicht überall diese beinahe schon geisterhaft verlassenen Dörfer und riesigen Gehöfte, deren Mauern unendlich viel zu erzählen haben. Ach ja, und nicht zu vergessen diese überall möglichen Offroad-Abstecher, die vor allem Enduristen regelmäßig zum Frohlocken bringen. Falls Sie also auch mit einer Enduro unterwegs sind, gönnen Sie sich doch den einen oder anderen Abstecher ins transdanubische Outback – ich habe keinen einzigen mit Fahrverbot entdeckt.

Die Stadt Sávár besitzt auch heute noch eine der ganz wenigen ungarischen Wasserburgen, und wenngleich deren Wassergraben inzwischen zu einem riesigen Park umfunktioniert wurde, reizt mich die gewaltige Bogenbrücke zu einem Ritt bis vor das einstige Burgtor. Anschließend schenken wir dem bunten Kern des weithin bekannten Kurorts unsere Aufmerksamkeit und bummeln ein wenig umher. Eine Abstellmöglichkeit für das Bike ist rasch gefunden.

Historisch wertvoll und kulinarisch »vollausgestattet«: Das Zentrum von Köszeg lohnt einen ausgiebigen Boxenstopp.

In Szombathely unmittelbar an der Westgrenze Ungarns erinnert kaum noch etwas an die Zeiten des Sozialismus, in denen es der Stadt und ihren Menschen aufgrund der Nähe zum Eisernen Vorhang nicht besonders gut ging. Kein Wunder, dass man diese Zeiten nach der Wende so rasch wie möglich aus der Erinnerung tilgen wollte. Das blitzblanke Zentrum mit seinem Springbrunnen in der Fußgängerzone Fö tér lädt zu einem ausgiebigen Rundgang, das Moped parkt derweil sicher in einer der Nebenstraßen. Auch das beschauliche Köszeg lohnt einen ausgiebigen Boxenstopp. Hier reiht sich sozusagen Einkehrschwung an Einkehrschwung, niemand geht hier hungrig oder durstig von dannen. Vor allem rund um den historischen Hauptplatz in Sichtweite der imposanten Herz-Jesu-Kirche liegen zahlreiche Restaurants, die neben leckerer ungarischer Küche auch noch eine Portion Sightseeing bieten. Mein Einkehrtipp dazu: das »Portré Étterem« in der Fö tér 7 – inklusive guter Laune.

Nach dem Grenzübergang bei Deutschkreutz haben wir dann wieder Burgenländer Hoheitsgebiet vor dem Windshield, das uns im zweiten Abschnitt dieser Runde begeistern wird. Falls Sie hier nächtigen möchten – mein Tipp steht im Infokasten. Mächtig einsam und deutlich in die Jahre gekommen präsentiert sich hinter Deutschkreutz das Grenzland zu Ungarn. Durch menschenleere Weiler wie Groß- und Kleinwarasdorf, Kroatisch Minihof und Kroatisch Geresdorf schwingen wir südwärts nach Lutzmannsburg, Unterpullendorf und Klostermarienberg. Doch Halt, nicht so rasch, denn ganz hier in der Nähe liegt noch ein Hingucker. Ich meine den Mittelpunktstein des Burgenlands bei Unterpullendorf – bitte anschauen, ist interessant.

Aus den dicht bewaldeten Höhenzügen des Naturparks Geschriebenstein-Irottkö – welch seltsamer Name – grüßt uns bald schon eine geheimnisvolle burgenländische Burg: Lockenhaus. Erbaut irgendwann um 1200, erwarb der Schriftsteller Paul Anton Keller 1968 die sich in einem erbärmlichen Zustand befindlichen historischen Gemäuer und begann sein komplettes Vermögen in deren Restaurierung zu stecken. Nur acht Jahre später starb Keller, ohne die Vollendung seines Traums erleben zu dürfen. Und ohne das Geheimnis von Lockenhaus zu enträtseln: Handelt

Offroadparadies: Viele Wege im Hinterland des ungarischen Westens sind frei befahrbar – mit dem richtigen Motorrad.

Aber auch gepflegt onroad auf Asphalt lässt sich das gesamte Burgenland samt Ungarn-Abstecher erkunden.

es sich hierbei ursprünglich um eine der wichtigsten abendländischen Festungen des legendären Templer-Ordens? Eine Vielzahl geheimnisvoller Steinmetzzeichen an den Mauern sowie die Fresken der Burgkapelle deuten zumindest darauf hin. Bis heute wurden sie nicht enträtselt.

Von Rechnitz aus wenden wir uns sodann westwärts nach Stadtschlaining und staunen nicht schlecht: Wuchtig, mächtig und trutzig wächst der Ort mit seiner imposanten Festung vor uns aus dem Grün der Landschaft. Um 1271 erbaut, ging die Festung 1849 an Ungarn und erst 1980 dann in Burgenländer Staatseigentum über. Heutzutage residiert hier das Europäische Museum für Frieden – ein leicht irreführender Name, denn hier wird der Frieden nicht als längst ausgestorbenes Relikt hinter Museumsglas präsentiert, sondern anhand der Geschichte des Kriegs der Weg zum Frieden aufgezeigt. Welche überaus sinnvolle Nutzung eines einstigen Kriegsbauwerkes!

Geheimnisvolles Bollwerk: War oder ist Burg Lockenhaus gar heute noch ein Stützpunkt des geheimen Templerordens?

Da tanzt der Flötenspieler: Im Zentrum von Szombathely lässt es sich offensichtlich gut leben.

Allein schon die nun folgenden Ortsnamen – Markt Allhau, Kitzladen oder Grafenschachen – lassen uns erahnen, welch ein Streckenabschnitt noch vor uns liegt: ein Kurventanz über die Dörfer in des Wortes reinster Bedeutung. Genießen Sie es, es ist sehr sehenswert. So wie der Ort Bernstein, einer der letzten Höhepunkte dieses an Höhepunkten so reichen Tages. An sich ein Ort wie viele im Burgenland mit einem quirligen Zentrum, einem netten Café und einer halben Handvoll Gasthöfen – aber auch mit einer imposanten Festung am Ortsrand. Einer Festung deren »Eroberung« sich speziell für Motorradfahrer ganz besonders lohnen kann.

TOUR-TIPP

Burg Bernstein – herrschaftliche Biker-Unterkunft
Erstmals urkundlich erwähnt wird Burg Bernstein schon im 13. Jh. 1440 eroberte sie kein Geringerer als Kaiser Friedrich III. und übergab sie an die Adelsfamilie Königsberg, der sie über 300 Jahre gehörte. Bis weit ins 18. Jh. hinein war Bernstein eine der wichtigsten Fluchtburgen der Region, hinter deren starken Mauern man sicher war vor den Machtgelüsten angrenzender Völker. Aber nicht vor den Unbilden des Wetters: 1617 traf ein Blitz den Pulverturm, dessen Explosion die Innenburg fast zur Gänze zerstörte. Ihren neuen Glanz im Stil von Renaissance und Barock kann man bis heute bewundern. 1892 kaufte die Adelsfamilie Almásy die Burganlage, 1953 wurde ein Hotelbetrieb eingerichtet, dessen Tradition auch von der heutigen Familie Berger-Almásy fortgeführt wird. Und das mit viel Liebe zum Detail. Doch der Clou ist noch ein anderer: Denn Burgherr Alexander von Almásy ist ein ebenso begeisterter wie erfahrener Biker, der seine Gäste gern »onroad« durchs Burgenland führt oder im nahen Enduro-Gelände »offroad« trainiert (Infos unter www.burgbernstein.at).

DIE TOUR IM ÜBERBLICK

Schwierigkeitsgrad: Leicht

Streckenlänge: 580 km

Reine Fahrtzeit: 10 Std.

Zeitaufwand inkl. Sightseeing: 3–4 Tage

Beste Jahreszeit: Mitte Mai bis Ende Oktober

Start- und Zielort: Kirchschlag in der Buckligen Welt

Mein Hotel-Tipp dort: Hotel Post – Hönigwirt, Günserstr. 2, A-2860 Kirchschlag in der Buckligen Welt, Tel. +43/(0)2646/2216, www.hotel-post-hoenig.at

Optionale Übernachtungsstopps: Köszeg in Ungarn oder Deutschkreuz im Burgenland

Meine Hotel-Tipps dort: Hotel Arany Strucc, Varkoer 124 in Köszeg, Tel. +36/(0)94/360323, http://aranystrucckoszeg.hu – etwas in die Jahre gekommen, aber gemütlich und gastfreundlich; Hotel Schreiner, Girmerstr. 45, A-7301 Deutschkreutz, Tel. +43/(0)2613/80322, buchbar auch via Tripadvisor, HRS u.a.

Unbedingt anschauen: Kirchschlag i. d. Buckligen Welt, Mattersburg, Sopron, Fertöd, Sárvár und Köszeg in Ungarn, Lockenhaus samt Burg im Burgenland, Stadtschlaining, Pinkafeld und Bernstein samt Burg

Tja und von Burg Bernstein fast schon in der Ferne zu erblicken ist unser »Basislager« Kirchschlag in der Buckligen Welt. Über Kogl im Burgenland und eine Handvoll letzter Kurven geht es zurück.

Falls Ihnen jetzt auch ganz mächtig der Magen knurren sollte, kommt hier genau zur rechten Zeit mein Einkehrtipp in Kirchschlag: entweder unser »Hönigwirt« oder aber das Gasthaus der Kräuterwirtin Gerda Stocker am Lembach 11.

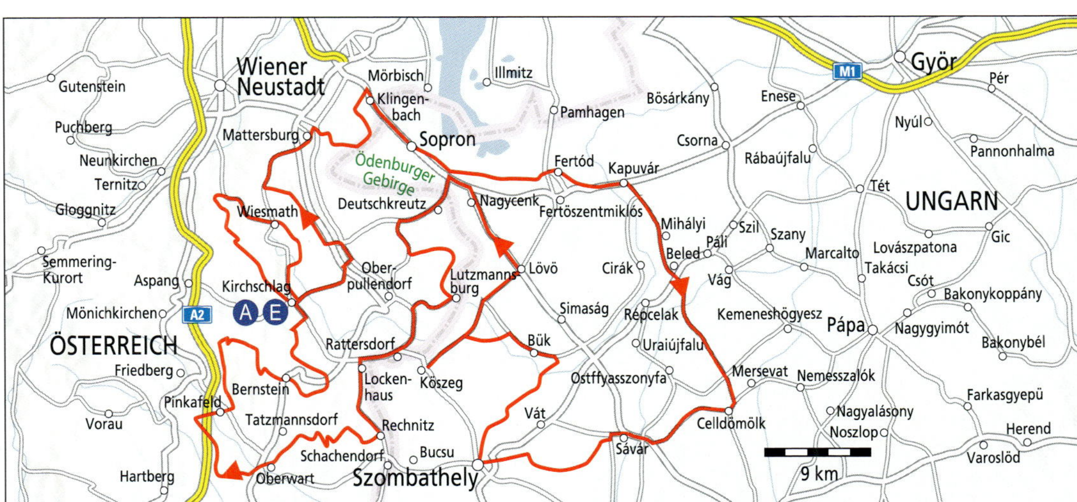

Grusel-Beilage: Das Freiluft-Museum bei Bildein erzählt vom Eisernen Vorhang und dessen Grauen.

SÜDLICHES BURGENLAND UND DIE STEIERMARK

Fürstenfeld als Basisort dieser Rundreise zu wählen, mag echte Burgenländer kurz erzürnen, denn die sehenswerte Stadt befindet sich de facto in der südöstlichen Steiermark. Die Bezirkshauptstadt liegt aber für diese Rundreise so zentral, dass ich sie dennoch ausgewählt habe, zumal wir uns gleich zu Beginn eine erste »Portion« Steiermark gönnen werden.

Aber noch ein paar Worte zu Fürstenfeld. Klingelt Ihnen der Name der Stadt auch irgendwie in den Ohren? Da war doch mal was? Exakt: Mitte der 1980er-Jahre wurde Fürstenfeld durch den gleichnamigen Hit der österreichischen Band S.T.S. weltberühmt. Die Textzeile »I wü ham noch Fürstenfeld« eines erfolglosen steirischen Musikers in der Großstadt Wien entwickelte sich zu einem wertvollen Werbeslogan, der heute noch gern genutzt wird. Das südliche Burgenland erarbeiten wir uns auf dieser Runde ganz intensiv von Norden nach Süden. Der nördlichste Punkt dieser Runde ist Stadtschlaining und schließt damit erneut an das vorhergehende Kapitel an. Um die Fahrt dorthin bereits zu einem Erlebnis werden zu lassen, verlassen wir Fürstenfeld Richtung Süden und schlagen zunächst einen weiten Bogen Richtung Westen.

Über kleine kurvenreiche Landstraßen geht es nach Hatzendorf und Mahrensdorf und zu unserem »Erstkontakt« mit der Steiermark. Dem nach Niederösterreich größten – und vielleicht sogar abwechslungsreichsten – Bundesland widmen wir in der Folge drei ganze Kapitel. Deshalb sei an dieser Stelle nur eines erwähnt: Aufgepasst, die Bewohner möchten bitte NICHT »Steiermärker«, sondern Steirer genannt werden! Explizit auch jene, die in Bad Gleichenberg unseren Weg kreuzen. Der viel besuchte Kurort im südöstlichen Hügelland der Steiermark entstand 1968 aus den früheren Gemeinden Bad Gleichenberg und Dorf Gleichenberg. Seine berühmten Heilquellen werden schon seit der Römerzeit genutzt. Vom ersten Römerbrunnen fand man 1845 in vier Metern Tiefe einen gut erhaltenen Brunnenkranz, darunter 74 römische Münzen und zwölf versteinerte Haselnüsse aus dem ersten bis dritten Jahrhundert. Aber erst in der Biedermeierzeit entwickelte sich Gleichenberg zu einem renommierten

Kurbad, das es bis heute geblieben ist – der Kurpark mit seinen gut 20 Hektar zählt z. B. zu den schönsten Landschaftsgärten Österreichs.

Zugegeben, das heutige Bild von Burg Gleichenberg passt da nicht so ganz in diese Pracht. Burg Alt-Gleichenberg wurde erstmals 1185 als »Glichenberch« urkundlich erwähnt. Sie stand seit 1170 an der strategisch günstigen Engstelle am Südausgang der Klausenschlucht. 1945 wurde sie in den letzten Tagen des Zweiten Weltkriegs noch zerstört. Überreste der Burg sind heute als »Meixnerstube« erkennbar. Bereits im 14. Jahrhundert errichtete man gleich gegenüber der alten Wehranlage die Burg Neu-Gleichenberg. Sie wurde im 17. Jahrhundert zum Schloss ausgebaut, aber ebenfalls durch den Krieg schwer beschädigt. Eine Feuersbrunst zerstörte 1983 ihre Reste endgültig.

Ein ganz anderes Thema präsentiert uns bald darauf die Stadt Feldbach, eine der 79 Gemeinden des sogenannten Steirischen Vulkanlands ganz im Südosten Österreichs. Was in Feldbach begann, ist heute eine Region im Aufbruch, ist der Gewinner des »Europäischen Dorferneuerungspreises«. Eine ganz besondere Lebensqualität zeichnet die von Vulkanen geformte Region aus. Essen und Trinken wird in der kulinarischen Region Vulkanland großgeschrieben. Buschenschänken, Winzer, edle Produzenten und erlesene Gastronomie laden zu Streifzügen in einer reizvollen Kulturlandschaft. Lukullische Qualitätsprodukte, gläserne Manufakturen und eine ganz besondere Lebenskultur machen das Vulkanland zur Genussregion Österreichs.

Richtig heile Welt: Die Kellergasse von Heiligenbrunn zeigt eine burgenländisch heile Welt par excellence.

Hoch auf dem Berg: Burg Güssing grüßt uns schon von Ferne und lädt zu einem ausgiebigen Besuch ein.

Eine spontane Portion »Disney-World«: Rotenturm und sein perfekt restauriertes Schloss sind echte Hingucker.

Damit das Thema »Steiermark« auf dieser Runde noch nicht zu übermächtig wird, wedeln wir nun hurtig in einem weiten Bogen über Kirchberg und Sankt Margarethen an der Raab, über Hartmannsdorf, Lindegg und Bierbaum – ja dieser 500-Einwohner-Flecken heißt tatsächlich so – nach Sankt Michael im Burgenland. Und damit in den Teil des erlebenswerten österreichischen Bundeslands, der auf jeden Fall auch in diesen Reiseführer gehört. Wie zum Beweis erhebt sich bald darauf Schloss Rotenturm im Tal der Pinka vor unserem Windshield. Dessen Geschichte reicht bis zu einer mittelalterlichen Wasserburg zurück. Die heutigen Mauern datieren aus dem 19. Jahrhundert und versetzen den Betrachter mit ihren orientalisch angehauchten Formen in die Welt aus Tausendundeiner Nacht. Seit 2008 im Privatbesitz, versuchen die Eigentümer das Schloss mit viel Liebe zum Detail wieder in altem Glanz erstrahlen zu lassen. Also äußerlich ist das ohne Zweifel schon mal gelungen.

Stadtschlaining hatten wir ja auf der vorangegangenen Rundreise bereits besucht und beschrieben. Werfen Sie unbedingt einen langen Blick auf Burg Schlaining – sie gehört zu den zahlreichen Gründen, warum das Burgenland so heißt. Und warum dieses Bundesland so überaus geschichtenreich ist. Erstmals 1271 urkundlich erwähnt, kam die Trutzburg im 16. Jahrhundert in den Besitz der Familie Batthyány, 1849 ging sie zunächst an Ungarn, von 1957 bis 1980 gehörte sie dem österreichischen Bundesminister Udo Illig, seit dessen Tod dem Burgenland. Und beherbergt heute – Sie erinnern sich – das sehenswerte Europäische Friedensmuseum. Stadtschlaining ist also geradezu prädestiniert dazu, diesen Tourentag garantiert friedlich

Freie Fahrt durch die Geschichte: Außerhalb der Weinlese herrscht in den Kellergassen oftmals »tote Hose«.

Hier ist es porentief friedlich: In Stadtschlainings Burganlage wird der Weltfrieden präsentiert und erforscht.

Vorschau und Vorfreude: Das nahe liegende Graz – ebenfalls UNESCO-Welterbe – besuchen wir in wenigen Seiten.

zu beenden. Und nicht minder genüsslich mit meinem Einkehrtipp am Abend: Restaurant »ITA-Pizza mit Mike's Pub« – komischer Name, leckere Speisen.

Teil 2 unserer Reise durch das südliche Burgenland widmet sich auf den ersten Kilometern dem so andersartigen Grenzland zu Ungarn. Einer Landschaft, geprägt von kaum mehr als lenkerbreiter Pisten, menschenleeren Weilern und einer sich frei entfaltenden Natur. Ach ja: und manch überraschend martialischem Grenzmahnmal, wie dem bei Eberau. Via Neumarkt im Tauchental und Großpetersdorf huschen wir weiter durch einsame Ortschaften wie Deutsch Schützen-Eisenberg oder Kroatisch Ehrensdorf. Das Ortsschild von Gaas zaubert zumindest Motorradfahrern ein kurzes Lächeln auf das Gesicht – ein schnelles Foto ist hier fast schon Pflicht.

Aha! Den Prozess der Weingärung endlich einmal anschaulich erklärt bekommen wir im Uhudler-Land.

Dann geht es erneut ab in die Landschaft, in das Uhudler Land. Jener Uhudler ist ein berühmter Rotwein des Südburgenlands, dessen Trauben von amerikanischen Reben stammen, die äußerst resistent gegen Schädlinge, wie z. B. die Reblaus, oder auch gegen Pilzbefall sind. Uhudler Weinberge müssen deshalb nicht mit Chemie-Cocktails bearbeitet werden. Kenner begeistert der Wein durch sein andersartiges, kräftiges Bouquet, das auch als »Fox-Ton« oder »Tessiner Note« bezeichnet wird. Seinen Namen verdankt er übrigens der Tatsache, dass die Weinbauern nach übermäßiger Verkostung einen uhugleichen starren Blick bekamen.

Hoch droben auf einem steilen Felskegel thront bald darauf Burg Güssing über dem sie umgebenden Burgenland. Mit ihrem Bau aus dem Jahr 1157 ist sie immerhin die älteste Burganlage des Burgenlands und das markanteste Wahrzeichen der Region. Hier wurde Kaiser Friedrich III. zum König von Ungarn gewählt, und aus den umliegenden Hütten entwickelte sich die heutige Stadt Güssing. In der Hauptburg ist heute ein sehenswertes Museum mit rund 5000 Exponaten untergebracht, und vom begehbaren Glockenturm hat man einen fantastischen Panoramablick bis in die pannonische Tiefebene. Die Burg wird für Theatervorführungen, Konzerte und Lesungen genutzt. Ach ja – und heiraten kann man in der Burgkapelle ebenfalls.

Nur einen Katzensprung von der ungarischen Grenze entfernt, gehörte auch Jennersdorf – wie das gesamte Burgenland – bis 1921 noch zu Ungarn. Erst nach Ende des Ersten Weltkriegs wurde jenes »Deutsch-Westungarn« in den Verträgen von St. Germain und Trianon Österreich zugesprochen. Heute begrüßt uns Jennersdorf mit einem sehenswerten Zentrum, mit der nahen Therme Loipersdorf und mit so manch willkommenem Anlass für einen Einkehrschwung. Mein Einkehrtipp dazu: das »Genuss-Beisl« in der Hauptstr. 19.

Der Rest dieses Tourentags führt uns noch einmal in einem weiten Bogen durch das »Grenzgebiet« zwischen Burgenland und Steiermark. Wir schwingen über Kapfenstein und Weinberg an der Raab ganz gemütlich in herrlichen Rechts-links-Kombinationen zurück nach Fürstenfeld. Vielleicht sogar mit dem alten Gassenhauer von »STS« in den Ohren – stilecht wäre das zumindest … So wie die abendliche Einkehr – dazu mein Tipp: das »Fürstenbräu« in der Hauptstr. 31.

DIE TOUR IM ÜBERBLICK

Schwierigkeitsgrad: Leicht

Streckenlänge: 420 km

Reine Fahrtzeit: 7–8 Std.

Zeitaufwand inkl. Sightseeing: 2–3 Tage

Beste Jahreszeit: Ab Mai bis Mitte Oktober

Start- und Zielort: Fürstenfeld

Mein Hotel-Tipp dort: Sport Vital-Hotel Henndorf-Therme 1, A-8282 Loipersdorf bei Fürstenfeld, Tel. +43/(0)3329/466 11, www.sportvital.at

Optionaler Übernachtungsstopp: Stadtschlaining

Mein Hotel-Tipp dort: Hotel Burg Schlaining, Klingergasse 2–4, A-7461 Stadtschlaining, Tel. +43/(0)3355/26 00, buchbar zum Beispiel auch via Tripadvisor, HRS, booking.com u.a.

Unbedingt anschauen: Fürstenfeld, Bad Gleichenberg, Sankt Margarethen an der Raab, das Lafnitztal, Sankt Michael im Burgenland, Großpetersdorf, Stadtschlaining mit Burg, Eisenberg an der Pinka, Güssing mit Burg

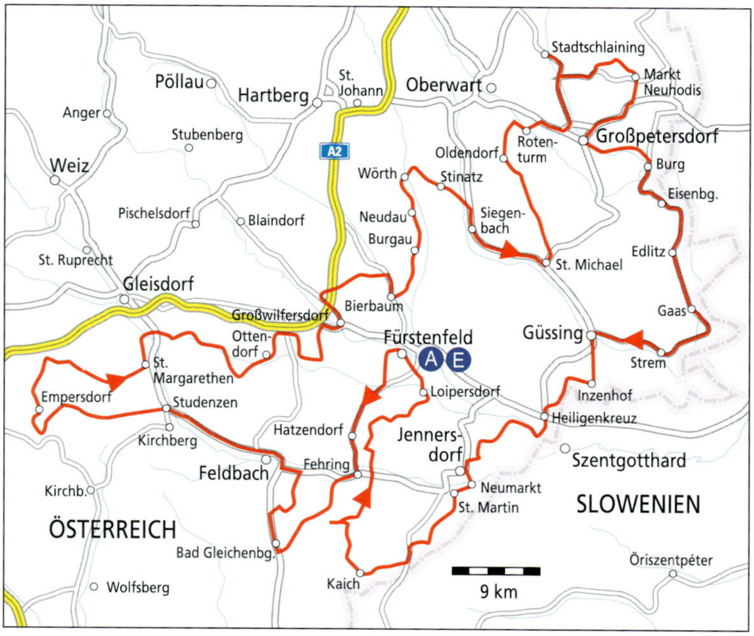

Typisch Burgenland: Viele Ortschaften entlang des Weges sind typische Straßendörfer.

Berühmtes Motorradrevier: Der Semmering besitzt eine der schönsten Bikerstrecken-Sammlungen Österreichs.

RUND UM DEN SEMMERING

Der Semmering ist die berühmteste und beliebteste k. u. k. Sommerfrische Österreichs mit spannenden Geschichten, die bis in unsere Tage reichen. Und gleichwohl die Gesamtkilometer gerade einmal einen Tourentag randvoll füllen, sollten Sie sich viel Zeit nehmen für die malerischen Orte, die kurvenreichen Bergstrecken und eine entspannende Rundreise abseits allen Verkehrs, eine Rundreise einmal um eine österreichische Legende herum.

Unser Ausgangspunkt Mürzzuschlag wurde 1227 erstmals urkundlich erwähnt und durch ein Lied des Minnesängers Ulrich von Liechtenstein berühmt, der auf einer Fahrt von Venedig nach Böhmen hier vorbeigezogen war. 1360 erhielt Mürzzuschlag von Herzog Rudolf das Eisenrecht, das Exklusivrecht auf Produktion von Kleineisen in der Region. Viktor Kaplan, der Erfinder diverser Turbinen wurde hier ebenso geboren wie auch die Literaturnobelpreisträgerin Elfriede Jelinek, und Johannes Brahms schrieb hier seine 4. Symphonie, die »Mürzzuschlager«. Eine pralle Stadtgeschichte also, auf die man hier zu Recht stolz ist. Und ein »Basislager«, das uns abseits des Mopedsattels viel zu bieten hat.

Doch genug der Worte, über den Weiler Kapellen geht es nach einem guten Frühstück hinaus in die Natur. Und sogleich in die ersten Schräglagen dieses Tourentags – samt einigen waschechten Spitzkehren rund um den Preiner Gscheid, einen beschaulichen Gebirgspass mit einer maximalen Steigung von elf Prozent. Direkt auf dessen Passhöhe befindet sich ein Parkplatz mit Biker-Treff, dessen Beliebtheit sicher auch mit der leckeren Hausmannskost der bewirtschafteten Edelweißhütte direkt oben auf dem Pass zusammenhängt. Wie wäre es bereits jetzt mit einem koffeinhaltigen Boxenstopp samt ein wenig »Benzingesprächen«? Zeit genug haben wir auf dieser Tour.

Über Edlach erreichen wir dann Reichenau an der Rax, unser heutiges Tor zu einem ganz besonderen Kurven- und Kehrenrevier. Folgen Sie dazu ganz einfach dem Wegweiser gen Westen nach Orthof und Breitenstein. Und jetzt bitte die Knie an den Tank und volle Konzentration: Neun waschechte Kehren begeistern uns rund um Breitenstein, bevor wir im Kurort Semmering auspendeln. Die offizielle Semmering-Passhöhe liegt übrigens gleich südlich des Ortes. Der Semmeringpass, ein gut 1000 Meter hoher

Gebirgspass zwischen der Raxalpe im Norden und dem Wechselgebirge im Süden, bildet die natürliche Grenze zwischen Niederösterreich und der Steiermark.

Aber nochmals zurück zum Semmering Kurort. Seit dem 19. Jahrhundert ist der Ort Semmering auf der Grenze zwischen Niederösterreich und Steiermark ein beliebtes Sommer- wie Winter-Urlaubsdomizil der sogenannten »feinen Gesellschaft« Wiens. In den oft mondänen, aber auch höchst sehenswerten Villen des Kurorts gastierten nicht nur Habsburger Kaiser, sondern auch Poeten, Schriftsteller und berühmte Musiker. Einer der Gründe dafür war sicherlich der Bau der Eisenbahn, die ab 1854 Semmering mit dem gerade einmal 90 Kilometer entfernten Wien auf höchst bequeme Art und Weise verband. Doch Semmering musste seinen Gästen auch mehr bieten als »nur« Landschaft. So gab es bereits 1899 das erste Semmering-Bergrennen, eine inzwischen legendäre Motorsportveranstaltung – damals für Autos und Motorräder, heutzutage vor allem für Oldtimer, alljährlich veranstaltet vom Oldtimer- und Sportwagenclub Gloggnitz-Semmering und immer im August eine feste touristische Größe im Event-Kalender der Region.

Ausflugsziel der Wiener High Society: Semmering-Ort war immer schon beliebt bei Kaisern und Königen.

Ein ganz anderer Genuss ist die Fahrt mit der berühmten Semmering-Bahn über atemberaubende Schienenstrecken.

TOUR-TIPP

Semmeringbahn

Sie ist die wohl berühmteste Teilstrecke der Südbahn in Österreich und verläuft von Gloggnitz nach Mürzzuschlag. Die Semmeringbahn war die erste normalspurige Gebirgsbahn Europas und wurde 1854 eröffnet. Strecke und Lokomotivbau der Semmeringbahn gelten als Meilensteine der Eisenbahngeschichte, seit 1998 gehören sie zum UNESCO-Weltkulturerbe. Auf einer Länge von 41 km überwindet die Bahnstrecke eine Höhendifferenz von 460 m, ihr Scheitelpunkt liegt auf gut 900 m Höhe. 14 Tunnels, 16 Viadukte und über 100 steinerne Brücken prägen das Streckenprofil maßgeblich. Der größte Teil der Strecke führt an Berghängen entlang, Seitentäler werden mit Viadukten überbrückt (Infos unter www.semmeringbahn.at).

Eisenbergbau und Erzverarbeitung bestimmten hingegen das Leben der Menschen im Weiler Steinhaus am Semmering noch bis Ende des 19 Jahrhunderts. Heute versucht man sich zaghaft im Tourismus und erinnert mit Schautafeln und dem gewaltigen Steinhaus-Viadukt auch an jene Zeiten, als die Feistritzwald-Bergbahn hier ihren Ausgangsbahnhof hatte. Der reisefreudige Ottokar III. gründete nahe Spital am Semmering im Jahr 1160 ein Hospiz und legte damit wohl den Grundstein der heutigen Gemeinde am Fuß des Semmeringpasses. Im Winter ein beliebtes Skigebiet, wissen im Sommer vor allem Wanderer und Mountainbiker Spital und seine prächtige Lage inmitten der Natur zu schätzen. Und Motorradfahrer auf ihrer Kurvenhatz rund um den Semmering, denn auch Spital lohnt immer einen Boxenstopp. Mein Einkehrtipp dazu: das »Horvath Schnitzelhaus«, Hinterleiten 1 – der Name ist sehr leckeres Programm.

Gloggnitz an der Grenze zu Niederösterreich und am Fuß des Semmerings ist auch eine echte »Stadt in den Bergen« mit sehenswertem Schloss, das seit 1977 mit großem Aufwand kernsaniert wurde. 1988 wurde die Michaelskapelle wieder geweiht, 1991 ein neues, inzwischen sehr beliebtes Café-Restaurant eröffnet und das Projekt »Heiraten und Feste feiern im Schloss« ins Leben gerufen. Viele Schlossräume stehen seitdem für verschiedenste Aktivitäten (Konzerte, Ausstellungen, Feste usw.) zur Verfügung. Im Süden der Stadt erwartet uns ein fahrerischer Leckerbissen, den Sie sich auf dem weiteren Weg unbedingt gönnen sollten: die Piste über Kranichberg nach Kirchberg am Wechsel – zwölf Kilometer lang und bestückt mit 16 durchaus fordernden Kehren vorbei an Burg Kranichberg, einer Trutzburg aus dem 13. Jahrhundert mit tollem Blick über das Land.

In Kirchberg wenden wir uns Richtung Westen und erreichen über Otterthal und Trattenbach das nächste Kehren-Konglomerat rund um den Feistritzsattel. Der knapp 1300 Meter hohe Pass verbindet die Bucklige Welt mit der Steiermark, seine Scheitelhöhe ist ein

Fast parallel zur Semmering-Bahnstrecke verlaufen einsame Landstraßen, gebaut für gemütliche Kurvenhatz.

Für den entdeckungsfreudigen Biker: Rund um den Semmering können wir uns so richtig »austoben«.

DIE TOUR IM ÜBERBLICK

Schwierigkeitsgrad: Leicht
Streckenlänge: 210 km
Reine Fahrtzeit: 5 Std.
Zeitaufwand inkl. Sightseeing: 2 Tage
Beste Jahreszeit: Ende Mai bis Mitte Oktober
Start- und Zielort: Mürzzuschlag
Mein Hotel-Tipp dort: Hotel-Restaurant Winkler, Stadtplatz 3, A-8680 Mürzzuschlag, Tel. +43/(0)3852/420 00, www.restaurant-winkler.at
Optionaler Übernachtungsstopp: Semmering Kurort
Mein Hotel-Tipp dort: Pension Café-Restaurant Löffler, Hochstr. 20, A-2680 Semmering, Tel. +43/(0)2664/23 04, www.pension-loeffler.at
Unbedingt anschauen: Reichenau an der Rax, Spittal und Steinhaus am Semmering, Semmering Kurort, Gloggnitz, Fröschnitzsattel, Sankt Jakob im Walde

beliebter Treff bei Steirer Bikern. Ein Grund dafür sind sicherlich auch die vier Kehren samt herrlich trassierter Bergstrecke, die uns erwarten. Am westlichen Fuß des Passes empfehle ich an dieser Stelle noch einen Abstecher in das Gebiet des nördlich angrenzenden Fröschnitzsattels. Zwar ist der Zugang zum Sattel auf 1273 Metern Höhe selbst nur noch ein gesperrter Forstweg, die nahe vorbeiführende Landstraße Richtung Steinhaus schenkt uns aber zwölf weitere Kehren.

Nahe des Sattels heißt es zu wenden, um die Rundreise um den Semmering über das sehenswerte Krieglach und Langenwang in Mürzzuschlag abzuschließen. Falls Ihnen diese historische Region ebenso gut gefallen hat wie mir, freuen Sie sich auf das kommende Kapitel mit den schönsten Höhenstraßen der Steiermark. Das schließt hier nicht nur nahtlos an, sondern widmet sich zudem noch einem ganz besonderen Schwerpunktthema der Steiermark: der ganz besonderen Kulinarik.

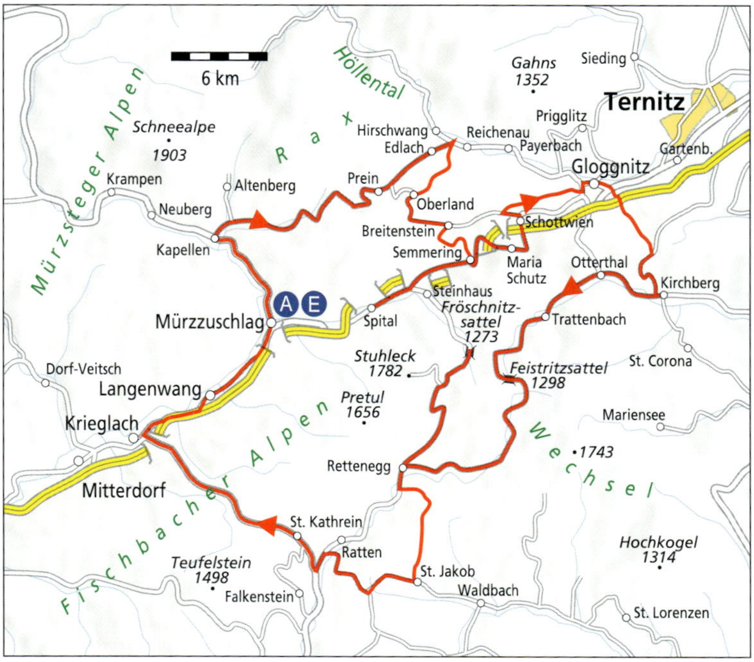

Sozias Scharade: Das Tote Weib ist eigentlich ein nahe liegendes Naturdenkmal samt Wasserfall.

Das Gesicht des Bergbaus: Nicht nur in Veitsch ist die Geschichte der Region allerorten präsent.

KURVENHATZ IM NORDEN DER STEIERMARK

Die Steiermark ist ein Paradies für den tourenden Entdecker in uns. Tolle Strecken, stolze Steirer und eine wechselvolle Geschichte bieten Abwechslung pur. Bringen Sie bitte Zeit mit, und teilen Sie auch diese Rundtour in kleinere Portionen auf, die Ihnen ausgiebiges Sightseeing in Kombination mit gemütlicher Kurvenhatz inmitten prächtiger Natur erlauben.

Lust auf Farbe? Schon mit bescheidenen Mitteln lässt sich Historisches wohnlich aufhübschen.

Start und Ziel dieser Reise ist die zweitgrößte Stadt der Steiermark und das wirtschaftliche wie kulturelle Zentrum der Obersteiermark: Leoben liegt im mittleren Murtal, der historische Stadtkern wurde in einer gewaltigen Murschleife gegründet. König Ludwig IV., genannt »das Kind« – er wurde mit sechs Jahren zum König proklamiert –, verschenkte die Region und ihre Siedlungen im Jahr 904 an ein ortsansässiges Grafengeschlecht. 1173 wird Leoben als »Forum Liuben« erstmals eigenständig erwähnt. Eine mehr als pralle Geschichte mit Türkensturm und Reformation, mit Napoleons Friedensbemühungen und vielem mehr macht die Vergangenheit der Stadt zu einem spannenden Spektakel. Heute erstreckt sich die beliebte Wohn- und Geschäftsstadt auf beiden Seiten des Flusses Mur bis hinauf an die Flanken von Hochschwab und den Eisenerzer Alpen. Rund um den sehenswer-

Frühling in der Steiermark – und die Natur explodiert in einer Orgie aus Farben.

ten Hauptplatz drapieren sich zahlreiche historische Bauten wie das alte Rathaus, das Hacklhaus aus dem 16. Jahrhundert mit reich verzierter Fassade, die als Pestsäule bekannte Dreifaltigkeitssäule und der Bergmannsbrunnen.

Wir verlassen Leoben Richtung Osten immer entlang der Mur und erreichen Bruck mitten im »Grünen Herzen Österreichs«, wie sich die Steiermark gern selbst nennt. Auch in Bruck finden wir einerseits alle Annehmlichkeiten, die wir uns nach einem langen Tag im Sattel wünschen. Andererseits behindert aber auch kein morgendlicher Berufsverkehr unseren Drang hinaus in die Landschaft. Deshalb mein Hinweis: Falls bei Ihrer Hotelsuche in Leoben kein Zimmer frei sein sollte, schauen Sie sich einfach einmal in Bruck um. Nun wenden wir uns gen Süden und folgen der Mur Richtung Frohnleiten. Nur 25 Kilometer nördlich der steirischen Landeshauptstadt Graz direkt an der Mur gelegen, erhebt sich das sehenswerte Städtchen Frohnleiten in den hier oft blauen Himmel. Über 700 Jahre hat das Städtchen bereits auf dem Buckel, doch das sieht man dem sorgfältig restaurierten Zentrum nicht an. Mit historischem Markt, sehenswertem Fachwerk und einer eindrucksvollen Silhouette begeistert die Stadt jeden Besucher bereits von der Ferne.

TOUR-TIPP

Köstliche Kulinarik der Steiermark – Teil 1

Was »Häferlgucker« an der steirischen Küche am meisten schätzen, ist deren Raffinesse, mit der aus recht einfachen, bodenständigen Zutaten stets etwas Besonderes gezaubert wird. In den Buschenschenken wird oftmals »Verhackertes« geschätzt, ein Brotaufstrich aus fein gehacktem Speck. Eine typisch steirische Spezialität ist auch das Kürbiskernöl, das sich durch seinen nussigen Geschmack oft in Salaten wiederfindet, wie z. B. im Kartoffel- oder Käferbohnensalat. Liebhaber dieses »schwarzen Goldes« fügen es auch als Soße zum Vanilleeis hinzu – was allerdings bei weiten Teilen der Bevölkerung auf Unverständnis stößt ... Auch Kürbisgerichte erfreuen sich in vielen Variationen großer Beliebtheit. Eine besondere Spezialität für kalte Tage ist der »Heidensterz«, ein Schmarrn aus Buchweizenmehl. Um die Steiermark ausgiebig genießen zu können, habe ich hier einige wichtige »Übersetzungen« der typischen steirischen Speisekarten zusammengestellt:

SPEISEN:

Beuscherl: würziges Gulasch aus Rinderherz und Rinderlunge

Bluttommerl: traditionelles Schlachttagsgericht – nur für belastbare Mägen!

Flecksupp'n: deftige Suppe aus Kutteln – für Schwaben nichts Neues

Heidensterz: traditionelles steirisches Gericht aus Buchweizenmehl, Wasser, Schmalz und Salz

Klachlsupp'n: leckere Suppe aus gewissen Teilen vom Schwein – nicht näher nachfragen, bitte!

Potize: Germknödelgebäck, gefüllt mit Mohn, Nüssen oder Kürbiskernen

Paradeiser: Tomaten

Quittenkas: marmeladenähnliche Süßspeise aus Quitten

Raungerln oder Rumpelnudeln: werden nach einem guten Sommer vom Senner gebacken: Mürb- oder Germteig, in Schweineschmalz herausgebacken und mit Zucker und Zimt bestreut

Spagatkrapfen: Gebäck aus Mürbeteig, gefüllt mit Sahne und Preiselbeeren

Steirerkas: sehr würziger, intensiver Käse – ausprobieren!

Strauben: Germknödelgebäck, mit Zucker bestreut

Türkensterz: Maispolenta, das traditionelle steirische Grundnahrungsmittel

Verhackertes: Räucherspeckaufstrich

Weichbrot und Weichfleisch: Osterbrot / Osterfleisch, das in der Kirche gesegnet wurde

Xselchtes: Räucherfleisch

Mit Liebe zum Detail wurde nicht nur die Fassade des Stadtcafés in Leoben gestaltet – auch die Kuchenauswahl!

Biker mit dem Faible für die Unterwelt werden an dieser Stelle vielleicht gern einen Abstecher zur ausgeschilderten Bärenschützklamm einbauen wollen. Sie ist eine der schönsten Felsenschluchten der Steiermark und wurde 1978 zum Naturdenkmal erklärt. 2001 feierte man ihr 100-jähriges Bestehen. Ihr Name dürfte allerdings nichts mit Bären zu tun haben. Die Klamm wird vom Mixnitzbach durchflossen; Ausgangspunkt für Wanderungen ist der Ort Mixnitz, dann geht's auf Steiganlagen aus hölzernen Brücken und immerhin 164 Leitern mit einem Höhenunterschied von etwa 350 Metern durch die Schlucht.

Oberhalb der Schlucht, im Licht der Sonne, erwartet uns dann ein erinnerungswürdiges Kurvengemenge auf dem weiteren Weg über Fladnitz an der Teichalm und Gasen nach Sankt Kathrein am Offenegg und weiter nach Birkfeld. Ganze 27 Kehren habe ich gezählt – folgen Sie mal meiner GPS-Aufzeichnung und zählen Sie nach. Durch idyllische Weiler wie Strallegg und Rettenegg erreichen wir nochmals den Anstieg in das Gebiet des Fröschnitzsattels – Sie erinnern sich: dessen direkter Zugang ist nur noch ein gesperrter Forstweg. Dennoch lohnt die Fahrt durch tiefen Wald und hügelige Weiten direkt nach Steinhaus am Semmering und weiter nach Semmering Kurort. Falls Sie Kapitel 17 dieses Buchs mit dem ausführlichen Besuch des Semmerings noch nicht erfahren haben, nehmen Sie sich unbedingt Zeit, und schauen Sie sich im historischen Teil des Kurorts um. Es ist wie eine Reise in längst vergangene Tage.

Via Breitenstein und Prein an der Rax treiben wir das Motorrad weiter gen Norden und damit hinein in die

Schönheit am Fluss: Frohnleiten gehört zu den Orten der Steiermark, die wir uns genauer anschauen sollten.

Berühmt seit historischen Tagen: Mariazell gehört heute zu den wichtigsten Wallfahrtsorten Österreichs.

Ab in die Natur: Ein dichtes Netz aus einsamen Landstraßen durchzieht die Steiermark und bietet uns viel Fahrspaß.

Welt der Nordsteiermärker Höhenstraßen. Übrigens: Jede dieser Strecken trägt das »Grüne Band besonderer landschaftlicher Schönheit« – und das vollkommen zu Recht, wie ich finde. Wir nähern uns nun zielstrebig der »Kalten Kuchl«, einer an sich unscheinbaren Wegkreuzung in der Grenzregion zwischen Steiermark und Niederösterreich. Stünde da nicht ein traditionsreiches Gasthaus, dessen Bestehen immerhin bis ins 15. Jahrhundert zurückreichen soll – und das heutzutage einer der beliebtesten Biker-Treffs der Region ist. Vor allem an den Wochenenden geht hier die berühmte Post ab – ähnlich wie auf der Postalm aus unserem Kapitel 6.

Made in China? Ganz so echt scheinen mir so manche Devotionalien in Mariazell doch nicht zu sein.

Wir wenden uns nun westwärts und huschen nach Sankt Aegyd am Neuwalde und über den Gscheidpass (945 m) weiter nach Ulreichs- und Joachimsberg sowie über Mitterbach am Erlaufsee direkt nach Mariazell zu einer Portion Sightseeing. Mariazell ist der wichtigste Wallfahrtsort Österreichs und darüber hinaus für viele Katholiken weltweit von Bedeutung. Die römisch-katholische Basilika von Mariazell dominiert den bereits im 12. Jahrhundert gegründeten Gnadenort; hier wird ein hölzernes Marien-Gnadenbild verehrt. Der Legende nach geht die Gründung des Wallfahrtsorts auf den Dezember 1157 zurück. Urkundlich erstmals erwähnt wird er 1243. Ein erster Marienaltar wurde 1266 eingeweiht, und bereits in dieser Zeit sollen Pilger aus allen Himmelsrichtungen den Weg zum Marienheiligtum gefunden haben. Touristisch perfekt ausstaffiert, lohnt es sich auch, hier ein Nachtlager zu suchen. Wenn Sie mögen und das nächtliche Kirchengeläut Sie nicht aus ihren Träumen reißen kann.

Über den Lahnsattel, Mürzsteg und die ebenfalls recht unscheinbare Scheitelhöhe der Niederalpl geht es anderntags in weiten Bögen dahin. Zielstrebig nähern wir uns nun Hieflau und damit dem Nationalpark Gesäuse. Wir queren den Nationalpark entlang des Flusslaufs der Enns, und immer schön auf der B 146 bleibend, erreichen wir das Städtchen Admont. Lust auf einen Boxenstopp? Hier kommt mein Einkehrtipp: das Café samt Konditorei Stockhammer an der Hauptstr. 346.

TOUR-TIPP

Nationalpark Gesäuse

Der Nationalpark Gesäuse wurde erst 2002 gegründet und erstreckt sich als einer der jüngsten Nationalparks Österreichs über die Gemeinden Admont, Johnsbach, Weng, Hieflau, Landl und St. Gallen. Das gut 115 km^2 große Gebiet gehört größtenteils zum Eigentum der Steiermärkischen Landesforste, die diese geschützte Region auch pflegen und bewirtschaften. Charakteristisch sind die steilen Berge mit ihren markanten Felsformationen sowie die schluchtenartigen Talstrecken. Das Gesäuse erstreckt sich über eine Höhenlage zwischen 500 und 2400 m und ist eine der landschaftlichen Perlen der Steiermark (Infos unter www.gesaeuse.at).

Anschließend wenden wir uns südwärts, genießen einige Kehren und herrlich schwingende Kurvengemenge, tuckern gemütlich durch Trieben und nehmen via Wald am Schoberpass unseren Basisort Leoben wieder als letzte Etappe ins Visier. Und dort am Abend natürlich all die Gaumenfreuden, die uns die steirische Küche bereithält. Die sind nämlich etwas Besonderes – selbst in einem Land der Genießer wie Österreich. Mein Einkehrtipp lautet: der »Arkadenhof Schwarzer Adler« direkt am Hauptplatz.

DIE TOUR IM ÜBERBLICK

Schwierigkeitsgrad: Leicht

Streckenlänge: 540 km

Reine Fahrtzeit: 10 Std.

Zeitaufwand inkl. Sightseeing: 2–3 Tage

Beste Jahreszeit: Mitte Mai bis Mitte Oktober

Start- und Zielort: Leoben an der Mur

Mein Hotel-Tipp dort: Gasthof-Hotel Brücklwirt, Leobener Str. 90, A-8712 Leoben-Niklasdorf, Tel. +43/(0)3842/81 72 70, www.bruecklwirt.co.at

Optionale Übernachtungsstopps: Mitterbach am Erlaufsee oder Mariazell

Mein Hotel-Tipp dort: Hotel Drei Hasen, Wiener Str. 11, A-8630 Mariazell, Tel. +43/(0)3882/24 10, www.dreihasen.at

Unbedingt anschauen: Frohnleiten, Birkfeld, Steinhaus am Semmering und Semmering Kurort, Mitterbach am Erlaufsee, Mariazell

Spiel mit dem Drehmoment: So eine Kurvenhatz auf den Steirischen Höhenstraßen macht richtig Laune.

Lass uns einfahren: Ausrangierte Grubenlock samt Mulde im Weiler Eisenerz am legendären Erzberg.

DER ERZBERG RUFT

Eine intensive Erkundung der Steiermark OHNE Besuch im Weiler Eisenerz und OHNE die Geschichte über den Erzberg zu erzählen – das wäre sträflich unvollständig. Diese tagesfüllende Rundreise beinhaltet jene steirischen Pflichttermine, die uns Motorradfahrern aber gewiss nicht schwerfallen werden.

Die Legende um den Erzberg ist nicht minder spannend wie das berühmte alljährliche Erzberg-Rodeo.

Wir starten in Bruck an der Mur und wenden uns Richtung Kapfenberg. Sie ist die drittgrößte Stadt der Steiermark und liegt malerisch im Mürztal. Bereits 1145 erstmals urkundlich erwähnt, profitierte die Stadt vor allem durch die Nähe zum steirischen Erzberg sowie vom reichen Maß an natürlicher Wasserkraft, die für die erzverarbeitenden Eisenhämmer von existenzieller Bedeutung war. Oberhalb der Stadt thront die imposante Burg Oberkapfenberg, auf der alljährlich eines der größten Ritterfeste Österreichs stattfindet – mit Reiterkämpfen, Gaukler-Spectaculum, Musik von Spielleuten, Märchen, Puppenspiel und Zauberei soll es zudem das schönste Ritterfest Österreichs sein (immer im Juni, ein Grund mehr für einen Besuch).

In Sankt Marein im Mürztal setzen wir den Blinker links und erklimmen die Hügel des Nordens. Über Turnau und Seewiesen begeistern uns sogar acht echte Spitzkehren – und das auf einer Bundesstraße, der

B 20. Biker-Herz, was willst du mehr, frage ich da ganz spontan. Rechter Hand schließt hier übrigens Kapitel 18 nahtlos an, falls Sie die Tour erweitern möchten. Über Gußwerk erreichen wir erneut Mariazell und den Hype von Österreichs wichtigstem Wallfahrtsort. Falls Sie an einem Sommerwochenende unterwegs sind, empfehle ich Ihnen, etwas Geduld mitzubringen, bis sich alle Reisebusse vor Ihnen aus dem Weg sortiert haben. Spätestens am winzigen Erlaufsee und auf der B 71 Richtung Lunz am See haben wir dann wieder weitgehend freie Fahrt. Lunz am See, da war doch noch was? Exakt: Bei Tour Nr. 10 sind wir hier bereits kurz vorbeigehuscht. Ein neues Beispiel, wie herrlich einfach sich die meisten Touren dieses Buchs miteinander kombinieren lassen.

Unser Weiterweg bringt uns über Göstling nach Hollenstein an der Ybbs. Bei Göstling erfährt man übrigens in der »Erlebniswelt Mendlingtal« viel von der reichen Geschichte der Region. Hier befindet sich die einzige noch funktionstüchtige Holztriftanlage Mitteleuropas – über Wanderwege geht es zum ehemaligen Schmiedegesellenhaus, weiter durch drei Klammen und über Triftwege und Brücken vorbei an einer Klause, die zum Aufstauen des Mendlingbachs dient. Am Ende des Themenwegs befinden sich im Hammerherrenhaus in Hof ein beliebter Gastbetrieb sowie eine 100 Jahre alte venezianische Brettersäge. Nicht nur zum wichtigen

TOUR-TIPP

Köstliche Kulinarik der Steiermark – Teil 2

Zu jedem guten Essen gehört natürlich auch das passende Getränk, ganz zu schweigen vom Absacker danach oder dem Aperitif davor.
Damit Ihre Bestellungen in der Steiermark exakt das erbringen, was Sie sich wünschen, folgen hier die wichtigsten »Übersetzungen« für original steirische Getränke:

Almkaffee: Kaffee mit Milch, Honig und vor allem viel Rum – Vorsicht!

Altsteirischer Mischsatz: verschiedene Traubensorten gemeinsam gepresst und zu einem frischen, vitalen Wein vergoren

Heckenklescher: Wein aus unveredelten Trauben

Steirer Most: Apfelwein – hier besonders sauer!

Kriecherlschnaps: unveredelter Pflaumenschnaps

Lärcherl: Schnaps aus Lärchenzapfen

Morillon: die steirische Weinsorte Chardonnay

Schilcher: Rosé-/Rotwein aus der Blauen Wildbachrebe – wächst nur in der Weststeiermark

Welschriesling: bekannteste steirische Weinsorte, trocken, leicht und aromatisch

Zirbengeist: mit Zirbenzapfen angesetzter Schnaps

Übrigens: Unser »Basislager« Graz im nächsten Kapitel ist Genuss-Hauptstadt des Landes – hier können Sie obiges Insiderwissen sogleich ausprobieren. Na denn Prost!

Und auch rund um den Erzberg gilt die Devise: Erkundet bloß jeden Güterweg bis zu seinem Ende. Es lohnt sich.

Ein Blick über die Hügel der nördlichen Steiermark hinterlässt auch in uns die Gewissheit wiederzukommen.

Beinevertreten eine perfekte Gelegenheit! Und falls Sie nun der »kleine Hunger« quält – mein Einkehrtipp in Göstling lautet: Gasthof »Hammerwirt Lettn« in Stixenlehen Nr. 27 – nicht nur zu den Wildwochen ein Genuss.

TOUR-TIPP

Wilder Westen Österreichs

Einst lebte ein Wassermann in einer Grotte nordwestlich von Eisenerz. Man munkelte, er wisse viel über verborgene Schätze. Also wurde er von den Bewohnern eines Tages nahe dem Leopoldsteinersee mit Hilfe eines in Pech getränkten Mantels gefangen. Und wie erwartet, bot der in Ketten gelegte Wassermann für seine Freilassung »Gold für zehn Jahr oder Silber für hundert Jahr oder Eisen für immerdar«. Die klugen Eisenerzer wählten Letzteres, woraufhin der Wassermann die Menschen zum legendären Erzberg führte. Die Menschen hielten Wort, der Wassermann ward freigelassen und verschwand rasch in einer Karstquelle, die seither »Wassermannloch« genannt wird. Der »Steirische Brotlaib«, wie der Erzberg genannt wird, ist seit dem 11. Jh. eine reiche Fundstätte für eben jenes Erz und stellt damit bis heute die wichtigste wirtschaftliche Grundlage der ansonsten recht strukturschwachen Region dar. Jahr für Jahr werden gut 2 Mio. t Erz abgebaut, die sodann per Eisenbahn nach Linz und Leoben transportiert werden. Bleibt es bei dieser enormen Förderquote, werden die Vorkommen des Erzberges allerdings nicht – wie vom Wassermann versprochen – ewig halten, sondern nur bis ins Jahr 2020. Dafür aber können wir den Wassermann sicherlich nicht verantwortlich machen.

Über Lassing, Palfau und Großreifling im Tal der Enns nähern wir uns dann zum »Nachtisch« dem Hauptthema dieses Kapitels: dem legendären Erzberg. Eine hoffentlich weit darüber hinaus lebendige Attraktion ist seit 1995 das legendäre Erzberg-Rodeo, ein jährlich zwischen Mai und Juni stattfindendes Mo-

Auf das idyllische Deutschlandsberg und seinen Fahrspaß gehen wir im nächsten Kapitel näher ein.

torrad-Offroad-Rennen unter härtesten Bedingungen. Die viertägige Veranstaltung hat sich im Lauf der Jahre zur größten ihrer Art in ganz Europa entwickelt und lockt trotz der Tatsache, dass es weder Start- noch Preisgelder gibt, alljährlich die Elite des Endurozirkus hierher – gemeinsam mit Massen von Privatfahrern –, um den Berg stehend auf den Fußrasten zu bezwingen. Gut 1500 Fahrer aus über 30 Nationen starten zunächst zum »Prolog«, der dann im »Red Bull Hare Scramble« seinen Höhepunkt findet, bei dem von gut 500 Startern meist weniger als 50 überhaupt das Ziel erreichen. Doch nicht nur legendäre Fahrer trifft man hier, das Erzberg-Rodeo ist auch wichtiger touristischer Event der Region – und schaufelt damit länger als das Erz selbst Euros in die Stadtkassen (Infos unter www.erzbergrodeo.at). Falls Sie – wie es zumeist der Fall sein wird – das ehemalige Bergwerksdorf Eisenerz am Fuß des Erzberges außerhalb dieses Rodeo-Events besuchen, wundern Sie sich bitte nicht über die grenzenlose Einsamkeit in den Gassen. Außerhalb des legendären Events liegt die Region im touristischen Dornröschenschlaf und träumt – vermutlich – vom Fangen eines neuen Wassermanns …

Über den Präbichl, einen 1250 Meter hohen Passrücken, geht es anschließend hinab nach Trofaiach im Vordernbergertal, einem klimatisch geschützten Hochtal, dessen Reichtum an Bodenschätzen immer schon die Menschen anlockte. Und nun bitte aufgepasst: Für eine kleine Offroad-Einlage zweigt nordöstlich von Trofaiach eine unbefestigte, aber problemlos zu befahrende Piste über Rötz hinauf nach Pichl und Tragöss ab, der mehr oder minder weitgehend unbekannte Zufahrtsweg für die Einwohner im Tal der Laming. Falls Sie lieber »onroad« bleiben oder die Piste blockiert sein sollte, folgen Sie einfach der Bundesstraße hinab nach Leoben und schwingen Sie weiter nach Bruck zu einem gelungenen Tourenausklang. Für den habe ich hier noch Teil 2 meiner Infos zur steirischen Kulinarik hinzugefügt (s. Kasten). Und mein Einkehrtipp lautet: das »Kiernerstüberl« in der Bergstrasse 15.

DIE TOUR IM ÜBERBLICK

Schwierigkeitsgrad: Leicht

Streckenlänge: 280 km

Reine Fahrtzeit: 5 Std.

Zeitaufwand inkl. Sightseeing: 1–2 Tage

Beste Jahreszeit: Mitte Mai bis Mitte Oktober (das Erzberg-Rodeo findet Mitte Juni statt)

Start- und Zielort: Bruck an der Mur

Mein Hotel-Tipp dort: Gästehaus Baderhaus, Ringelschmiedgasse 7, A-8600 Bruck an der Mur, Tel. +43/(0)664/421 81 04, www.baderhaus.at

Optionaler Übernachtungsstopp: Mariazell

Mein Hotel-Tipp dort: Hotel Drei Hasen, Wiener Str. 11, A-8630 Mariazell, Tel. +43/(0)3882/24 10, www.dreihasen.at

Unbedingt anschauen: Bruck an der Mur, Eisenerz und den Erzberg, Lunz am See, Mariazell, Sankt Lorenzen und Sankt Marrein im Mürztal

Sommer – Sonne – freie Pisten … Biker-Herz, was willst du noch mehr?

Frohnleiten lohnt auch in diesem Kapitel nochmals einen Besuch, ja sogar einen Boxenstopp.

GRAZ UND DAS STEIRER HERZ

Die Landeshauptstadt der Steiermark und zweitgrößte Stadt Österreichs ist ein quicklebendiger Universitäts- und Wirtschaftsstandort mit einem reichen Angebot an Kunst und Kultur. 2003 zur Kulturhauptstadt Europas gekürt, ist sie zudem Trägerin des Europapreises. Und die Grazer Altstadt gehört zum UNESCO-Weltkulturerbe und ist eine der touristischen Hauptattraktionen der Stadt.

Er ist das Wahrzeichen einer wahrlich schönen Stadt: der Grazer Uhrturm hoch auf dem Schlossberg.

Ein praktischer Tipp vorab: Erkunden Sie das Grazer Herz zu Fuß, ziehen Sie bequeme Schuhe an und Kleidung, die nicht zu eng ist. Warum, ist einfach erklärt: In der historischen Altstadt mit ihren Straßen, Gassen, Plätzen und Höfen gibt es viel zu erkunden und noch mehr zu genießen, denn Graz ist auch »Genuss-Hauptstadt« – in keiner anderen Stadt ist der »Feinkostladen Österreich« so präsent wie hier. Unzählige Bars, Kaffeehäuser, Vinotheken, Gastwirtschaften und Restaurants laden ebenso ein wie auch zwei große Bauernmärkte. Und im Sommer locken unzählige Biergärten zu ausgiebigem Genuss im Freien.

Ein ideales »Basislager« also für unsere nun folgende zweiteilige Steirer Rundreise. Die startet und endet nämlich jeweils in Graz und erlaubt uns einmal mehr, nur mit Tagesgepäck »belastet« durch prächtige Landschaften zu schwingen. Um Ihnen – falls Sie diesem Reiseführer chronologisch durch das herrliche Österreich folgen – größtmögliche Abwechslung zu bieten, führt uns der erste Teil der Tour auf gut 250 Kilometern Länge durch den so andersartigen Süden der Steiermark. Natürlich mit direktem Abschluss an die Burgenländer-Kapitel in diesem Buch. Ein Blick auf die Karte zeigt es Ihnen.

Aber jetzt brechen wir endlich auf, verlassen die Landeshauptstadt über Kainbach und Eggersdorf und schlagen einen Bogen samt einigen Haken über Laßnitzhöhe und Nestelbach direkt in den Grazer Süden nach Hausmannsstätten. In einem Wechselspiel aus Bundes- und Landstraßen geht es sodann weiter südwärts über die Dörfer, durch Edelstauden, Kittenbach und Glojach nach Bierbaum am Auersbach – welch ein verheißungsvoller Ortsname!

Fern am Horizont grüßt bereits Slowenien zu uns herüber, passt aber heute so gar nicht in unsere Routenplanung. Einen ersten Boxenstopp machen wir daher im sehenswerten Sankt Peter am Ottersbach. Nur zehn Kilometer nördlich der Grenze zu Slowenien liegt das fast 800 Jahre alte Städtchen inmitten sanfter Hügel und idyllischer Täler, umgeben von steilen Weingärten, Obstanlagen, Wäldern und Feldern. Weithin bekannt ist der Ort vor allem für seine guten Weine, denen eine »Weinwarte« gewidmet wurde. Hoch oben auf dem Perbersdorfberg kann man ein beeindruckendes

Es gibt viel zu entdecken: Rund um Graz erwartet uns ein Tourengebiet, das wohl keine Wünsche unerfüllt lässt.

Herbststimmung überm Land: Auch so eine Saisonabschluss-Runde durch die Steiermark bleibt in Erinnerung.

Mitfahrgelegenheit gesucht? Vor allem auf den sonoren Sound des BMW-Boxers reagieren alle Rindviecher der Welt.

Rundumpanorama bis weit hinein nach Slowenien, in die Karawanken und an schönen Tagen sogar bis in die ungarische Tiefebene genießen. Apropos Karawanken: Die schauen wir uns in Kapitel 25 noch ganz intensiv an, versprochen.

TOUR-TIPP

Die Südsteirische Weinstraße
Reben und Weingärten, soweit das Auge reicht, eine idyllische Hügellandschaft mit bunten Mischwäldern, Kürbisfeldern und Streuobstwiesen – so präsentiert sich das Land rund um die Südsteirische Weinstraße. In diesem Tourismusprojekt haben sich die Weinorte Ehrenhausen, Strass, Leutschach, Arnfels und Oberhaag zusammengeschlossen, die ausgeschilderte Weinstraße selbst besteht hauptsächlich aus schmalen, kurvenreichen Landstraßen, die all diese Pracht miteinander verbinden. »Ein Land zum Leben!«, schwärmen die Menschen hier und wollen gar nie mehr weg. Ein herrliches kleines Tourenrevier ganz im Süden der Steiermark, schwärme ich nach meinem ersten Besuch 2015. Schauen Sie sich in Ruhe um! (Details unter www.suedsteirischeweinstrasse.at)

Heute und an dieser Stelle queren wir die A 9 sowie die Mur und schwingen durch einsames Grenzland über Gamlitz und Eckberg nach Leutschach an der Weinstraße. Nach Aflenz erreichen wir am Nachmittag dann Leibnitz mit dem ältesten noch bestehenden Kapuzinerkloster der Steiermark, gegründet 1639. Es ist auch das optische Highlight der beschaulichen Kleinstadt, die uns zu einem Boxenstopp einlädt. Mein Einkehrtipp an dieser Stelle: Gasthof Thaller am Kirchplatz 4.

Wie eng die Geschichte der Südsteiermark mit dem Thema »Wein« verwoben ist, bemerken wir auf dem

Helmpflicht: Wenn im Frühling die Bäume »ausschlagen« ist das Steirer Land ein ganz besonderer Genuss.

Hundertwasser? Jawohl, die Kirche von Bärnbach wurde von Friedensreich Hundertwasser eigenhändig gestaltet.

Weg Richtung Sankt Nikolai im Sausal und Kitzeck im Sausal. Die Sausaler Weinstraße startet in der Weinstadt Leibnitz und führt durch jene Regionen des Südens, in dem der Riesling immer schon zu Hause war. Fernab aller Tourismusströme geht es hier durch die wohl steilsten Weingärten der Steiermark entlang der sonnenverwöhntesten Hänge im Grenzland zu Slowenien. Über Sankt Andrä erreichen wir schließlich Stainz im Westen von Graz, das uns am späten Nachmittag dieses Tourentags noch ein ganz anderes Highlight zu bieten hat: die Stainzerbahn, eine Schmalspurbahn, die als der sogenannte »Stainzer Flascherlzug« durch das Land zuckelt.

TOUR-TIPP

Der »Stainzer Flascherlzug«

Die Stainzerbahn ist eine Schmalspurbahn mit Spurweite 760 mm, die auf der ehemaligen Strecke der Steiermärkischen Landesbahnen als Touristikbahn fährt. Die Bahnstrecke aus dem Jahr 1892 verband die Marktgemeinde Stainz mit dem normalspurigen Streckennetz der Steiermärker Eisenbahnen. Der Name des heutigen Touristenbummelzugs »Stainzer Flascherlzug« war bereits in der Frühzeit der Bahn gebräuchlich, als der als Stainzer Wunderdoktor bekannte »Höllerhansl« behauptete, aus dem bloßen Betrachten des Urins Krankheiten erkennen zu können. Deshalb reisten viele Kranke mit einem »Flascherl« Urin an, was dem Zug seinen Namen gab.

Tag 2 unserer Grazer Rundreise führt uns nochmals in den Norden der Stadt, in das immergrüne Herz der Steiermark. Über Faßlberg – welch passender Name für eine Weinregion – und Pircha huschen wir nach Mitterdorf an der Raab und weiter nach Weiz, dem Kopfbahnhof der legendären Feistritztalbahn, die seit 1911 mit schnaubenden Dampfzügen durch das Feistritztal nach Birkfeld rattert.

Man mag es dem auf eine Gründung von 1188 basierenden Örtchen heutzutage von außen kaum ansehen, aber sein historisches Zentrum sowie die Stadtumgebung lohnen auf jeden Fall einen Boxenstopp. Mit der Marienkirche am Weizberg, den Schlössern Thannhausen und Radmannsdorf sowie der Feistritztalbahn gibt es viel zu entdecken. Und die nahe Grasslhöhle gilt immerhin als die älteste Schauhöhle Österreichs, weithin bekannt ob ihres Reichtums an Tropfsteinen. Manche von ihnen sollen sogar bis zu 100 000 Jahre alt sein.

An dieser Stelle sei nun rasch ein Schlenker über die Weiler Naas, Gschaid und Haselbach im Nordwesten von Weiz eingebaut, deren Verbindungsstrecke uns kurzerhand acht echte Spitzkehren und schöne Aussichtskurven schenkt. Bitte mitnehmen! Auch für den weiteren Streckenverlauf darf ich erneut auf den Download meiner GPS-Daten verweisen. Er folgt mei-

Vielseitig verwendbar: Dieses Ortsschild nahe Voitsberg fotografiert wohl jeder Biker – nicht nur Harley-Fahrer.

ner Streckenempfehlung metergenau, so wie es keine Karte in diesem Buch abbilden kann. Via Altenhof, Stockheim und Anger erreichen wir schließlich Passail und Fladnitz an der Teichalm, unsere nördlichsten Punkte auf der heutigen Runde. Ein erinnerungswürdiges Kehrengemenge führt uns nochmals nach Frohnleiten an der Mur, einem Ort, in dem wir auch beim zweiten Besuch noch Neues entdecken können, z. B. einen lohnenden Einkehrschwung. Mein Einkehrtipp dazu: der Gasthof Grabmayer im Schrauding 23.

Entlang der Mur geht es anschließend gut gestärkt nach Deutschfeistritz. Dort am Ortsausgang bitte den Blinker rechts setzen und über Großstübing und Geistthal-Södingberg über eine Landstraße wedeln, deren grünes Band doppelt so dick ist, wie die Piste unter unseren Reifen. Herrlich, das nenn ich Motorradtouren für Entdecker!

Weiter geht es durch Afling und Bärnbach nach Voitsberg, einer ehemaligen Bergbausiedlung inmitten des weststeirischen Berg- und Hügellands. Oben vom Berg grüßt die Burgruine zu uns herab, deren hoch authentische Burghofspiele jedes Jahr viele Besucher in die historischen Gemäuer locken.

Der Rest des Tourentags gehört der freien Fahrt über freie Pisten. Graz als abendliches Tourenziel ist allerorten ausgeschildert und nicht mehr weit, sodass Sie Ihren Heimweg ganz nach eigenem Gusto wählen können. Oder einfach an jeder Kreuzung dem schönsten Ausblick folgen. Obwohl – bei der Vielfalt hier besteht die Gefahr, dass Sie heute nicht mehr in Graz ankommen. Mein Streckentipp lautet: Lobming – Stallhofen – Kalchberg – Reiteregg – Rohrbach und Steinberg. Und mein kulinarischer Tipp für das abendliche Graz lautet: die »Gamlitzer Weinstube« am Mehlplatz 4.

DIE TOUR IM ÜBERBLICK

Schwierigkeitsgrad: Leicht

Streckenlänge: 490 km

Reine Fahrtzeit: 8–9 Std.

Zeitaufwand inkl. Sightseeing: 2–3 Tage

Beste Jahreszeit: Mitte Mai bis Ende Oktober

Start- und Zielort: Graz

Meine Hotel-Tipps dort: Hotel Drei Raben, Annenstr. 43, A-8020 Graz, Tel. +43/(0)316/71 26 86, www.drei-raben.at; Hotel »Kern Buam«, Kärntner Str. 245, A-8054 Graz, Tel. +43/(0)316/29 14 30, www.kernbuam.at

Optionaler Übernachtungsstopp: Noch mal Graz

Meine Hotel-Tipps dort: S.o.

Unbedingt anschauen: Graz (eventuell an einem separaten Tag), Gersdorf an der Mur, Leibnitz, Weiz, Frohnleiten, Voitsberg

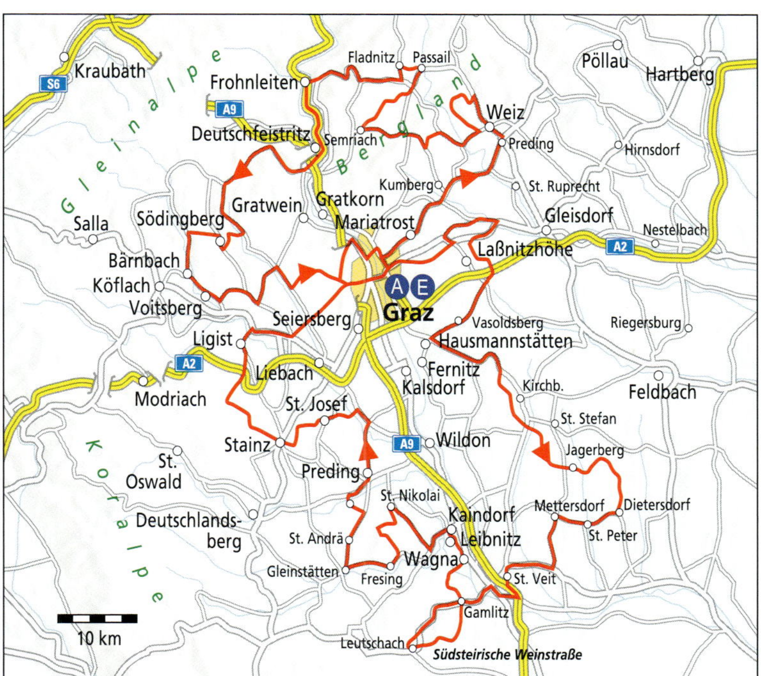

Schloßberg Graz, Blick von der Turmspitze des Rathauses

Grenzlanderfahrung: Im Süden der Steiermark erwartet uns das so andere Slowenien zu einem Kurzbesuch.

ZWISCHEN DER STEIERMARK UND KÄRNTEN

Während im letzten Kapitel Graz und sein Umland im Vordergrund unserer Tourenplanung standen, widmen wir uns auf dieser Tour intensiv dem Grenzland zwischen Steiermark, Kärnten und Slowenien. Das bedeutet pure Abwechslung in Kombination mit unzähligen Kurven und Kehren inmitten einer der wohl sonnenverwöhntesten Weinregionen Österreichs.

Als Basisort schlage ich zwar noch einmal Graz (den Südrand) vor, Sie können die Runde aber auch in Stainz oder in einem anderen Ort beginnen. Mit Graz haben Sie allerdings beim abendlichen Tourenausklang ein abwechslungsreiches Entspannungsangebot, das Ihnen keine andere Stadt entlang unserer Route bieten kann. Aber entscheiden Sie bitte selbst. Stainz hatten wir auf der vorangegangenen Runde bereits unsere Aufwartung gemacht – lassen Sie uns heute das Städtchen Deutschlandsberg als nächstes Ziel ansteuern. Das aber keinesfalls auf der beide Städte verbindenden B 76, sondern unbedingt über folgenden Streckenvorschlag: Gamsgebirg und die Stainzer Warte – Greim – Sallegg – Sankt Oswald Kloster und ein Kurven- und Kehrengemenge, das Ihnen in Erinnerung bleiben wird. Und das über die Weiler Freiland und Wildbach seine Fortsetzung bis hinunter nach Deutschlandsberg findet.

Der Ort begrüßt uns dann sogleich mit seine´ imposanten Burganlage, dem Wahrzeichen von Deu:schlandsberg, seit 1932 im Besitz der Stadt und seit 1981 mit einem sehenswerten Museum ausgestattet. Das heutige Rathaus der Stadt wurde erstmals im 14. Jahrhundert als zur Burg Deutschlandsberg gehörender Hofkeller erwähnt und diente als Wohnhaus für Verwalter und Beamte. Nach dem Kauf des Hauses durch die Gemeinde im Jahr 1920 wurde es zum Rathaus umfunktioniert. Alljährlich findet in der Stadt auf den Schilcherbergen rund um die Burg das Fest »Schilcherberg in Flammen« statt, eine weithin bekannte Touristenattraktion. Zu den Höhepunkten des Fests gehört neben den Vorführungen rund um die Burg auch die große Pyrotechnikshow, die jedes Jahr Neugierige aus der ganzen Steiermark und auch aus dem Ausland anzieht.

Über die Koralpe oder Koralm wechseln wir sodann hinüber ins Lavanttal und nach Wolfsberg. Der landläufig auch Koralm genannte Gebirgszug liegt zwischen Lavant- und Murtal, und seine höchsten Gipfel erreichen immerhin gut 2150 Meter. Vor allem die Gegend rund um die Weinebene, einem Bergsattel in der Mitte der Koralpe, ist ein beliebtes Wander- und Ausflugsziel mit vielen – auch bewirtschafteten – Berghütten. Im Bereich der Waldrast herrschen zudem sehr gute thermische Bedingungen für Drachen- und Gleitschirmflieger, die hier zu stundenlangen Thermikflügen starten – ein immer wieder sehenswertes Spektakel. Die über die Weinebene in gut 1670 Metern Höhe verlaufende Passstraße verbindet Wolfsberg mit Deutschlandsberg und ist ein sehr beliebter Steirer Biker-Treff.

Hoch über Wolfsberg selbst erhebt sich das herrschaftliche Schloss, dessen Geschichte bis ins Jahr 1178 zurückreicht. Das Schloss am Berg, wo einst die Wölfe hausten, ist heutzutage das Wahrzeichen der Bezirksstadt Wolfsberg und erhielt im 19. Jahrhundert sein heutiges charakteristisches Aussehen. 1000 Quadratmeter herrschaftliche Prunkräume stehen für Veranstaltungen, Feste, Bälle, Lesungen und Konzerte zur Verfügung.

Einsamkeit neu definiert: Viele Pisten in der Südsteiermark gehören im Sommer ganztags uns Bikern allein.

Frühlingsgefühle: Die beste Reisezeit für die Steiermark beginnt bereits im April und endet mit dem Oktober.

Unbedingt Proviant mitbringen: Diese Tour führt über viele einsame Pisten mit herrlich gelegenen Pausenplätzen.

Durch das Lavanttal fahren wir weiter nach Süden, direkt an die Grenze zu Slowenien. Nicht nur aufgrund seiner klimatischen Bedingungen wird das Lavanttal seit Jahrhunderten als »Paradies Kärntens« bezeichnet. Über gut 1000 Quadratkilometer verteilen sich Mais- und Getreidefelder, weitläufige Grünflächen und Streuobstwiesen, aber auch ausgedehnte Spargelfelder, ja sogar Weingärten gehören dazu. Die Lavant, die »Weißglänzende«, gibt dem idyllischen Tal den Namen. Werfen Sie auf dem Weg gen Süden auch den einen oder anderen Blick hinein in die Ortschaften rechts und links des Lenkers, wie z. B. Sankt Ulrich oder auch Sankt Georgen im Lavanttal – es lohnt sich.

Ganz im Süden, in Lavamünd angekommen, begrenzt die mächtige Drau unseren Vorwärtsdrang. Ihr werden wir im weiteren Verlauf dieses Buchs noch öfter begegnen. Für heute setzen wir den Blinker links und erklimmen den Soboth. Die unter Steirer Motorradfahrern weithin bekannte und beliebte Passstraße an den südwestlichen Ausläufern der Koralpe liegt direkt im Dreiländereck Kärnten–Steiermark–Slowenien, ihr höchster Punkt findet sich am Koglereck auf ca. 1350 Metern Höhe. Uns Motorradfahrern bietet sie zahlreiche Möglichkeiten zu spontanen Treffs und ausgiebigen Benzingesprächen, ihre größte Steigung beträgt immerhin respektable 15 Prozent. Östlich des Passes liegt der Stausee Soboth, der sich im Sommer bis auf 25 °C erwärmt, daher eine gern genutzte Bademöglichkeit ist und sich auch für einen entspannten Boxenstopp anbietet. Mein Einkehrtipp auf dem Soboth lautet: Alpengasthof Messner, Soboth Nr. 19.

Und im Gegensatz zum Waldviertel sind die Höhenzüge hier deutlich lichter und die Blicke reichen deutlich weiter.

TOUR-TIPP

Graz am Abend

Der perfekt informierte Graz-Tourismus ist natürlich wie stets die erste Anlaufstelle für alle Aktivitäten in dieser außergewöhnlichen Stadt, zu finden online unter www.graztourismus.at. Hier gibt es auch komplett ausgearbeitete Sightseeing-Vorschläge, wie z. B. »Graz entdecken – in 4 h / in 12 h / 24 h« oder »Graz zu allen vier Jahreszeiten«. Ganz besonders empfehle ich in Graz eine Kennenlernrunde mit einem der vielen Rundfahrt-Sightseeing-Busse, auf der wir einen guten ersten Eindruck von der Stadt erhalten. Zudem werden auch geführte Touren zu Fuß oder mit Segway angeboten. Und für die abendliche Einkehr lauten meine Tipps: die schon erwähnte »Gamlitzer Weinstube« am Mehlplatz 4 oder auch das »Knusperhäuschen« in der Strassganger Str. 429. Wohl bekomm's!

DIE TOUR IM ÜBERBLICK

Schwierigkeitsgrad: Leicht

Streckenlänge: 300 km

Reine Fahrtzeit: 5–6 Std.

Zeitaufwand inkl. Sightseeing: 2 Tage

Beste Jahreszeit: Mitte Mai bis Ende Oktober

Start- und Zielort: Graz (Südrand)

Mein Hotel-Tipp dort: Hotel Süd, Stemmerweg 10, A-8054 Graz, Tel. +43/(0)316/281 86 00, www.hotel-sued.com

Optionaler Übernachtungsstopp: Sankt Stefan im Lavanttal

Mein Hotel-Tipp dort: Alpengasthof Wolfgruber, Koralpe-Rieding 11, A-9431 St. Stefan im Lavanttal (Website via HRS oder TripAdvisor)

Unbedingt anschauen: Sankt Oswald und den Klosterwinkel, Deutschlandsberg, Weinebene und Panoramastraße, Wolfsberg, Sankt Andrä und Lavanttal, Soboth mit Stausee, Sankt Martin im Sulmtal

Gleich östlich des Weilers Soboth wählen wir schließlich den Abzweig nach Sankt Lorenzen und Eibiswald, einer prächtigen und vor allem unter der Woche mächtig einsamen Landstraße (L 655), die uns mit unzähligen Kurven und sieben echten Kehren zum Tanz erwartet. Genießen Sie es! So wie auch den weiteren und letzten Abschnitt unserer Runde, der uns über Eibiswald und Haselbach nach Sankt Johann im Saggautal führt. Gleich im Osten schließt an dieser Stelle übrigens die Südsteirische Weinstraße an – Sie erinnern sich an das vorhergehende Kapitel? Unsere heutige Tour endet mit dem Rückweg nach Graz, den wir natürlich wie immer fernab von Autobahnen und Schnellstraßen wählen. Noch einmal sagen wir Deutschlandsberg »Guten Tag« und gönnen uns vielleicht sogar einen Einkehrschwung, bevor es weitergeht. Mein Einkehrtipp dazu: Restaurant Puccini in der Hollenegger Str. 8. Via Freidorf und Gussendorf, über Schönaich und Pöls geht es schließlich zurück nach Graz zu einem abwechslungsreichen Abendprogramm (mehr dazu s. Tippkasten).

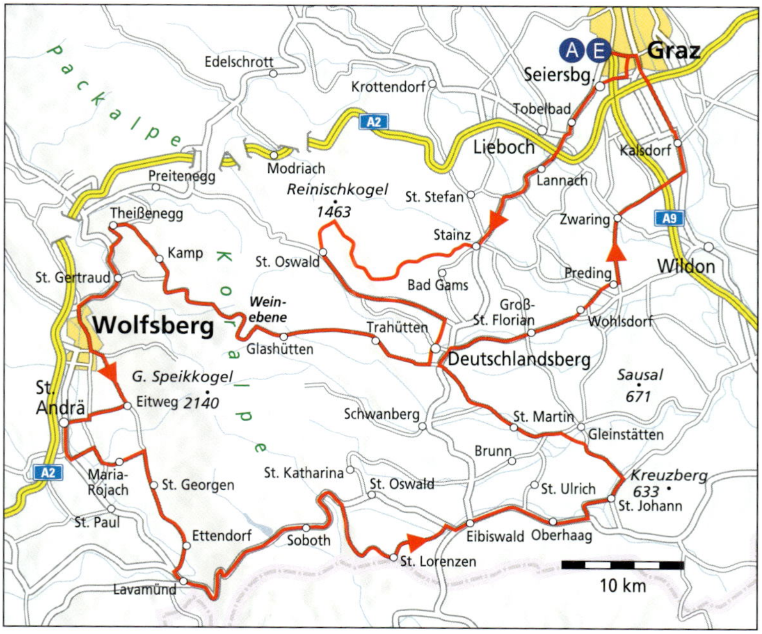

Bildstöcke allerorten am Wegesrand erzählen oftmals spannende Geschichten von Freud und Leid.

Es wird wieder alpiner: Die Flattnitzer Höhe lässt bereits erahnen, dass wir uns den Alpen nähern.

ZWISCHEN KÄRNTEN UND DEM LUNGAU

Wir machen einen Sprung Richtung Westen – und damit auch in der Höhenlage. Denn nach den idyllischen Hügelwelten des österreichischen Ostens nähern wir uns nun wieder den Ausläufern der Alpen, den Pässen und Panoramastraßen, deren Namen jede Gashand intensiv jucken lassen.

Damit aber der Kontrast nicht zu hart ausfällt, beginnen wir ganz moderat mit einem Kurventanz zwischen dem malerischen Lungau und dem Biker-Paradies Kärnten. Letzteres wird uns dann insgesamt drei Kapitel lang beschäftigen … oder besser gesagt: begeistern. Apropos: Der wunderschöne kleine Ort St. Margarethen kann ebenfalls begeistern. Am Rand des Murtals, abseits der Hauptverkehrsrouten und eingebettet zwischen Aineck und Grainwald, sind hier die Traditionen und Lebensarten des Lungaus, einem der fünf Gaue des Salzburger Lands, allerorten lebendig. So wie die sprichwörtliche Gastfreundschaft der Menschen, die wir in gemütlichen Gasthöfen, Pensionen, Cafés oder beim Urlaub auf dem Bauernhof genießen können – explizit auch Biker, die eine der Hauptzielgruppen des Tourismus dieser Region darstellen.

Wir verlassen das gastliche Sankt Margarethen Richtung Osten und klappen in Tamsweg sogleich wieder den Seitenständer aus – zumindest für einen kurzen Rundgang. Tamsweg ist die Hauptstadt des Lungaus und kann mit einer langen Geschichte aufwarten: Mitte des 12. Jahrhunderts erstmals urkundlich erwähnt, im 15. Jahrhundert ein berühmter Wallfahrtsort, ab dem 18. Jahrhundert ein Handelsplatz für Salz und Eisen – und heute eine beliebte Wohnstadt mit Lebensqualität. Die gesunde Höhenlage auf durchschnittlich gut 1000 Metern lässt vor allem auch Allergiker aufatmen, da die Blütezeit für Gräser und damit der Pollenflug enorm verkürzt ist und die gesamte Lungauer Bergwelt ab Mitte Juni als allergenfrei gilt.

Atmen wir also einmal tief durch und nehmen den ersten Höhepunkt des Tages zwischen die Lenkerenden. Der Radstädter Tauernpass gehört zu Bikers Pflichtprogramm auf dem Weg von Salzburg Richtung Süden – oder umgekehrt –, denn er ist die landschaftlich abwechslungsreiche und dazu noch mautfreie Alternative zur Tauernautobahn. Die Straße ist sehr gut ausgebaut, gewaltige Betongalerien schützen vor dem berüchtigten Steinschlag der Tauern, und am Scheitelpunkt des Passes liegt der beschauliche Skiort Obertauern, dessen Hotels und Restaurants ab und an auch außerhalb der weißen Saison zu einem Einkehrschwung einladen.

Der nördliche Basisort Radstadt verführt uns sodann zu einem kurzen Boxenstopp. Mein Einkehrtipp an dieser Stelle: der »Stöcklwirt« in der Ernest-Thun-Gasse 12. Oder schauen Sie einmal kurz auf den schönsten Aussichtsberg der gesamten Ostalpen, den Rossbrand. Der ist sogar mit dem Motorrad erreichbar – zumindest beinahe: Die letzten 800 Meter müssen auch Biker zu Fuß gehen. Doch dieser »Kraftakt« lohnt sich allemal, denn auf dem 1768 Meter hohen Rossbrand kann man Bergpanoramen vom Feinsten genießen. Der bekannte Hausberg der Radstädter ist ein herrliches Wanderparadies, und die beliebte Rossbrandhütte bietet Einkehr, Rast und Übernachtungsmöglichkeiten.

Trödeln Sie aber nicht zu lange herum, denn nun warten zwei prächtige Höhenstraßen am Dachstein auf uns. Der Kurventanz beginnt mit der Stoderzinken-Panoramastraße. Der Stoderzinken ist der Hausberg von Gröbming im Kemetgebirge; von dort führt eine gut

Mit Quellwasser kann man am Hochrindl nicht nur Hände waschen – auch Windshields werden schlierenfrei sauber.

Historisch wertvoll: Mauterndorf und seine imposante Burganlage präsentieren sich uns hübsch herausgeputzt.

Im Sommer geschlossen: Rund um den Radstädter Tauernpass hat in der Motorradsaison fast alles geschlossen.

zwölf Kilometer lange mautpflichtige Alpenstraße auf 2000 Meter Höhe hinauf zum großen Parkplatz und zum Berggasthof Steinerhaus. Dort starten und enden herrliche Rundwanderwege, z. B. über die umliegenden Gipfel und zur Grafenbergalm. Und am Fuß des Stoderzinkens lockt seit 2005 Österreichs größter Kletterpark mit immerhin 14 verschiedenen Parcours Hangelkünstler aus aller Welt – eine Herausforderung der ganz anderen Art in bis zu 15 Metern Höhe über Grund.

Am Ostrand des Dachsteins erwartet uns jetzt die zweite Panoramastraße hinauf zur Tauplitzalm. Von gut 1600 auf bis zu 2000 Meter Höhe zieht sich das Hochplateau der Tauplitzalm in der Grenzregion zwischen Salzkammergut und dem steirischen Teil des Toten Gebirges. Die zehn Kilometer lange und kurvenreiche Tauplitzalm-Alpenstraße führt direkt hinauf in diese Almenidylle mit der einzigartigen Landschaft des größten Seenhochplateaus Europas. Zahlreiche Gasthöfe und urige Hütten laden zur Rast, viele Wandermöglichkeiten und Touren führen in die umliegende Bergregion mit ihren sechs bildhübschen Bergseen.

Gleich nördlich der Auffahrt zur Tauplitzalm schließt übrigens das Tourengebiet des Salzkammerguts – Kapitel 7 – nahtlos an. Ein mehr als prächtiges Kontrastprogramm, wenn es Ihr Zeitplan erlaubt. Oder Sie bleiben auch heute »on track« und wedeln nach Trieben, wenden sich dort südwärts, queren die Triebener Tauern und landen zum Tagesausklang im sehenswerten Judenburg, einem Etappenziel, dem wir mindestens einen Tourenabend spendieren sollten. Jüdische Händler gründeten die Stadt im Jahr 1074 als wichtigen Handelsposten im transalpinen Handel der Region. Judenburg besitzt damit auch das älteste Stapelrecht Österreichs, eine Art »Wegezoll«. Aus dieser Zeit als »Hauptstadt« der Obersteiermark stammt auch die sehenswerte, weil sehr gut erhaltene historische Altstadt mit dem Wahrzeichen Judenburgs, dem 76 Meter hohen Stadtturm, der einen wunderbaren Rundblick über das Aichfeld erlaubt. Ursprünglich als

Jeden Euro wert: Die Stoderzinken-Alpenstraße kostet seit einiger Zeit ebenfalls Maut, sie ist es aber zweifelsohne wert.

Bringen Sie Erfahrung mit: Der Aufstieg auf den Stoderzinken verlangt eine ruhige Hand im Umgang mit dem Moped.

Glockenturm gebaut, diente er in der Folgezeit auch als Feuer-Wachturm gegen die zahlreichen Brände, die sowohl die Stadt als auch den Turm heimsuchten. Heute befindet sich im Turm eines der modernsten Planetarien Europas. Ein Pflichttermin für uns Biker ist das Puch-Museum in der Stadt. Der Puch 500, das Puch Maxi oder auch der Puch G haben die Marke weltberühmt gemacht. Das Puch-Museum in Judenburg widmet sich in sehenswerten Ausstellungen sowohl der Marke Puch als auch den Menschen, die hinter den

Die Tauplitzalm-Panoramastraße hingegen ist auf weiter Strecke sogar anfängertauglich ausgebaut.

Urlaubsidylle: Ein eiskalter Bergsee zum Baden, ein paar Hotels zur Einkehr – die Turracher Höhe erfreut jeden Gast.

Und auf der Tauplitzalm fährt im Sommer sogar eine Bimmelbahn – wenn's denn sein muss.

einzigartigen Entwicklungen standen, und versetzt jeden Besucher zurück in die 1950er- und 1960er-Jahre, als die Marke Puch ein Erlebnis für die ganze Familie darstellte – ganz besonders auch die Puch-Motorräder. Ein Erlebnis ist auch mein abendlicher Einkehrtipp: das Gasthaus Gruber am Hauptplatz 6.

Am Tag 2 unserer Rundreise lautet die Devise dann wieder: Knie an den Tank und ab in die Schräglage. Über Laßnitz und Sankt Lorenzen ob Murau erreichen wir den Nordeinstieg zur Flattnitzer Höhe. Sie ist mit gut 1450 Metern Höhe vor allem bei Kärntner Bikern sehr beliebt, da alle ihre Zufahrten (drei in der Anzahl) gut ausgebaute Straßen sind und es damit immer wieder erlauben, mit ordentlich Speed den Scheitelpunkt zu erklimmen. Auf der Passhöhe auf einer weitläufigen Hochebene laden einige Hotels und Gasthöfe zu einer spontanen oder gern auch ausgiebigen Einkehr ein.

Auf eben jener Passhöhe wenden wir uns nun ostwärts und wählen den Abstieg über Metnitz hinab ins Gurktal. Der schenkt uns nämlich ein erlebenswertes Kurven- und Kehrengemenge direkt bis zur Stadtgrenze von Straßburg (dem im Gurktal). Zu den

Gurktaler Höhepunkten habe ich im folgenden Kapitel noch einige Infos zusammengestellt, für heute genießen wir an dieser Stelle die Stippvisite in Feldkirchen – unserem nächsten Basislager – sowie die Weiterfahrt hinauf zur Hochrindl-Almenregion. Gut 1600 Meter hoch gelegen und damit über aller Hektik, empfängt uns nach zwölf Kehren das Bergparadies rund um den Hochrindl, ein echtes Kärntner Almenland. Die sanften Gipfel der umliegenden Kärntner Nockberge bilden das Panorama für gemütliche Einkehrschwünge in den Berggasthöfen am Hochrindl, der übrigens sogar schon von Greenpeace mit dem Klimaschutzpreis ausgezeichnet wurde.

Die Turracher Höhe ist unser letzter fahrerischer Höhepunkt für heute. Immerhin zwei echte Spitzkehren sowie einige weit schwingende Kurven führen uns hinauf zum Pass auf gut 1760 Metern Höhe mitten auf einem alpinen Hochplateau. Geschmückt mit drei wunderschönen Bergseen, umgeben von den größten zusammenhängenden Zirbenwälder-Gebieten Österreichs und umringt von den imposanten Nockbergen ist die Turracher Höhe seit Jahren schon ein Geheimtipp für Motorradfahrer. Die Straße quert die Gurktaler Alpen, sie ist in weiten Teilen gut ausgebaut, besitzt aber mit satten Steigungen auch ihre Herausforderungen – soll sie doch zu den steilsten Straßenpässen Österreichs gehören.

DIE TOUR IM ÜBERBLICK

Schwierigkeitsgrad: Mittel

Streckenlänge: 550 km

Reine Fahrtzeit: 10 Std.

Zeitaufwand inkl. Sightseeing: 2–3 Tage

Beste Jahreszeit: Ende Mai bis Mitte Oktober

Start- und Zielort: Sankt Margarethen im Lungau

Mein Hotel-Tipp dort: Grizzly Sport & Familien Resort, Liftstr. 255, A-5581 St. Margarethen im Lungau, Tel. +43/(0)6476/20 58 80, www.grizzly-resort.at – mit Motorrad-Kurs-Angeboten!

Optionaler Übernachtungsstopp: Judenburg

Mein Hotel-Tipp dort: Hotel-Gasthof Murblick, Sensenwerkgasse 9, A-8750 Judenburg (Website über HRS oder TripAdvisor)

Unbedingt anschauen: Sankt Margarethen und Sankt Michael im Lungau, Stoderzinken-Hochplateau, Tauplitzalm-Plateau, Bad Mitterndorf, Judenburg, Gurk im Gurktal, Hochrindl-Almen

Über Ramingstein und Burg Finstergrün, die »lebendigste Burg« Österreichs (weil ein Kinder-Ferienheim!), erreichen wir spätabends wieder unseren Ausgangsort Sankt Margarethen und können echte Lungauer Gastlichkeit in vollen Zügen genießen. Mein Einkehrtipp dazu: die Brantweiner Hütte etwas außerhalb im Aineck 43 – der Weg lohnt sich.

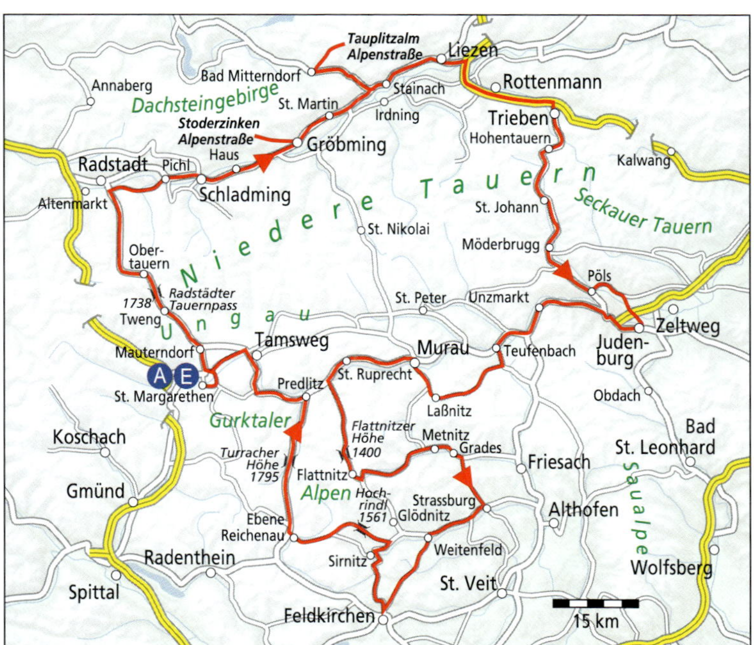

Wenngleich die Rampen der Turracher Höhe zum Heizen reizen, wir befinden uns in alpinem Gelände.

Ringelpiez und Animation am Katschberg: Es soll Biker geben, die das durchaus mögen, ja sogar suchen.

MITTEN INS BIKER-HERZ VON KÄRNTEN

Flattnitzer und Turracher Höhe sowie der Hochrindl sind natürlich auch Bestandteil dieses Kapitels über die Motorrad-Höhepunkte Kärntens. Aber sie sind in diesem Fall nur das Beiwerk zu einer prächtigen Tour, die zu meinen absoluten Lieblingsrunden in Österreich gehört. Und unser Basisort Feldkirchen spendiert dazu ein Wohlfühlambiente, das auch Sie überzeugen wird, einmal wiederzukommen.

Kreuzungspunkt: In Ebene Reichenau müssen wir uns entscheiden – für Nockalm oder Turracher Höhe.

Die Hauptstadt des gleichnamigen Bezirks zählt rund 14 000 Einwohner und ist vor allem durch zahlreiche Eingemeindungen Kärntens fünftgrößte Stadt. Ihre Geschichte reicht beinahe 1000 Jahre zurück, das weitläufige Stadtgebiet war allerdings bereits zur Jungsteinzeit beliebter Siedlungsplatz. Kelten und Römer gaben sich die »Klinke« in die Hand, Germanen zogen plündernd durch das Land, und das Mittelalter hinterließ nicht nur mannigfaltige Spuren, sondern auch viele Geschichten. Heutzutage schmücken zahlreiche Kirchenbauten sowie der Bamberger Amthof, die Burg Dietrichstein und das Schloss Lang das sehenswerte Feldkirchen. Und ganz nebenbei gibt's eine verkehrsberuhigte Altstadt, die dem tourenden Motorradfahrer nach einem langen Tag im Sattel alle Annehmlichkeiten bietet, die er sucht. Da macht nicht nur der Einkehrschwung Spaß, sondern auch der anschließende Verdauungsspaziergang. In

Cafés und beim Italiener gibt es dazu den perfekten Espresso …

Richtung Patergassen und Radenthein verlassen wir Feldkirchen früh am Morgen und erreichen bald darauf das Nordufer des malerisch gelegenen Millstätter Sees. Er zählt zu den sonnenverwöhntesten Seen Österreichs, seine Uferstraße führt durch hübsche Orte wie Seeboden, Millstatt oder auch Dellach. Schauen Sie sich ausgiebig um, vielleicht sogar in Kombination mit einem zweiten Frühstück oder zumindest einem koffeinhaltigen Boxenstopp mit Seeblick. Mein Einkehrtipp dazu: die Bar »Kap 4613« in der Kaiser-Franz-Josef-Str. 330 direkt am See.

Auch Spittal an der Drau, die pulsierende Bezirkshauptstadt ist ein sehenswertes Erlebnis. Die Wurzeln der Stadt gehen auf ein »Spittl« zurück, einem hier an der alten Handelsstraße von Venedig nach Augsburg errichteten Armenspital. Von Armut und Elend ist heutzutage keine Spur mehr zu entdecken: Im historischen Zentrum finden sich neben Einkaufsmöglichkeiten zahlreiche Cafés und Restaurants, die mit ihren Sonnenterrassen zum ausgiebigen Boxenstopp einladen. Oder zu einer genüsslichen Pause inmitten des prall gefüllten Kultur- und Veranstaltungskalenders der Stadt.

Jetzt aber genug getrödelt, unser erster Höhepunkt erwartet uns. Die Goldeck-Panoramastraße ist als Warm-up perfekt geeignet, die Sackgasse im Süden des Millstätter Sees beschert uns neben einer ordentlichen Portion Fahrspaß auch ganz besondere Ausblicke auf die umliegenden Berge und Täler. Und damit zählt sie ohne Zweifel zu Kärntens schönsten Ausflugsstraßen, die zu entrichtenden 8 Euro Maut sind hier gut investiert.

Über Gmünd und seine imposante Burganlage erreichen wir sodann den ersten hochalpinen Höhepunkt dieser Runde, die Maltatal-Hochalmstraße. Das »Tal der Wasserfälle« wird das Maltatal gern auch genannt, denn in keiner anderen Region Kärntens sind mehr Wasserfälle auf engstem Raum zu erleben. Die panoramareiche und mit 11 Euro bemautete Hochalmstraße führt zu den schönsten Aussichtspunkten mit Blick auf die Urgewalten der Natur, auf Schleier- und Melnikfall, auf die Hochbrücke und auf vom Wasser tief gegrabene Kolke und Tümpfe. Kühn geschwungen geht es anschließend durch sechs historische Naturstein-Tunnels und neun Kehren auf gut 1200 Meter Höhe hinauf zur mächtigen Kölnbrein-Staumauer, dem Biker-Treff der Region direkt am kreisrunden Turm des hoch auf-

Autsch – könnte eng werden: Der Tunnel auf der Maltatal-Hochalmenstraße sieht gefährlicher aus, als er ist.

Das Ende einer Kiespiste: Die Kölnbreinhütte hoch über dem Stausee kann direkt angefahren werden.

Das Tal der Wasserfälle: Nirgendwo sonst in Österreich gibt es so viele Wasserfälle wie im Maltatal.

ragenden Berghotels Malta. Und eine freigegebene Kiespiste entlang des Stauseeufers führt noch weiter in die Gipfelwelten der Hohen Tauern zur idyllischen Kölnbreinhütte mit Almwirtschaft und Jausenkarte. Toll!

Das Beste aber ist: All diesen Genuss können wir auf der Rückfahrt noch einmal genießen, mit gänzlich neuen Ein- und Ausblicken auf das vor uns liegende Gebiet der Nockberge. Denn dort wartet ein ganz besonderes Highlight auf uns: die berühmte Nockalm-Panoramastraße, Kärntens unbestritten schönstes Motorradrevier. Aber Stopp: Falls nun die Sonne schon recht tief im Rücken steht, empfehle ich Ihnen, die weiteren Höhepunkte auf den kommenden Tourentag zu schieben und z. B. via Kremsbrücke und den Katschberg ins gastliche Sankt Margarethen im Lungau zu huschen, unserem Basislager aus Kapitel 22. Meinen dort genannten Übernachtungstipp darf ich an dieser Stelle nochmals empfehlen.

Der neue Tourentag beginnt sogleich mit DEM expliziten Motorrad-Highlight Kärntens: der berühmten Nockalm-Panoramastraße. 1970 begannen die Arbeiten für eine Höhenstraße durch die menschenleere Gegend der Nockberge, zehn Jahre später feierte man Eröffnung. Überall an zentralen Aussichtspunkten entlang der mehr als prächtigen Panoramastraße werden Biker durch reservierte Parkplätze und Info-Terminals zum Pausieren eingeladen, dazwischen führt die Straße in kurvigem Auf und Ab zwischen zahllosen »Nock'n« hindurch und erreicht mit der Eisentalhöhe auf immerhin 2042 Metern ihren höchsten Punkt, ebenfalls mit urigen Einkehrmöglichkeiten und echter Kärntner Kost. Es gibt wohl im gesamten Alpenraum nicht viele Straßen, die auf satten 35 Kilometern Länge keine einzige menschliche Siedlung streifen oder queren. Bei der Nockalmstraße ist das aber tatsächlich der Fall: Zwischen den beiden Mautstellen – im Süden kurz nach der Ortschaft Ebene Reichenau, im Norden direkt am Ortsrand von Innerkrems – gibt es nichts außer Kurven, Kurven und nochmals Kurven. Eingebettet in die herrliche Natur des Nationalparks Nockberge führt die Straße den Motorradfahrer von gut 1000 auf über 2000 Me-

Buttermilch und Benzingespräche: Am Biker-Treff auf der berühmten Nockalm-Panoramastraße stoppt wohl jeder.

Die Nockalmstraße wurde ganz speziell auch für uns Biker erbaut – wie man an der Pistenführung sehen kann.

ter Höhe durch eine Unberührtheit, wie sie heutzutage eher selten ist. Nur ein paar hübsche Einkehrmöglichkeiten in oft grandioser Aussichtslage versuchen uns, vom »rechten Weg« zu locken. Mein Tipp: Lassen Sie es zu, und genehmigen Sie sich den einen oder anderen Einkehrschwung mit original Kärntner Hausmannskost.

Im unteren Teil der Nockberge liegen herrliche Bauernhäuser und Berghütten, die teilweise auch gemietet werden können.

Am Südende der Panoramastraße im Weiler Ebene Reichenau wenden wir uns dann noch einmal Richtung Norden und erobern die Turracher Höhe (1795 m). Und zwar über die fahrerisch anspruchsvollere Südrampe. Wir huschen flott bergan, pendeln durch zwei echte Spitzkehren sowie einige Kurven hinauf zum höchsten Punkt des Passes. Nach einem Boxenstopp inmitten der herrlich gelegenen Bergseen der Turracher Höhe geht es hinab in den Lungau nach Stadl an der Mur. Und dort bitte sogleich wieder rechts ab und bergan – die Flattnitzer Höhe erwartet uns zum Tanz bis hinauf auf gut 1450 Meter Höhe. Diesmal setzen wir aber auf der Passhöhe nicht den Blinker links, sondern bleiben in der Spur und wedeln über Glödnitz hinab in das geschichtenreiche Gurktal. Wie im letzten Kapitel versprochen, kommen im Kasten noch einige Infos dazu.

Wenn Sie mögen und es Ihr Zeitfenster erlaubt, gönnen Sie sich noch einmal die Fahrt über die Almenregion am Hochrindl. Es wird Ihnen gefallen. Und vom

DIE TOUR IM ÜBERBLICK

Schwierigkeitsgrad: Mittel

Streckenlänge: 400 km

Reine Fahrtzeit: 8 Std.

Zeitaufwand inkl. Sightseeing: 2–3 Tage

Beste Jahreszeit: Anfang Juni bis Mitte Oktober

Start- und Zielort: Feldkirchen

Mein Hotel-Tipp dort: Landidyll Hotel Nudelbacher, Nudelbacherweg 1, A-9560 Feldkirchen, Tel. +43/(0)4276/32 75, www.nudelbacher.at

Optionaler Übernachtungsstopp: Sankt Margarethen im Lungau

Mein Hotel-Tipp dort: Grizzly Sport & Familien Resort, Liftstr. 255, A-5581 St. Margarethen im Lungau, Tel. +43/(0)6476/20 58 80, www.grizzly-resort.at – mit Motorrad-Kurs-Angeboten!

Unbedingt anschauen: Feldkirchen, Millstatt samt See, Spittal an der Drau, Goldegg-Panoramastraße, Maltatal samt Kölnbrein-Speicher, Sankt Michael und Sankt Margarethen in Lungau, Nockberge samt Panoramastraße, Hochrindl-Almenplateau

Ende der Höhenstraße in Sirnitz aus ist unser »Basislager« Feldkirchen fast schon in Sichtweite. Jetzt fehlt nur mein weiterer Einkehrtipp für Feldkirchen: der Gasthof Seitner in der Villacher Str. 11.

Gurk und das Gurktal

Gurk ist der Hauptort des Gurktals, dessen Name sich vom gleichnamigen Fluss ableiten lässt. Seine bekannteste Sehenswürdigkeit ist der imposante Gurker Dom, gestiftet von der Gräfin Hemma von Gurk, die seit Jahrhunderten als Heilige Hemma verehrt wird. Sie ist als Landesmutter und Schutzfrau von Kärnten im Gurker Dom beerdigt. Der Legende nach forderte ein Bauarbeiter während des Dombaus von Hemma immer mehr Geld. Daraufhin hielt sie ihm ihren Geldbeutel hin und forderte ihn auf, sich seinen Lohn selbst zu nehmen. Er griff natürlich mit vollen Händen zu, doch als er anschließend nachzählte, hatte er exakt jene Summe entnommen, die ihm ohnehin zustand.

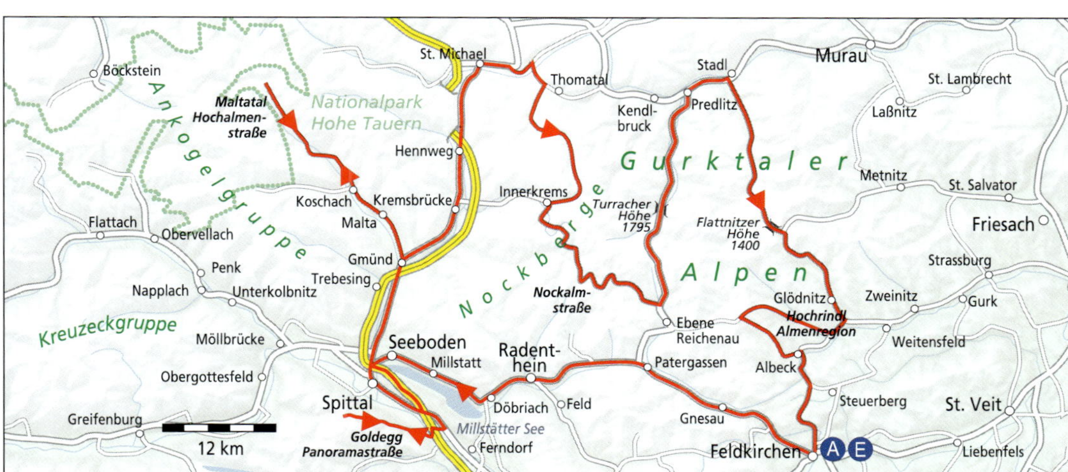

Gelungene Mischung: Berge, Hügel und Seen erwarten uns in Kärnten – kombiniert mit herrlich einsamen Pisten.

DURCHS KÄRNTER SEENLAND

Kärntens landschaftliche Höhepunkte eignen sich – wie wir bereits gesehen haben – nicht nur zu exzessivem, sogar anspruchsvollem Kurventraining in alpinem Gelände. Kärntens Schönheiten wie Wörthersee, Ossiacher See und Faaker See sind auch geradezu prädestiniert, den Kampf gegen des Bikers sommerliche Blässe erfolgreich zu führen.

Zweifel! Ob die Fische in den Kärntner Seen bei hochsommerlichen Temperaturen überhaupt beißen?

In diesem Kapitel habe ich die Tourengesamtlänge absichtlich so reduziert, dass Sie genügend Zeit für den einen oder anderen ausgiebigen Badestopp haben werden. Denn Kärntens Landschaften sind auch in heutigen klimatisch unsicheren Zeiten immer noch von der Sonne verwöhnt. Und das Jahr für Jahr. Und noch einmal startet und endet die Tour in Feldkirchen, ich hoffe, diese Standortwahl ist ganz in Ihrem Sinne. Alle Details zum Ort finden Sie einige Seiten vorher.

Jetzt heißt es erneut: »Please start your engines.« Über Himmelberg suchen wir uns die L 46 nach Arriach und kurz vor dem Ort linker Hand den Aufstieg zur Gerlitzen-Alpe, von dieser Seite ausgeschildert als mautpflichtige »Gerlitzen-Gipfelstraße«. Nur diese Piste – auch ausgeschildert als »Gipfelhaus Stifters« –, die bei meinem letzten Besuch 2014 auf den letzten 200 Metern noch ein leicht zu befahrendes Kiesbett aufwies, führt bis in die Gipfelregion des Gerlitzen auf gut 1900 Metern Seehöhe mit einem grandiosen Rundumblick über Kärntens Schönheiten. Wen wundert's, dass die Universität Graz hier oben ein Observatorium betreibt?

Die Alternative und etwas leichter, weil ausschließlich »onroad« zu fahrende Strecke ist die ebenfalls mautpflichtige Gerlitzenalpe-Panoramastraße, die auf der anderen Bergseite am Nordufer des Ossiacher Sees in Bodensdorf beginnt. Setzen Sie spätestens hier den Blinker Richtung Berg, und gönnen Sie sich diesen Abstecher auf einen der schönsten Aussichtsberge Mittelkärntens. Die Straße hinauf an den Rand des Hochplateaus ist nicht zuletzt aufgrund ihrer streckenweise schlaglochreichen Beschaffenheit sowie der engen Kehren durchaus mittelmäßig anspruchsvoll. Vor allem an schönen Sommerwochenenden herrscht reger Verkehr in beiden Richtungen. Mein Tipp: Gönnen Sie sich die Gerlitzenalpe-Panoramastraße früh am Morgen eines ganz normalen Wochentags - dann haben Sie die Piste nahezu für sich allein. Nach gut fünf Kilometern kommt die Mautstelle mit Kassenautomat ähnlich einem Parkhaus, die Bezahlung des Tickets (8 Euro) erfolgt auf dem Rückweg. Übrigens: Falls Sie Ihr Motorrad doch lieber schonen wollen, können Sie auch vom nahen Annenheim mit Kärntens ältester Bergbahn, der Kanzelbahn, auf die Gerlitzen-Kanzelhöhe fahren. Ausblicke bis in die Unendlichkeit der Hohen Tauern, der Dolomiten, den Karawanken im Dreiländereck Österreich-Italien-Slowenien und den großen Kärntner Seen sind im Fahrpreis inklusive. Auf dem Scheitelpunkt der Alpenstraße liegen Berghütten und Gasthöfe in einer weiten Hochalm-Landschaft, die sich nicht nur für eine Einkehr, sondern bei Bedarf auch zur Übernachtung in einzigartiger Umgebung weit über dem quirligen Geschehen unten am Ossiacher See empfehlen. Nicht nur ein »Sundowner« auf der Gerlitzenalpe hat etwas, auch der Sonnenaufgang am Morgen ist wunderschön.

TOUR-TIPP

Fliegerparadies Gerlitzenalpe

Die Gerlitzenalpe im Herzen Kärntens ist durch ihre ganz besondere, in der Regel leicht zu beherrschende Thermik ein wahres Eldorado für Gleitschirm-, Drachen- und auch Modellflieger. Die Startplätze befinden sich in unmittelbarer Nähe der Bergstation der Kanzelbahn. Hier oder unten im Tal direkt bei den zahlreichen Flugschulen kann man sowohl Flugkurse als auch Tandemflüge buchen, bei denen man die wunderschöne Welt der Kärntner Seen einmal aus ganz anderer Perspektive genießt. Ein unvergessliches Erlebnis ist garantiert (Infos unter www.kaerntner-flugschulen.at).

Bergidylle: Auf der Gerlitzen-Alpe kann man nicht nur gemütlich wandern, sondern auch himmelsnah übernachten.

Kärnten-Werbung im Seenland – in diesem Fall verspricht sie wahrlich nicht zu viel.

Doch kommen wir noch einmal zurück auf den Ossiacher See, der viel zu schön ist, um ihn nur in einem Nebensatz zu erwähnen. Der Ossiacher See ist einer der südlichsten Seen Österreichs und der drittgrößte See Kärntens. Er ist maximal 50 Meter tief und etwa zehn Quadratkilometer groß. Idyllisch eingebettet zwischen den bewaldeten Steilabfällen der Gerlitzen im Norden und den westlichen Ausläufern der Ossiacher Tauern im Süden, ist der See selbst zur Sommerzeit kaum je touristisch überlaufen. Weite Teile der bewusst naturbelassenen Seen- und Uferbereiche stehen unter Naturschutz.

Auf unserer Tour umrunden wir den See einmal komplett, bevor uns das sehenswerte Villach mit seinen Altstadtgassen und den vielen Einkehrmöglichkeiten lockt. Bereits in der Jungsteinzeit war die heute zweitgrößte Stadt Kärntens ein äußerst beliebter Siedlungsplatz. Nicht nur der Blick vom Dobratsch hinunter auf die Stadt, auch ein Gang durch die historischen Gassen zeigt, warum das bis heute so ist. Die strategisch bedeutende Stadt an der Drau im Dreiländereck Italien-Slowenien-Österreich besitzt nicht nur ein überaus sehenswertes Flair und Lebendigkeit, ihre Lage unmittelbar in der Nähe der schönsten Kärntner Seen – Ossiacher See und Wörthersee sind im Grunde nur einen

Welch ein Ausblick: Sonnenaufgang auf der Gerlitzen-Alpe mit Blick auf den Ossiacher See

Ein Abstecher, den Sie sich gönnen sollten: Der Aufstieg auf die Villacher Alpenstraße ist ein fahrerisches Vergnügen.

Steinwurf entfernt – macht ihren ganz besonderen Reiz zu jeder Jahreszeit aus. Mein Tipp: Im gastlichen Villach werden kostenlose Stadtführungen zu den historischen Plätzen angeboten – immer freitags beginnend bei der Tourismus-Info in der Bahnhofstraße. Und diese Führungen präsentieren nicht nur eine spannende Stadtgeschichte, sie geben auch wertvolle Tipps für die abendlichen Boxenstopps. Nicht unwichtig, wie ich finde. Mein Einkehrtipp für den Abend lautet übrigens: der »Villacher Brauhof« in der Bahnhofstr. 8.

TOUR-TIPP

Abstecher: Villacher Alpenstraße

11 Spitzkehren führen hinauf zum höchsten Punkt der Villacher Alpenstraße auf gut 1732 m. Bis heute gehört die Panoramastraße zu den Geheimtipps der Kärntner Biker. Die gut ausgebaute Strecke führt auf den Villacher Hausberg, den Dobratsch. Entlang der Strecke bieten sich immer wieder fantastische Ausblicke auf die Stadt Villach, auf die Julischen Alpen und die markante Südseite des Dobratsch. Mehrere große Themen-Rastplätze laden zum Pausieren inmitten einer mehr als prächtigen Bergwelt ein. In meinen GPS-Datensätzen habe ich den Abstecher natürlich ebenfalls hinterlegt – der Download steht Ihnen frei (weitere Infos unter www.villacher-alpenstrasse.at).

Und oben angekommen, erwarten uns nicht nur prächtige Alpenpanoramen, sondern auch viele Pausenplätze.

Sozia Kirstens Lieblingsplatz: eine Sonnenbank mit Blick auf Villach und das Kärntner Seenland

Haben Sie die gestrige Tour im herrlichen Villach ohne Ausflug auf die Alpenstraße ausklingen lassen, empfehle ich Ihnen, gleich am Morgen diesen Abstecher zu fahren. Dann haben Sie wohl nicht nur die Panoramastraße für sich allein, ein echter Sonnenaufgang oben am Dobratsch ist auch ein ganz besonderes Erlebnis.

So wie unsere weitere Tour, die uns nun auch zu den schönsten Seen Kärntens führt. Beginnen wir gemütlich und im Kleinformat mit dem dennoch nicht gänzlich unbekannten Faaker See südöstlich von Villach. Der ist zwar in Privatbesitz, mit gut zwei Quadratkilometern Fläche und einer maximalen Tiefe von 30 Metern aber

Hat was: Mit einem Tretboot über den Wörthersee schippern ist an Sommertagen auch eine erfrischende Aktion.

der fünftgrößte See Kärntens. Weit über die Grenzen Österreichs bekannt geworden ist der Faaker See allerdings durch die alljährlich im September stattfindende »European Bike Week«, dem Motorrad-Höhepunkt des Kärntner Event-Kalenders. Sechs Tage dauern die Feierlichkeiten, über 100 000 motorradbegeisterte Menschen auf mehr als 75 000 Maschinen – übrigens nicht nur Harley-Davidsons – folgen alljährlich dem Ruf der Veranstalter, wenn rund um den Faaker See Partytime angeordnet ist.

Über das idyllische Rosental und den Feistritzer Stausee geht es weiter nach Ferlach und zu einem optionalen mittäglichen Boxenstopp. Mein Einkehrtipp: das Gasthaus Matheidl in der Karawankenzeile 10 in Ferlach. Danach fahren wir im weiten Bogen nach Velden am Wörthersee. Die Marktgemeinde ist einer der bekanntesten und beliebtesten Fremdenverkehrsorte in Österreich, ihre Geschichte reicht zurück bis in das Jahr 1150. Im Jahr 1853 begann die Linienschifffahrt auf dem Wörthersee mit dem Raddampfer »Maria Wörth«; als Velden wenige Jahre darauf an das Eisenbahnnetz angeschlossen wurde, begann mit der Eröffnung der ersten Badeanstalt die Geschichte des Kurortes Velden. Sehr sehenswert sind neben der historischen Altstadt vor allem auch die prächtigen Uferpromenaden entlang des Sees.

Und dann liegt er vor uns: der Wörthersee, mit gut 162 Quadratkilometern Fläche der größte und wohl auch bekannteste See Kärntens und zugleich aufgrund seiner klimatischen Lage einer der wärmsten Seen des gesamten Alpenraums. Obwohl sein tiefster Punkt bei 85 Metern liegt, können die obersten Wasserschichten Temperaturen bis deutlich über 25 °C erreichen, ja im Uferbereich sogar noch darüber – damit ist er einer der beliebtesten Badeseen Kärntens. Vor allem seine Süduferstraße ist darüber hinaus aber auch bei Bikern sehr beliebt. Genießen Sie unbedingt beide Uferstraßen – Nord wie Süd –, und gönnen Sie sich vielleicht sogar einen ausgiebigen Badestopp. Keine Sorge: Um das sehenswerte Klagenfurt am Ostufer des Sees »kümmern« wir uns im folgenden Kapitel noch ausführlich.

DIE TOUR IM ÜBERBLICK

Schwierigkeitsgrad: Leicht, ein kurzer Abschnitt mittel

Streckenlänge: 300 km

Reine Fahrtzeit: 6 Std.

Zeitaufwand inkl. Sightseeing: 2 Tage

Beste Jahreszeit: Mitte Mai bis Ende Oktober (die »European Bike Week« am Faaker See findet immer Anfang September statt)

Start- und Zielort: Feldkirchen

Mein Hotel-Tipp dort: Landidyll Hotel Nudelbacher, Nudelbacherweg 1, A-9560 Feldkirchen, Tel. +43/(0)4276/32 75, www.nudelbacher.at

Optionale Übernachtungsstopps: Villach oder am Faaker See

Mein Hotel-Tipp dort: Hotel Kramer, Italienerstr. 14, A-9500 Villach, Tel. +43/(0)4242/249 53, www.hotel-kramer.com

Unbedingt anschauen: Feldkirchen, Gerlitzen Hochalpe (mit Aufstieg von Norden und Süden), Ossiacher See, Villach (mit Abstecher Villacher Alpenstraße), Faaker See, Velden am Wörthersee

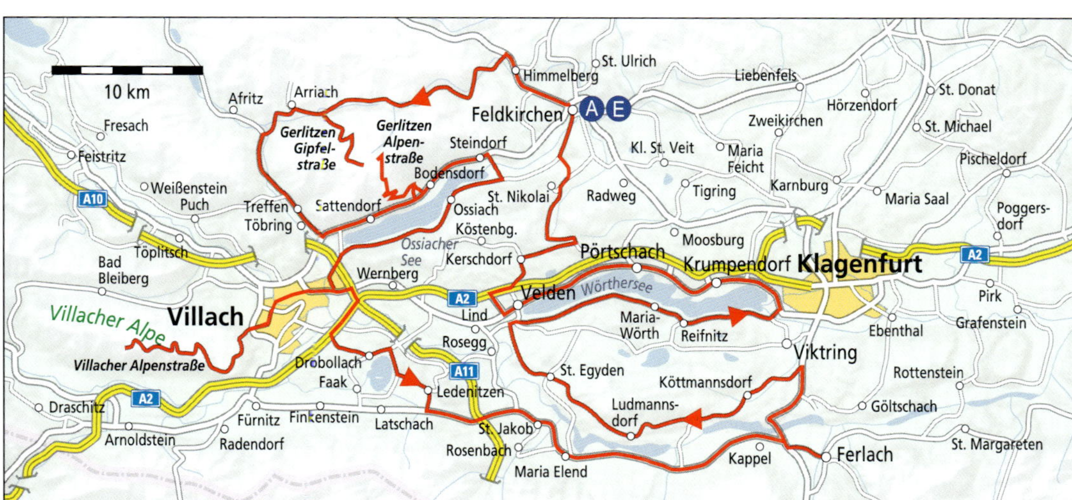

Kleine heile Welt: Vor dem Loiblpass lohnt zunächst einmal der Abstecher hinein ins malerische Bodental.

KLAGENFURT UND DIE KARAWANKEN

Genau zwischen den Gipfeln der Karawanken und dem Wörthersee liegt die Landeshauptstadt Kärntens im Herzen des Klagenfurter Beckens. Deren Anfänge gehen der Sage nach auf einen Lindwurm zurück, der im dortigen Sumpf hauste und sich von Menschen aus den umliegenden Ortschaften ernährte, die sich ihm unvorsichtigerweise näherten.

Niemand konnte das Ungeheuer vertreiben, bis Klagenfurter Bürger eine List ersonnen: An der Spitze eines Turms wurde ein ganzer Ochse als Köder angekettet, und im Körper des Ochsen verbarg sich ein großer Haken. Als der Drache nächtens aus seinem Sumpf kam, um den Ochsen zu fressen, schluckte er auch den Haken und verfing sich derart an der Kette, dass er von den herbeieilenden Männern der Stadt endlich erschlagen werden konnte. Fortan war Klagenfurt mit seiner malerischen Lage am Ostufer des Wörthersees ein sicherer und begehrter Ort zum Leben. Und an den berüchtigten Lindwurm erinnern heute noch nicht nur das Wappen Klagenfurts, sondern auch Plätze und Brunnen in der Innenstadt. Mehr als prächtig ausstaffiert präsentiert sich auch die Seeseite der Stadt.

Aber lassen Sie uns aufbrechen. Nach einem Blick hinein in das einsame Bodental – eine lohnende Sackgasse! – erobern wir den ersten Pass des noch jungen Tourentags. Das ist beim Loiblpass weder schwierig noch anstrengend, geben Sie dem Motorrad einfach die Zügel lang, und genießen Sie die Fahrt. Das Schönste an diesem gut 1370 Meter hoch gelegenen Pass ist neben seinen neun Kehren inmitten idyllischer Landschaft vor allem auch die Tatsache, dass Motorradfahrer ihn nahezu für sich allein haben. Ein Lkw-Verbot sowie ein in der Nähe verlaufender Tunnel haben das Verkehrsaufkommen dieses einst wichtigsten Karawanken-Übergangs drastisch reduziert. Und das ist auch gut so, wir sollten es ausgiebig genießen.

Auf slowenischer Seite lohnt gleich darauf das Städtchen Tržič einen ausgiebigen Erkundungsrundgang. Bereits im frühen Mittelalter war der Markt in drei Zonen unterteilt: den Marktkern, den Hammerwerksteil und den Kirchenkomplex. Heute ist die Altstadt von Tržič reich an klassizistischen Fassaden, deren sonderbare metallene Fensterläden und Türen nach einem verheerenden Brand im Jahr 1811 als Brandschutzmaßnahme angeordnet wurden. Nicht nur deshalb steht die sehenswerte Altstadt von Tržič seit 1985 unter Denkmalschutz. Lust auf einen Einkehrschwung? Mein Einkehrtipp für Tržič: das »Gostisce Karavla Koren« in der Podljubelj 297 – sehr lecker! Für den mittäglichen Boxenstopp habe ich allerdings im Folgenden noch eine Empfehlung parat.

Zielstrebig Richtung Kranjska Gora führt uns anschließend der Weg gen Westen. Bereits im 14. Jahrhundert begannen die Menschen damit, sich anzusiedeln und die Wälder der Region zu roden. Strategische Bedeutung erlangte der Ort während des Ersten Weltkriegs, als russische Kriegsgefangene eine Heerstraße aus dem Sava- in das Soča-Tal bauen mussten. Mit dem Bau der Eisenbahn wurde Kranjska Gora ein berühmter Tourismusort, der heute vor allem im Winter von Bedeutung ist. Im Sommer begeistert er durch seine prächtige Landschaft und die vielfältigen Freizeitmöglichkeiten. Mein Einkehrtipp für Kranjska Gora lautet: das Restaurant »Kotnik« in der Borovshka Cesta 75. Denn für den nun folgenden Streckenabschnitt sollten Sie gut gestärkt und voll konzentriert sein. Wir gönnen uns nicht nur den einzigen Nationalpark Sloweniens, sondern auch einen der schwierigsten Pässe des Landes.

Ups – etwa falsch abgebogen? Nein, dieses Gallizien ist kein Teil des spanischen Nordwestens, sondern Kärntens.

Zumindest mittelschwer: Die Panoramastraße am Hochobir verlangt unser ganzes Können, schenkt uns aber auch viel Vergnügen.

TOUR-TIPP

Sloweniens einziger Nationalpark
War es nicht erst »neulich«, dass Slowenien noch unerreichbar hinter dem Eisernen Vorhang lag? Jetzt steht es uns allen offen. Der Nationalpark Triglav – oder auf Slowenisch: Triglavski Narodni Park – ist der einzige Nationalpark Sloweniens. Er liegt in den Julischen Alpen, einem dem Alpenhauptkamm vorgelagerten Gebirgsstock der Südlichen Kalkalpen. Direkt auf der Grenze zu Italien und Österreich erstreckt sich der Nationalpark heute auf einer Fläche von gut 840 km². Bereits 1908 wurden erste Pläne geschmiedet, die gesamte Triglav-Region mit den schönsten alpinen Landschaft Sloweniens unter einen nachhaltigen Schutz zu stellen. 1924 begann man damit, zunächst einmal gut 1400 ha in Form eines großen Tals als Alpinen Schutzpark auszuweisen. 1961 wurde dieser in einen Nationalpark umgewandelt und damit noch deutlich strenger unter Schutz gestellt. Seit 1981 besitzt der Nationalpark seine heutige Form und Größe und wird vor allem in seinem Kernbereich streng geschützt und überwacht. Das hindert uns aber nicht daran, den Nationalpark und seine ganz unterschiedlichen Zonen zu erfahren und zu genießen. Oder auch einmal mit Wanderschuhen zu erkunden, denn es warten 7000 km markierte und regelmäßig überprüfte Wanderwege auf uns – mit Gasthöfen und bewirtschafteten Hütten immer dann, wenn uns der große Hunger überfällt oder ein Nachtlager gewünscht wird.

Hier im Triglavski Narodni Park erwartet uns einer der markantesten Pässe der Ostalpen, den es mit ruhiger Gashand und ordentlich Erfahrung im Mopedsattel zu erobern gilt. In Kranjska Gora suchen wir den Wegweiser zum Vršič-Pass, und gleich hinter den letzten Häusern der Stadt beginnt dessen Kurventanz. Allein 24 penibel durchnummerierte und mit auf weiter Strecke historischem Kopfsteinpflaster belegte Kehren erwarten uns auf der Nordrampe hinauf zum 1611 Meter hoch gelegenen und damit höchsten Scheitelpunkt Sloweniens. 1914 bis 1916 wurde die Passstrecke von russischen Gefangenen als militärische Versorgungsstraße erbaut. Über 400 Arbeiter kamen bei einem einzigen Lawinenabgang im März 1916 ums Leben; ihnen zu Ehren wurde eine kleine Kapelle auf der Nordseite des Passes errichtet. Vor allem die Nordrampe des Vršič folgt auch heute noch historischen Planungen; ein Parkplatz, eine bewirtschaftete Berghütte und zwei Andenkenbuden zieren den Scheitelpunkt des schönsten slowenischen Passes.

Nach weiteren 26 teils engen Schleifen pendelt die Straße dann mit Kehre Nr. 50 mitten im Triglav-Nationalpark aus. In einem weiten Bogen und in des Wortes kühnstem Sinne umrunden wir jetzt den Nationalpark im Süden, huschen durch einsame Dörfer und

KTM und Photoshop machen's möglich: Freie Pisten finden sich allerorten in den Karawanken – on- wie offroad.

eine komplett andere Welt Richtung Osten, bis wir die Stadtgrenze von Kranj erreicht haben. Die viertgrößte Stadt Sloweniens räkelt sich sehenswert in einer weiten Ebene zwischen Karawanken und Julischen Alpen und lädt uns zu einem Rundgang ein. Passend dazu kommt hier mein Einkehrtipp für Kranj: das »Projekt Burger« in der Stara Cesta 25 – mit den besten Burgern der Stadt. Und falls sich der Tourentag bereits dem Ende zuneigt, dann habe ich auch einen Übernachtungstipp für Sie im Infokasten hinterlegt.

Richtung Nordost liegt anderntags unser erstes Ziel, das uns mit vielen Kurven und Kehren zurück nach Österreich bringt: Der Seebergsattel (1212 m) – von Süden als »Jezerski vrh« ausgeschildert – verbindet den Südosten Kärntens mit dem slowenischen Gorenjska und besitzt den Charme, verkehrstechnisch nahezu bedeutungslos zu sein. Die beiden Grenzstationen Österreichs und Sloweniens überbauen die Passhöhe, und auf österreichischer Seite lockt zudem eine bewirtschaftete Alm, das Seebergstüberl, mit einfacher, kraftspendender Hausmannskost.

Die höchst kurvenreiche Passstraße bringt uns dann direkt hinab ins Kärntner Städtchen Bad Eisenkappel – oder falls Sie mögen, noch zu einem lohnenden Abstecher rechter Hand zum Paulitschsattel (s. Tippkasten).

Slowenien besitzt nur einen Nationalpark – aber der hat es in sich. Uns erwartet ein landschaftlich einmaliges Kleinod.

In Bad Eisenkappel haben wir uns dann einen Einkehrschwung mehr als redlich verdient. Mein Einkehrtipp lautet: das Gasthaus »Kupitz« im Remschenig Nr. 8 südöstlich von Bad Eisenkappel. Hier gibt's neben einer äußerst leckeren bodenständigen Küche auch eine grandiose Aussicht weit ins Land hinein.

Zu guter Letzt erwartet uns nun noch die fahrerisch anspruchsvolle Hochobir-Panoramastraße. 6 Euro

Panoramen für die Ewigkeit: Im Triglavski Narodni Park könnte ich Wochen nur mit dem Fotografieren verbringen.

Gar nicht ohne: Die Kehren des Vršič-Passes sind kopfsteingepflastert und bei Nässe mit großer Vorsicht zu befahren.

Vorauskasse verlangt der Mautautomat gleich am Einstieg zur Panoramastraße, eine lohnende Investition. Die steil und schmal ansteigende Bergstrecke führt im oberen Abschnitt als Sackgasse direkt in das Wandergebiet rund um den 2139 Meter hohen Obir, das immerhin höchste Bergmassiv der nördlichen Karawanken. Dort erwartet uns ein großer Parkplatz samt Einkehrschwung in der Eisenkappler Hütte. Mein Tipp hier lautet: der frische Schweinebraten!

Zur perfekten Abrundung empfehle ich Ihnen dann noch die Piste über den unscheinbaren Schaidasattel auf 1069 Metern Höhe mitsamt fünf waschechten Spitzkehren, eine Kurvenhatz durch das Rosental samt Selfie-Foto mit dem Ortsschild des Weilers Gallizien und den abendlichen Ausklang am Seeufer von Klagenfurt.

TOUR-TIPP

Abstecher Paulitschsattel / Pavličevo sedlo

Der Einsamkeitsfaktor des Paulitschsattels ist noch etwas höher als der des Seebergsattels. Und gerade deshalb sowie aufgrund der Tatsache, dass er noch satte 130 m höher liegt, ist er ein beliebtes Etappenziel vor allem sonntäglicher Biker aus Kärnten und Slowenien. Auch er markiert die Grenze zwischen dem österreichischen Kärnten und der slowenischen Region Štajerska.

Beide Rampen des Passes sind sauber asphaltiert und gewartet, 20 Kehren und einige Kurven erfreuen uns insgesamt, die nur mit einer spärlichen Grenzhütte überbaute Passhöhe liegt recht einsam in dichtem Wald. Auf slowenischem Territorium lockt dann noch der einzigartige Abstecher ins Hochtal der Logarska Dolina – sehr empfehlenswert und günstig bemautet.

DIE TOUR IM ÜBERBLICK

Schwierigkeitsgrad: Schwer (abschnittsweise, z. B. am Vršič-Pass)

Streckenlänge: 530 km

Reine Fahrtzeit: 10 Std.

Zeitaufwand inkl. Sightseeing: 3–4 Tage

Beste Jahreszeit: Anfang Juni bis Mitte Oktober

Start- und Zielort: Klagenfurt am Wörthersee

Mein Hotel-Tipp dort: Hotel Liebetegger, Völkermarkter Str. 8, A-9020 Klagenfurt, Tel. +43/(0)4635/69 35, www.liebetegger.com

Optionaler Übernachtungsstopp: Kranj in Slowenien

Mein Hotel-Tipp dort: Guesthouse Ales, Breg ob Savi Nr. 38, SLO-4211 Kranj (Website via TripAdvisor)

Unbedingt anschauen: Klagenfurt und den Wörthersee, Tržič, Jesenice, Kranjska Gora und Kranj in Slowenien, Bad Eisenkappel, das Rosental, Völkermarkt samt Stausee

Sehenswerte Andersartigkeit: Tržič empfängt uns mit spannenden Geschichten und herzlicher Gastfreundschaft.

Für Hobby-Alm-Öhis: Einige der Hütten oben auf der idyllischen Eggeralm kann man über den Sommer auch mieten.

IM OSTEN DER HOHEN TAUERN

Kärnten und Osttirol – auf dieser Rundtour verschmelzen beide Motorradparadiese zu einer Melange aus Kurvenhatz und Schräglagen-Genuss,-aus Natur, Kultur und Sightseeing. Dazu verlegen wir unser »Basislager« einfach nach Hermagor, den »Jungbrunnen« am Pressegger See.

Gleich geht's los: Die Großglockner-Hochalpenstraße gefällt mir von Süd nach Nord besser als andersherum.

Bereits Kelten und Römer siedelten in dieser von der Natur so reich gesegneten Region rund um Hermagor. Umgeben von einem weitläufigen Bergpanorama und glitzernden Seen, begeistert die sonnenverwöhnte Stadt mit ihrer kristallklaren Luft und den unzähligen Möglichkeiten, sich auch einmal abseits des Mopedsattels zu bewegen. Z. B. mit einem Spaziergang oder gar Badetag am und im Pressegger See. Der beliebte Badesee verfügt nicht nur über beste Trinkwasserqualität, er erwärmt sich im Hochsommer sogar bis auf angenehme 28 °C Wohlfühltemperatur. Liebevoll als »Badewanne des Gailtals« bezeichnet, soll das kalmushaltige Wasser des Sees sogar eine heilende Wirkung besitzen. Medizinisch zwar (noch nicht) nachgewiesen, gilt der See zumindest bei Einheimischen als wahrer Jungbrunnen der Natur. Probieren Sie es aus, und berichten Sie mir, ich bin gespannt. Gleichwohl dem nahen Weißensee keine verjüngende Wirkung nachgesagt wird, lohnt es, ihn mit einem Abstecher zu grüßen. Dann geht es hinein ins Drautal, das wir auf den folgenden Touren noch weiter erkunden werden.

TOUR-TIPP

Abwechslungsreiches Drautal
Die bei Dobbiaco an der Grenze zu Südtirol entspringende Drau hat dereinst nicht nur das gewaltige Pustertal geprägt, an ihren Ufern entlang führen vor allem im oberen Drautal herrlich kurvenreiche Landstraßen über verträumte Dörfer und durch idyllische Landschaften. Da wird Motorrad fahren zu einem Genuss für alle Sinne. Und im Süden locken die Lienzer Dolomiten und die Gailtaler Alpen, ein ebenso prächtiges Kurvenparadies!

Am Fuß des gewaltigen Tauern-Hauptkamms erwartet uns dann das traditionelle Bergbau-Dorf Obervellach und erinnert an die Zeiten, als die Gold- und Silberfunde in den Hohen Tauern noch reichlich ausfielen und den Wohlstand des Ortes förderten – mit eigenen Silbermünzen, einem angesehenen Münzmeister und viel Einfluss in der Region. Heute ist Obervellach mit Mallnitz das südliche Ziel der sogenannten Tauernschleuse, des neun Kilometer langen Tunnels durch den Kamm der Hohen Tauern.

Einst eine lebensgefährliche Region sind die Hohen Tauern heute eine der touristischen Perlen in Österreichs Alpen.

Da geht noch was: Bei dieser Fahrt über den Plöckenpass hatte ich wohl mein Schräglagen-Können im Hotel vergessen.

Welch einzigartiger Basisort: Lienz gehört zu den schönsten Alpenstädten Österreichs und begeistert wohl jeden Gast.

TOUR-TIPP

Urgewaltige Hohe Tauern

»Dort oben ist das Gebiet, in dem die Dämonen hausen, mit knatterndem Steinschlag und stäubenden Lawinen bedrohen sie jeden Sterblichen, der sich in ihre Welt hinauf wagt …« Alte Chroniken warnen eindringlich davor, in die unwirtlichen Regionen der Tauern rund um Österreichs höchsten Berg, den Großglockner, vorzudringen. Dass das Gebiet in alten Zeiten tatsächlich bedrohlich und lebensgefährlich war – und auch heute noch abseits der befestigten Straßen und Wege so manches Mal sein kann –, davon berichten nicht nur Landschaftsbezeichnungen wie Elendboden oder Beindlkar, sondern auch immer wieder Zeitungsschlagzeilen. Steinschlag, Lawinen, plötzliche Wintereinbrüche mitten im Hochsommer, all das sind Naturgegebenheiten, mit denen die Menschen in den Tauern seit Jahrhunderten leben. Am 1. Januar 1992 trat das Tiroler Nationalparkgesetz »Hohe Tauern« in Kraft – der mit 1800 km² größte Nationalpark Mitteleuropas war geboren. Seine Kernzone ist bis heute eine von Menschenhand unberührte Landschaft, in der wir höchstens als Wanderer zu Gast sein dürfen. In den Außenzonen konnte sich hingegen eine einzigartige Bergbauern-Kulturlandschaft etablieren, die nicht nur im Einklang mit der Natur und den Jahreszeiten lebt, sondern uns Reisenden auch einen spannenden Einblick in längst vergangene Tage bietet (Infos unter www.hohetauern.at).

Pralle Geschichte zum Anfassen bietet uns wenig später auch Winklern, die Stadt unter dem mächtigen Mautturm, dem Wahrzeichen des Ortes. Direkt im Zentrum steht der mächtige, vermutlich im 15. Jahrhundert aus starken Bruch- und Mauersteinen erbaute Turm, der die Ortsgeschichte geprägt hat. Doch seine Wurzeln gehen wahrscheinlich auf die Römer zurück, die ihre hier vorbeiführenden Handelsstraßen sichern wollten. Eine Trasse, die auch für den Verlauf des vor uns liegenden Iselsbergpasses berücksichtigt wurde. In weit ausholender, nicht minder genüsslicher Kurvenhatz geht es bergab in das herrlich gelegene Osttiroler Alpenstädtchen Lienz. Alle Details zu dieser Perle der Alpen folgen im nächsten Kapitel, habe ich Lienz doch als Ausgangspunkt für zwei der folgenden Touren ausgewählt. Sie werden feststellen: vollkommen zu Recht.

Für heute gönnen wir uns erst einmal eine weitere »Portion« Drautal und huschen über Nikolsdorf nach Oberdrauburg. Dort bitte aufgepasst: Für den Anstieg zum Gailbergsattel folgen Sie dem Wegweiser nach Kötschach-Mauthen. Kurz, dafür aber knackig-kurvig präsentiert sich uns der Anstieg zum gut 1000 Meter hoch gelegenen Gailbergsattel, eine recht verkehrsarme Verbindung zwischen dem Drautal und dem südlich liegenden Gailtal. Ganze 14 Spitzkehren sind auf der gut 14 Kilometer langen Verbindungsstrecke zwischen

Oberdrauburg und Kötschach-Mauthen zu überwinden, das Ganze bei teilweise ordentlicher Steigung und wunderschöner Landschaft. Spätestens auf der unscheinbaren Scheitelhöhe des Gailbergsattels werden Sie ahnen, warum ich den Schwierigkeitsgrad dieses Kapitels auf »Mittel« eingestuft habe. Doch dem erst einmal genug. In Kötschach-Mauthen suchen wir uns eine gemütliche Unterkunft und gönnen uns – wenn Sie mögen – den Einkehrschwung in meinem Tipp: das Restaurant im Schlank Schlemmer Hotel.

Anderntags lassen wir das Motorrad tunlichst südwärts gewendet und erobern gleich am Morgen den Plöckenpass. Neben dem später noch folgenden Nassfeldpass ist er die einzige befahrbare Straße über die Karnischen Alpen und führt von Kötschach-Mauthen ins italienische Paluzza. Die Straße selbst ist gut ausgebaut und in ebensolchem Zustand. Rund um den Scheitelpunkt auf knapp 1400 Metern Höhe kommen wir in den Genuss schöner Kehren und damit eines echten Schräglagenvergnügens. Für einen deutlichen Adrenalinschub sorgen einige spärlich oder gar nicht beleuchtete Tunnel auf italienischer Seite.

Oder auch der Besuch im Freilichtmuseum am Plöckenpass. 1809 zogen französische Truppen in den Napoleonischen Kriegen über den Plöcken, 1866 besetzte Giuseppe Garibaldi den strategisch wichtigen Pass. Im Mai 1915 wurde der Karnische Kamm Frontgebiet und der Plöckenpass zum Schwerpunkt der Kämpfe zwischen Österreich und Italien. Zahlreiche Relikte aus jenen blutigen Tagen ruhen in den Wäldern am Pass. Seit 1983 arbeiten die »Dolomitenfreunde« am Erhalt und Ausbau des sehenswerten Freilichtmuseums Plöckenpass auf historischem Boden. Alle Sektoren sind frei zugänglich, gelbe Tafeln führen zu den wichtigsten Besichtigungspunkten.

An Sommerwochenenden herrscht hier Remmidemmi: Die Eggeralm genießt man unter der Woche.

Standesgemäß: Schloss Weildegg in Kötschach-Mauthen besuchen wir stilvoll mit BMWs genialem Sechszylinder.

Kriegerische Zeiten: Die Gedenktafel am Plöckenpass erinnert an dessen blutige Vergangenheit.

Über Tolmezzo und Moggio Udinese geht es jetzt zum Südeinstieg der fahrerisch durchaus mittelschweren Piste der Sella di Cereschiatis. Die durchgängig mit dem »Grünen Band besonderer landschaftlicher Schönheit« ausgezeichnete Strecke bietet einige enge Kehren und ebensolche Felsentunnels, ihr Scheitelpunkt liegt auf 1067 Metern Höhe inmitten lichter Bergwälder und bietet an heißen Sommertagen viel Erfrischung, allerdings wenig Aussicht. Die bekommen wir dafür auf den beiden letzten Höhepunkten dieses Tourentags: auf dem Nassfeld und auf der Eggeralm. Das Erste, was uns oben am Nassfeldpass auf gut 1500 Metern Höhe ins Auge sticht, ist der herrlich gelegene Nassfeldsee, ein klarer – aber auch schweinskalter – Bergsee, in dem sich vor allem morgens und abends die umliegenden Berggipfel wunderbar spiegeln. Ein Hort der Ruhe, eine Oase der Stille inmitten hochalpiner Welten und ein optimales Plätzchen, um die soeben erfolgreich abgeschlossene Kurvenhatz noch einmal vor dem geistigen Auge Revue passieren zu lassen.

Die Panoramastraße hinauf zur und entlang des weiten Hochtals der Eggeralm ist ein prächtiger Genuss am Ende dieses Tourentags. Und ihr Anstieg von

Macht die Seele frei: Blick auf den Gletscherwasser-Speichersee oben am Nassfeldpass.

Hermagor aus hat durchaus mittelschwere Abschnitte. Der Aufstieg beginnt im Süden der Stadt, die asphaltierte Piste windet sich in 16 Kehren und einigen Kurven bergan bis hinauf auf gut 1400 Meter Höhe entlang der Nordseite des Karnischen Kamms. Die teilweise recht engen und unübersichtlichen Kehren verlangen eine sichere Beherrschung des eigenen Motorrads sowie etwas Erfahrung in alpinem Gelände. Der weitere Streckenverlauf auf der Alm ist geprägt von einer Einspurstrecke mit Ausweichbuchten. Am Ende der frei befahrbaren Piste erwarten uns bewirtschaftete Almen als das prägende Ausflugsziel des gesamten Hochtals. Die einst mögliche Weiterfahrt nach Osten über die dort liegenden Almen zum Kesselwaldsattel und wieder hinab ins Gailtal nach Vorderberg ist seit einigen Jahren für den Durchgangsverkehr gesperrt. Nur Almbesitzer, Berechtigte und Mountainbiker dürfen diesen mit einer Schranke versperrten Weg hinab ins Gailtal nehmen. Macht aber nichts, als Trost folgt hier mein Einkehrtipp: das Almgasthaus »Zum Rudi« direkt auf der Eggeralm mit »Käseanschnitt« am letzten Sonntag im Juli, malerischen Pausenplätzen rund um die Alm und einer leckeren, bodenständigen Küche.

DIE TOUR IM ÜBERBLICK

Schwierigkeitsgrad: Mittel

Streckenlänge: 350 km

Reine Fahrtzeit: 6–7 Std.

Zeitaufwand inkl. Sightseeing: 2 Tage

Beste Jahreszeit: Ende Mai bis Mitte Oktober

Start- und Zielort: Hermagor am Pressegger See

Mein Hotel-Tipp dort: Haus Berchtold, Radnig 25, A-9620 Hermagor, buchbar auch via Booking.com, HRS u.a.

Optionaler Übernachtungsstopp: Kötschach-Mauthen

Mein Hotel-Tipp dort: Schlank Schlemmer Hotel Kürschner, Schlanke Gasse 74, A-9640 Kötschach-Mauthen, Tel. +43/(0)4715/259, www.hotel-kuerschner.at

Unbedingt anschauen: Pressegger See, Weißensee, Lienz, Kötschach-Mauthen, Tolmezzo in Norditalien, Nassfeld samt Passhöhe, Eggeralm

Oder aber wedeln Sie fröhlich hinab nach Hermagor und kehren bei meinem dortigen Tipp ein: im Gasthaus »Zeit Wirt's« – hier wird mit viel Liebe zum Detail gekocht.

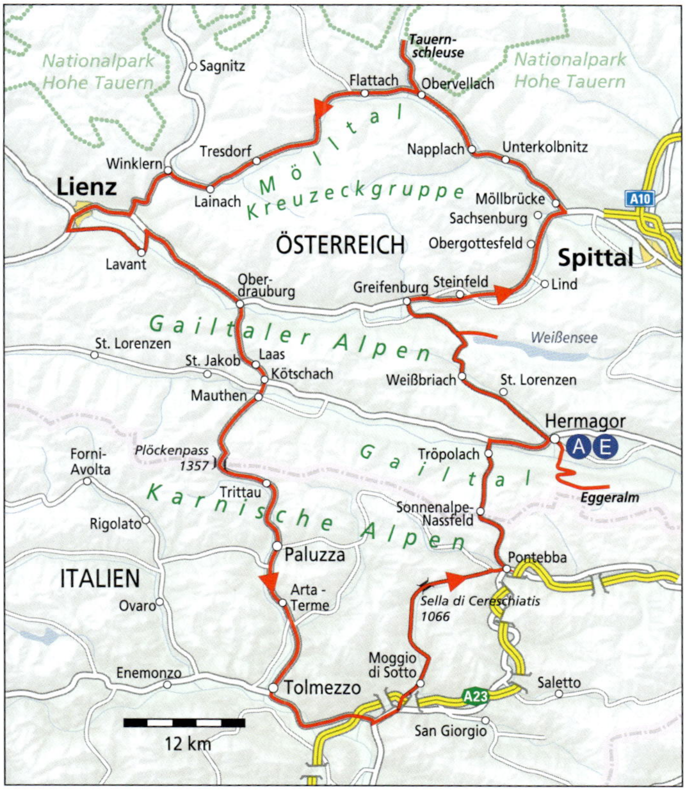

Das Moped ist durchaus echt, die beiden »Kollegen« (getroffen am Nassfeld) sind aus Plaste und Pappmaschee.

Historischer Boden: Nur auf dem Abstecher zur Edelweißspitze finden wir noch originale Straßenbedingungen.

RUND UM DEN GROSSGLOCKNER

Im August 1935 wurde eine der schönsten Panoramastraßen der Alpen eröffnet – die Großglockner-Hochalpenstraße auf der Grenze zwischen Osttirol und Kärnten, heute das ungekrönte Motorradparadies Österreichs und natürlich ein Pflichtkapitel in diesem Buch. Drum herum gibt es auch noch viel mehr zu entdecken, ja sogar beinahe unbekannte Wege, um Österreichs höchstem Gipfel ganz nahe zu kommen.

Doch gestatten Sie mir zunächst ein paar Worte zu dem ausgesprochen empfehlenswerten »Basislager« Lienz. Die Hauptstadt Osttirols, nur wenige Kilometer südwestlich der Großglockner Panoramastraße gelegen, weist statistisch nicht nur die meisten Sonnenstunden von ganz Österreich auf. In Kombination mit ihrer nachweislich sauberen Luft scheint sie sogar lebensverlängernde Wirkung zu haben, liegt die Lebenserwartung der Einwohner doch in vielen Statistiken deutlich über dem Landesdurchschnitt. Hinzu gesellen sich ein ganzjährig voller Veranstaltungskalender und die spezielle Gastfreundlichkeit der Lienzer, die diese Stadt am Zusammenfluss von Isel und Drau zu einem optimalen Ausgangspunkt für Rundtouren jeglicher Länge machen. Und nach einem langen Tag im Mopedsattel können wir uns abends ins Linzer Nachtleben – meine Einkehrtipps dazu am Ende dieses Kapitels.

Nun aber lassen Sie uns aufbrechen! Richtung Iselsbergpass und Winklern geht die schwungvolle Fahrt bergan, allerorten grüßen uns die Hohen Tauern mit ihren bereits aus der Ferne mächtig Ehrfurcht gebietenden Gipfeln. Und im Bergdorf Heiligenblut im unteren Abschnitt der Großglockner-Hochalpenstraße gibt es passend dazu den Gruselfaktor: Denn auf dem hoch interessanten Dorffriedhof ruhen all diejenigen, die ihren

Traum von der Bezwingung des ewigen Eises mit dem Leben bezahlen mussten. Es waren viele. Doch nicht nur auf die Gipfel zog es die Menschen. Die »Goldberge«, wie die Tauern hier genannt wurden, waren zu Zeiten des Goldrauschs das Ziel Tausender Abenteurer, die mit oft primitivsten Mitteln lebensgefährliche Stollen in den Fels trieben und das Gestein über mächtige Rutschen hinab ins Tal beförderten, wo es mit gewaltigen, von Wasserkraft angetriebenen Holzstempeln zerkleinert wurde. Nur wenige Bergleute sind wirklich reich geworden, viele aber ließen hier oben ihr Leben auf der Suche nach dem Gold.

Wir passieren die Mautstelle – mein Tipp an dieser Stelle: Lassen Sie sich je nach Tourenplanung zum Thema »Kombiticket« beraten – und sogleich eröffnet sich uns das Motorradparadies am Großglockner.

TOUR-TIPP

Mautpreise Großglockner-Hochalpenstraße für Biker

Tageskarte	27,50 €
3-Wochen-Tiket	51 €
Saisonkarte	106 €
Rundfahrtkarte für Großglockner-Hochalpenstraße und Felbertauernstraße (nutzbar innerhalb von 30 Tagen)	34 €
TOUR-Ticket für Großglockner-, Gerlos- und Nockalmstraße inklusive Sonderpreis für die Villacher Alpenstraße	41 €

Ganz schön frisch: Die Edelweißspitze ist der höchste befahrbare Punkt der Großglockner-Hochalpenstraße.

Biker immer willkommen: Die gesamte Umgebung des Großglockner hat sich auf Motorradfahrer aus- und eingerichtet.

Perfekte Bedingungen: Vor allem im Frühling und Herbst haben wir weite Abschnitte der Hochalpenstraße für uns.

TOUR-TIPP

Großglockner-Hochalpenstraße
Sie zählt nicht nur zu den Klassikern, sondern auch noch zu den absoluten Highlights aller Motorradstrecken Österreichs, ja, ich möchte sogar behaupten, der gesamten Alpenregion. Und es gehört zweifelsohne zum Pflichtprogramm eines jeden Bikers, mindestens einmal genussvoll die Großglockner-Hochalpenstraße erobert zu haben. Im Herbst 1924 begannen die Planungen für eine 3 m breite Straße, mit Ausweichstellen auf Sichtweite und einer Höchststeigung von 12 bis 14 % sowie einer einfachen Schotterdecke zum Preis von damals 3 Mio. Schilling (heute ca. 6,5 Mio. Euro). Ganze 11 Jahre später, am 3. August 1935, wurde die Großglockner-Hochalpenstraße feierlich eröffnet. In 26 Baumonaten wurden 870 000 m^3 Erde und Fels bewegt, 115 750 m^3 Mauerwerk geschaffen, 67 Brücken gebaut und ein Straßentelefon mit 24 Sprechstellen installiert. 3200 Arbeiter leisteten 1,8 Mio. Arbeitsschichten. Die Gesamtbaukosten beliefen sich allerdings bei Endabrechnung 1936 auf umgerechnet satte 54 Mio. Euro – auch damals schon waren Kostenüberschreitungen im Baugewerbe anscheinend gang und gäbe. Doch es hatte sich gelohnt, eine der schönsten Panoramastraßen der Alpen begann ihren Siegeszug im Tourismus. 1400 Hm müssen mehrmals in zahlreichen »ups & downs« auf 60 km Länge bewältigt werden. Der höchste Punkt der Straße liegt auf immerhin 2571 m. Doch das für uns wohl beste Argument eines Besuchs der Hochalpenstraße ist deren explizite Motorradfreundlichkeit, denn Biker stellen heutzutage die zahlenmäßig größte Besuchergruppe dar. Dementsprechend »bikerfreundlich« ausgebaut präsentiert sich die Großglockner-Hochalpenstraße, mit Treffpunkten, Info-Terminals, Biker-Unterkünften und sogar Biker-Safes für die Unterbringung von Helm und Ausrüstung (alle Details unter www.grossglockner.at).

Schon Kaiser wanderten hier: die Kaiser-Franz-Josefs-Höhe mit Blick auf Großglockner und Pasterze-Gletscher.

Kurz nach der Mautstelle lockt uns sogleich der Abstecher zur Kaiser-Franz-Josefs-Höhe, dem Sie unbedingt folgen sollten. Auch wenn sich hier an Sommertagen Touristen, Pkws und Busse stapeln, lohnt es sich. Seine Majestät Kaiser Franz Joseph wanderte 1856 zu jener Stelle, die seither seinen Namen trägt. Hier angekommen, stehen Sie auf einer Höhe von 2369 Metern direkt vor Österreichs höchstem Berg, dem Großglockner (3798 m), mit Blick auf den längsten Gletscher der Ostalpen, die Pasterze. Beinahe handzahme Murmeltiere tummeln sich in unmittelbarer Nähe, und im Besucherzentrum wird die Geschichte rund um den Großglockner wieder lebendig. Ein gesicherter Steig führt den Besucher direkt hinunter zum Gletscher.

Zurück im Kurvengemenge der Hochalpenstraße liegt bald schon rechter Hand der für Busse und Wohnmobile gesperrte Abzweig zur Edelweißspitze. Die historische Stichstraße führt uns in sieben Kehren auf

In Heiligenblut fanden all diejenigen ihre letzte Ruhe, die einst bei der Besteigung des Großglockners scheiterten.

Ein Traum: Kals am Großglockner begeistert mit einem Ensemble prächtiger ständig bewohnter Bergbauernhäuser.

originalem Kopfsteinpflaster direkt hinauf zur Edelweißspitze, dem mit 2571 Metern höchstem Punkt der Großglockner-Hochalpenstraße. Am »Bikers Point« für die Motorradfahrer bietet sich ein atemberaubender Rundumblick auf die Hohen Tauern, ein einzigartiges Hochgebirgspanorama mit dem wohl schönsten Fotostandort der gesamten Panoramastraße.

Doch auch der Rest der Strecke über das Fuscher Törl und andere Höhepunkte wird Sie begeistern. Vor allem in Kombination mit der Vielzahl an Pausen- und Picknickplätzen, die sich uns bieten. Hoffentlich haben Sie heute Morgen am Frühstücksbuffet Proviant eingepackt. In Fusch läuft die Panoramastraße dann gemütlich aus, am Ende der gut ausgebauten Strecke erwartet uns das gastliche Zell am See zur Einkehr samt Übernachtung. Zell am See war bereits im Mittelalter ein wichtiger Handelsplatz; heutzutage lädt die historische Altstadt zum Flanieren ein und der nahe See zum Sonnenbaden. Für die abendliche Einkehr lautet mein Tipp: entweder im »Grünen Baum« oder beim »Seewirt« direkt am See – beide werden Sie kulinarisch beglücken.

Apropos: Nach all den Genüssen hat es die Felbertauernstraße anderntags gar nicht so leicht, uns erneut zu begeistern. Der Vorteil dieser mautpflichtigen Straße samt Scheiteltunnel liegt vor allem darin, rasch und zügig ins Herz Osttirols vordringen zu können.

Abgehakt: Die Kalser Glocknerstraße endet am Lucknerhaus und bietet einen gänzlich neuen Blick auf den Bergriesen.

Denn dort wartet im Bergdorf Huben noch eine Sackgasse auf uns, die geradezu perfekt in dieses Kapitel passt: die Kalser Glocknerstraße.

Am 28. Juli 1800 wurde der mächtige, 3798 Meter hohe Großglockner erstmals bergsteigerisch bezwungen – von Heiligenblut aus. Es sollte ganze 55 Jahre dauern, bis dies vom Bergdorf Kals am Südwestfuß des Berges aus gelang. Sozusagen über Nacht wurde Kals weltberühmt, seine Bergführer galten in der Folge oft als die besten Europas. Doch weiterhin war es recht mühsam, hinauf nach Kals und weiter zum Einstieg in die Glocknerwand zu kommen. Nachdem der Tourismus die Region entdeckt hatte, wurde der Bau der Kalser Glocknerstraße durch das bis dato abgeschiedene Ködnitztal beschlossen. 1976 war erster Spatenstich, und 1980 folgte die feierliche Einweihung der insgesamt gut sieben Kilometer langen und fünf Meter breiten Piste, von der nicht nur der Tourismus in Kals, sondern auch die Bergbauernschaft im gesamten Ködnitztal profitierte. Auf 1920 Metern Höhe erwartet uns am Ende der Strecke dann das berühmte Lucknerhaus mit Bergrestaurant sowie Übernachtungsangeboten. Ein Einkehrschwung hier oben – und sei es nur zu Kaffee und Kuchen – ist angesichts des grandiosen Alpenpanoramas im Grunde Pflicht und deshalb auch mein Einkehrtipp an dieser Stelle.

Zurück im Tal huschen wir hinab nach Lienz. Und dort vielleicht direkt zu meinem eingangs versprochenen Einkehrtipp: dem »Kirchenwirt« in der Pfarrgasse 7.

DIE TOUR IM ÜBERBLICK

Schwierigkeitsgrad: Mittel

Streckenlänge: 280 km

Reine Fahrtzeit: 6 Std.

Zeitaufwand inkl. Sightseeing: 2 Tage

Beste Jahreszeit: Anfang Juni bis Mitte Oktober

Start- und Zielort: Lienz

Mein Hotel-Tipp dort: Moarhof Ferienhotel, Moarfeldweg 18, A-9900, Lienz, www.hotel-moarhof.at

Optionaler Übernachtungsstopp: Zell am See

Mein Hotel-Tipp dort: Hotel Grüner Baum, Seegasse 1, A-5700 Zell am See, Tel. +43/(0)6542/771, www.gruener-baum.at

Unbedingt anschauen: Lienz, Heiligenblut, Franz-Josefs-Höhe, Edelweißspitze, Zell am See, Kals am Großglockner, Lucknerhaus an der Glocknerstraße

Rund um den Großglockner warten herrliche Pisten auf uns – bringen Sie viel Zeit und vor allem all Ihre Erfahrung mit.

Atemberaubend schön: Die Villgratentäler gehören zu den prächtigsten Sackgassen des gesamten Alpenraumes.

OSTTIROLER HÖHEPUNKTE

Bevor wir diesen Reiseführer mit zwei höhepunktreichen Tourenkapiteln in Tirol beschließen, lassen Sie mich noch von einer Rundreise durch Osttirol berichten, die zu den schönsten gehört, die ich jemals geplant habe. Und damit natürlich auch perfekt in dieses Buch passt. Wir starten dazu erneut im herrlichen Lienz, alle Details zu dieser Perle Osttirols habe ich im vorhergehenden Kapitel schon zusammengefasst.

Gleich im Westen der Stadt wartet das Pustertal auf uns. Und dort wählen Sie bitte nicht die im Tal verlaufende B100, sondern die am Nordhang verlaufende Pustertaler Höhenstraße, eine der schönsten Panoramastrecken des Alpenraums. Im Weiler Burgfrieden zweigt sie ab, die L324 und bringt uns zügig bis auf eine Höhe von 1800 Metern sowie über Bannberg, Oberthal, Vergein und Anras nach Abfaltersbach. Auf einer natürlichen Sonnenterrasse gelegen, bietet sich uns eine wahre Traumlandschaft abseits aller Hektik, verziert mit herrlichen Höfen, winzigen Dörfern und ungezählten Kurven. Und die Ausblicke auf das Hochpustertal zu unseren Füßen sind ein Traum, von dem ich persönlich gar nicht genug bekommen kann.

TOUR-TIPP

Anras – Pflichttermin im Pustertal

»Eine Bergsommerfrische wie im Bilderbuch«, lautet der Werbespruch des Orts. Und wahrlich, es stimmt. Sonnenüberflutete Berghänge, saftige, sanft geschwungene Almwiesen und sattgrüne Wälder strahlen eine Ruhe aus, die jeden Besucher ergreift. Sehenswert ist auch Schloss Anras, die einstige Sommerresidenz der Bischöfe von Brixen. Das mächtige Schloss wurde ab 1991 prächtig restauriert und gilt als Beispiel moderner Denkmalpflege. Eine Besichtigung lohnt zu jeder Jahreszeit (Infos unter www.anras.at).

Hinter Außervillgraten geht es noch ein ganzes Stück weiter »in den Berg hinein« – auch hier niemals zu früh wenden.

Bereits grenzwertig: Nebel und Nässe auf der Panoramica delle Vette sollten eventuell schon das Zeichen zur Umkehr sein.

Entschädigt für die Tatsache, dass diese Traumstraße zu Ende ist, werden wir wenige Kilometer weiter dann durch den Abzweig hinauf in die Villgratentäler, hinein nach Außer- und Innervillgraten. Die Bergregion Villgratental trägt das Tiroler »Bergwege-Gütesiegel« bereits zum fünften Mal als Auszeichnung für die besondere Naturschönheit der Region und seiner Bergrouten. Außervillgraten als erstgelegener Ort des Hochtals war jahrhundertelang Ausgangspunkt für viele alpine Exkursionen, und Innervillgraten zählt mit seinem bäuerlichen Charakter zu den urigsten und schönsten Bergdörfern Tirols. Hier ist die gute alte Zeit ganz nah. Mein Tipp: Wenden Sie das Motorrad erst, wenn es wirklich gar nicht mehr weitergeht – also weder legal noch fahrerisch.

Das Lesachtal kann zwar mit der Schönheit und Abgeschiedenheit Villgratens nicht mithalten, zählt aber dennoch zu den landschaftlich reizvollen Tälern im gesamten Ostalpenraum. Besonders im Frühling und Herbst beeindrucken die Ausblicke auf die schneebedeckten Häupter der Karnischen Alpen. Neben landschaftlich schönen Strecken begeistern denkmalgeschützte Dörfer, wie z. B. Obertilliach. Und nicht zu vergessen natürlich der Kartitscher Sattel auf 1530 Metern Höhe, über den wir via Sankt Lorenzen dann ziel-

Ein Traum: BMWs Sechszylinder oben auf dem Scheitel des Staller Sattels – solche Momente sollten nie vergehen.

strebig nach Kötschach-Mauthen huschen. Noch ein letztes Mal erobern wir nun den Plöckenpass – alle Details dazu im vorangegangenen Kapitel –, wenden aber diesmal unser Motorrad im italienischen Paluzza Richtung Westen, Richtung Ravascletto. Und hier bitte aufgepasst: Ohne diskriminieren zu wollen, ist der nun folgende Abstecher wirklich nur erfahrenen Bikern zu empfehlen. Alle Details dazu im Infokasten.

TOUR-TIPP

Abstecher: Panoramica delle Vette

Dreimal habe ich diese atemberaubende Panoramastraße nun schon in meinem Leben besucht – und zweimal oben am Höhepunkt abbrechen müssen. Das erste Mal war die Weiterfahrt hinab nach Ravascletto wegen Steinschlag und Baustellen gesperrt, das zweite Mal im Jahr 2012 erlebten wir einen derart dramatischen Wetterumschwung mit Null-Sicht in des Wortes kühnster Bedeutung, dass ich es nicht riskieren wollte, meine beste Sozia und mich in Gefahr zu bringen. Deshalb mein wichtigster Rat vorab: Wählen Sie die Tour auf der Panoramica delle Vette ausschließlich bei sommerlich schönem, klarem Wetter. Lassen Sie Koffer und Gedöns im Hotel, und bringen Sie Ihre gesamte alpine Erfahrung im Mopedsattel mit, dann ist diese Panoramastraße ein Genuss, an den Sie sich noch lange erinnern werden. Die Bergstrecke zieht sich von Ravascletto kommend Richtung Norden in die Ausläufer der Karnischen Alpen. Bereits im unteren Drittel liegen anspruchsvolle Kehren, die es zu bewältigen gilt. Im oberen Drittel verläuft die sehr schmale, aber sauber asphaltierte Piste nun nahezu auf gleicher Höhe nach Westen und bietet oberhalb der Baumgrenze atemberaubende Ausblicke auf die Karnischen Alpen. Spätestens jetzt wissen Sie, warum die Panoramica delle Vette zu den schönsten und reizvollsten Panoramastraßen des Friaul gehört. Unterhalb des markanten Piz di Mede beginnt der Abschnitt, der die Strecke so herausfordernd macht – der Offroad-Teil mit feinem Schotter, der eigentlich problemlos zu fahren wäre. Wenn da nicht die ausgesetzten und vor allem ausgewaschenen Kehren wären. Ohne Randbegrenzung versteht sich. Da die Panoramastraße in den Tourplan der Giro d'Italia eingebaut werden soll, bestehen Pläne, sie komplett zu asphaltieren. Hinab nach Comeglians ist sie dann wieder asphaltiert, aber sehr schmal und kurvenreich.

Wer sich die »Vette« nicht zutraut, der bleibt einfach auf der SS 465 und hat spätestens in Comeglians ebenfalls einen Boxenstopp verdient. Mein Einkehrtipp dazu: die Pizzeria Tomasin an der Via Statale No. 1. Denn nun erwarten uns das herrliche Cadoretal sowie der vergleichsweise unscheinbare, landschaftlich aber schön drapierte Sappadapass. Der Pass führt in vielen Kurven hinüber nach Santo Stefano in Cadore und zum

Kurvenhatz vom Staller Sattel hinunter zum Lago di Anteselva – einbahngeregelt ein unbeschwerter Genuss

Auch Sankt Jakob im Defereggental ist so ein Ort, den ich als »Lebensabend-geeignet« einstufe – ohne jeden Zweifel.

Einmalig: Das Virgental in Osttirol wird von einem Netz winziger Straßen durchzogen, die bestimmt von Bikern geplant wurden.

Einstieg in den Passo San Antonio. 29 Kehren auf 28 Kilometern Länge sind mein gewichtiges Argument, um diesen »Antonio« in jede Tourenplanung einzubauen. Er wird Ihnen gefallen und auch Anfänger – eventuell unter Führung einer »kundigen Gashand« – nicht wirklich überfordern. Entspannen können Sie dann z. B. bei einem Boxenstopp am malerisch gelegenen Lago di Santa Caterina, an dessen Ufern einige Cafés auf uns warten. Spätestens im idyllischen Cadoretal sollten Sie sich für heute ein Nachtlager suchen.

Bei Innichen zweigen wir anderntags wieder ins Pustertal ab, folgen der SS 49 bis Olang und setzen dann den Blinker rechts hinauf zum Staller Sattel. Er verbindet Norditalien mit Osttirol, seine Scheitelhöhe liegt auf einem weiten Hochplateau auf gut 2050 Metern und bildet gleichzeitig die Grenze zwischen beiden Ländern. Eine landschaftliche Perle des Plateaus ist der geheimnisvolle, weil bis heute wohl nicht vollständig ergründete Obersee, in dem vor einigen Jahren sogar der höchst gelegene Schiffsfund Europas gemacht wurde: ein geheimnisvoller Einbaum.

Zwei weitere Perlen Osttirols warten dann noch auf uns und komplettieren diese höhepunktreiche Rundreise. Im Osten des Staller Sattels erwartet uns das imposante Defereggental. Die Ortschaften rechts und links des Lenkers sind touristisch gut erschlossen, haben sich aber ihren ganz eigenen Charme bewahren können. Sehr hübsch und immer einen ausgiebigen Boxenstopp wert sind Hopfgarten, Sankt Veit und auch Sankt Jakob mit ihren historischen Zentren und zahlreichen Einkehrmöglichkeiten. Mein Einkehrtipp im Defereggental: der Gasthof Sandwirt in der Unterrotte 19.

Und mein abschließender Tourentipp für dieses Kapitel Osttirol lautet dann: Schauen Sie unbedingt noch in das einzigartige Virgental nördlich von Huben. Hartnäckig hält sich bis heute die Behauptung, dass die Straßenbauer des Virgentals Motorradfahrer mit Leib und Seele gewesen sein müssen! Denn in wahrlich perfekten Rechts-links-Kombinationen schlängelt sich die Talstraße über sehenswerte Bergdörfer wie Virgen und Prägraten und vorbei an mächtigen Gehöften auf einsamen Almen und vermittelt den überwältigenden

DIE TOUR IM ÜBERBLICK

Schwierigkeitsgrad: Mittel, ein Abschnitt sehr schwer (Panoramica delle Vette)

Streckenlänge: 510 km

Reine Fahrtzeit: 9–10 Std.

Zeitaufwand inkl. Sightseeing: 2–3 Tage

Beste Jahreszeit: Anfang Juni bis Mitte Oktober

Start- und Zielort: Lienz

Mein Hotel-Tipp dort: Moarhof Ferienhotel, Moarfeldweg 18, A-9900, Lienz, www.hotel-moarhof.at

Optionaler Übernachtungsstopp: Pieve di Cadore

Mein Hotel-Tipp dort: Hotel Al Pelmo, Via Nazionale 60, I-32044 Pieve di Cadore, Tel. +39/0435/50 09 00, www.pelmo.it

Unbedingt anschauen: Lienz, Hochpustertal mit Höhenstraße, Villgraten-Täler bis zum jeweiligen Talschluss, Lesachtal, Kötschach-Mauthen, Cadoretal, Defereggen- und Virgental, Kals am Großglockner samt Lucknerhaus

Charme von einst grenzenloser Abgeschiedenheit. In Hinterbichl am Ende des Hochtals heißt es dann absteigen, sich ins Gras setzen und ein wenig die Seele baumeln lassen. Das ist Genuss für alle unsere Sinne.

Ein Genuss, den wir bei einem Tourenabschluss in Lienz auch kulinarisch zu einem erinnerungswürdigen Erlebnis machen können. Noch ein Einkehrtipp für Lienz gefällig? Bitteschön: der Brauereiwirt »Falkenstein« in der Pustertaler Str. 40.

Auf geht's: Der Anstieg zur Pustertaler Höhenstraße verläuft noch moderat und recht unscheinbar.

Von Gletschern und Flüssen geformt präsentiert sich uns das Salzachtal in seiner ganzen Pracht.

DER PINZGAUER ACHTER

Gemütlich und von der Sonne verwöhnt ist das Pinzgau, einer der alpinen Bezirke des Landes Salzburg. Und ein erster schneller Blick auf die Karte zeigt, dass wir uns mit dem Pinzgau auch dem Ende dieses Buchs nähern, jenem Teil, in dem sich der Kreis an Touren, die wir durch das herrliche Österreich gefahren sind, schließt.

Berühmter Biker-Treff: Das Arthurhaus gehört zu den Treffpunkten im Alpenraum, die wir niemals auslassen sollten.

Doch bevor wir dieses Buch mit Tiroler Köstlichkeiten ausklingen lassen, empfehle ich Ihnen den hier beschriebenen Pinzgauer Achter. Es lohnt sich – und ist fahrerisch gar nicht mal so ohne. Ganze 120 Quadratkilometer groß ist das Saalfeldener Becken, ein idyllisches Hochtal mit der Stadt Saalfelden als Zentrum. Bajuwaren sollen es dereinst besiedelt haben, nachdem sie die nur sporadisch auftauchenden Römer vertrieben hatten. Den Bajuwaren folgten die Franken und die Herren von Saalfelden. 1811 vernichtete eine Feuersbrunst den gesamten Ort, der anschließend mit Spenden aus Salzburg und Bayern wieder aufgebaut werden konnte – und in der unmittelbaren Folge des Feuers die ersten urkundlich belegten Brand- und Bauvorschriften entwickelte.
Heutzutage ist der Ort das Zentrum einer beliebten Urlaubsregion und lockt mit zahlreichen Sehenswürdigkeiten wie vier Schlössern, vielen Kirchen und einem weitläufigen Naherholungsgebiet rund um den künstlich aufgestauten Ritzensee. Touristisch perfekt erschlossen, bietet Saalfelden allen Luxus, den wir uns nach einem langen Tag im Mopedsattel gönnen wol-

len. Und das vor einer imposanten Bergkulisse, denn die Felsenregionen von Hochkönig, Leoganger Steinbergen und Steinernem Meer liegen im Grunde direkt vor unserer Hoteltüre. Und damit auch die herrlich kurvenreichen Pisten, die diese Berge für uns um- und erschließen.

Nach einem kurzen Blick in das im Bergsommer recht beschauliche Skifahrer-Paradies Saalbach-Hinterglemm im Saalachtal im Herzen der Kitzbüheler Alpen nehmen wir Zell am See als unser erstes Etappenziel zwischen die Lenkerenden, den Zwischenstopp aus unserer Großglocker-Umfahrung in Kapitel 27. Falls Sie sich damals nicht umgeschaut haben, jetzt wäre eine zweite Gelegenheit, bevor uns das mächtige Salzachtal schnurstracks Richtung Westen entführt. Im schlossgekrönten Mittersill kann ich einen kurzen Boxenstopp empfehlen – mein Einkehrtipp: die Konditorei Pletzer in der Lebzeltergasse 6.

Wenden wir uns nun der Eroberung von Pass Thurn zu. Im Kapitel 5 hatten wir die panoramareiche Strecke hinauf auf 1273 Meter Höhe schon einmal gegönnt. Seine Passhöhe dominiert eine herrlich gelegene historische Herberge, deren »Tafern- und Schankrechte« immerhin aus dem 13. Jahrhundert überliefert sind. Und

Auch stolze Steinadler soll es inzwischen wieder zuhauf in Österreichs Alpen geben. Und das ist auch gut so …

Postkartengleich: Der Blick auf das Salzachtal und die Großvenediger-Gruppe begeistert mich stets aufs Neue.

der gesamte Verlauf der Passstraße ist so gelegt, dass er auch Anfänger wohl niemals überfordert.

Kitzbühel – oder »Kitz«, wie vor allem C- und D-Promis als Beweis ihrer Zugehörigkeit zum Jet-Set sagen – erwartet uns mit einer weitgehend verkehrsberuhigten, nichtsdestotrotz sehenswerten historischen Altstadt, in der wir sogar explizit ohne Mitnahme einer Platin-Kreditkarte spazieren gehen und sogar einkehren können. Mein Einkehrtipp in Kitzbühel: der Berggasthof Hagstein etwas oberhalb der Stadt mit traumhafter Aussicht. Die gen Norden anschließende Auffahrt auf das Kitzbüheler Horn kostet 5 Euro – falls Sie Kapitel 5 dieses Buchs schon absolviert haben, entscheiden Sie bitte selbst, ob Sie diese prächtige und gar nicht so anspruchslose Panoramastraße nochmals erfahren wollen. Zeit genug haben wir allemal dafür.

Über Sankt Johann in Tirol und Waidring erreichen wir nun das Alpenstädtchen Lofer am Steinernen Meer. Dieser so werbewirksam, weil sich plastisch vor unserem inneren Auge aufbauende Name steht für ein gut 160 Quadratkilometer großes Karsthochplateau, das ein wesentlicher Bestandteil der Berchtesgadener Alpen ist – und ein mehr als prächtiges Wander- und Bergsteigergebiet, das motorisierte Besucher allerdings meist nur von der Ferne betrachten dürfen. Aber das ist absolut okay.

TOUR-TIPP

Nationalpark Berchtesgaden

Der Nationalpark Berchtesgaden im Herzen des Berchtesgadener Lands ist Deutschlands einziger Alpen-Nationalpark. Über 200 km² groß und seit 1990 bzw. 2010 als Biosphärenreservat von der UNESCO unter Schutz gestellt, zählt er zu den schönsten Nationalparks des gesamten Alpenraums. Und mit über 260 km Wegenetz zu einer der beliebtesten alpinen Urlaubsregionen Europas. Eine Tatsache, die nicht nur positiv bewertet wird, zumal die Besucherströme mancherorts nur schwer noch zu kanalisieren sind. Deshalb werden an vielen Orten historische Jagd- und Almwege von der Nationalparkverwaltung nicht mehr instandgesetzt, sondern sogar zurückgebaut, um der Natur wieder mehr Raum zu geben (Infos unter www.nationalpark-berchtesgaden.bayern.de).

Im Weiler Unken kurz vor der Grenze zu Bayern darf ich Ihnen einen weiteren Sackgassen-Abstecher samt Einkehrschwung empfehlen: die winzige Piste hinein ins Heutal – gut zehn Kilometer lang, kurven- und herrlich panoramareich und selbst an Hochsommer-Wochenenden kaum jemals überlaufen. Und ganz am Ende erwarten uns zwei Alpengasthöfe zum Einkehrschwung. Mein Einkehrtipp lautet: Probieren Sie beide Gasthöfe aus – Sie können keine falsche Entscheidung treffen. In Saalfelden schließt sich dann Kreis Nr. 1 unseres heutigen Achters, und auch für Teil 2 der Rundreise sollten

Nicht verpassen: Der Abstecher ins Heutal bei Unken wird belohnt durch herrlich liegende Einkehrmöglichkeiten.

Sie sich einen ganzen Tag Zeit nehmen. Probieren Sie derweil doch einmal meinen Einkehrtipp in Saalfelden aus: die Pizzeria »La Piazza« am Rathausplatz mit der wohl besten Pizza der Stadt.

Im Weiler Maria Alm am Steinernen Meer – welch ein Ortsname! – sollten Sie gleich anderntags den Seitenständer für einen kleinen Rundgang ausklappen und sich umschauen. Es lohnt sich. Wie auch der weitere Weg durch eine grandiose Bergwelt, dominiert von den steilen Felszinnen des Hochkönig-Massivs und garniert mit horizontweiten Hochalmen und kleinen, verträumten Weilern, in denen der altehrwürdige Louis Trenker auch heute noch in keinster Weise aus dem Rahmen fallen würde.

Mit dem Dientner Sattel erklimmen wir alsbald einen Pass, der mit 1360 Metern Höhe keine Gefahr für unsere Sauerstoffversorgung darstellt. Dennoch macht die herrlich kurvige, gut ausgebaute Panoramastrecke fernab der Hektik unserer Tage mächtig viel Spaß. Pendeln Sie in aller Ruhe mit viel Zeit im Tankrucksack durch diese immer noch heile Bergwelt. Es lohnt sich, denn es gibt viel zu entdecken. Wie z. B. das berühmte Arthurhaus ganz am Ende der Mandlwandstraße in Mühlbach am Hochkönig. 1866 begann die Mühlbacher Kupfergesellschaft mit dem Bau der ersten Gaststätte dort oben. 1894 pachteten die Urgroßeltern der heutigen Wirtin Heidi die kleine Alm und bauten sie suk-

Maria Alm am Steinernen Meer – allein dieser Ortsname wäre es schon wert, dort seine Heimat zu finden.

Wahrlich imposant: Blick auf den Wilden Kaiser kurz vor einem heftigen Wetterumschwung.

Prächtiger Vorgeschmack: Der Alpen-Nordrand macht richtig Lust auf das, was uns erwartet.

zessive zu einem gemütlichen Drei-Sterne-Berghotel aus, dessen Schätze auch aus Küche und Weinkeller stammen, ganz zu schweigen von der Herzlichkeit der Wirtsleute. Das Arthurhaus ist zudem ein sehr beliebter Biker-Treff der Region mit einem oft grandiosen »Sundowner«.

Bereits vor 5000 Jahren sollen rund um Bischofshofen die ersten Menschen gesiedelt und Edelmetalle abgebaut haben. Dann kamen die Kelten und Römer, Klöster wurden gegründet, und 1525 war der Ort im Salzachtal sogar das Zentrum des Bauernaufstands. Die Eisenbahn brachte den ersten Tourismus in die geschichtenreiche Stadt, die sich heutzutage gern auch als zentraler Ausgangspunkt für die Erkundungen des Salzburger Landes empfiehlt. Lassen Sie sich von der oftmals hektischen Betriebsamkeit im Ortskern keinesfalls abschrecken, nehmen Sie sich Zeit, und schauen Sie sich um. Auch Bischofshofen lohnt diese zeitliche Investition, ja verdient meinen Einkehrtipp: das Restaurant »Zum Dorfergut« am Buchberg 147.

Welch einmalige Alpenwelt: Rund um das Salzachtal liegen uns die Hohen Tauern zu Füßen.

Über Sankt Johann im Pongau erreichen wir dann am Nachmittag den Eingang zum Gasteiner Tal, ebenfalls einem weithin bekannten Skiparadies, das aber im Sommer einen ganz eigenen, erlebenswerten Charme besitzt. »Die Gastein«, wie die Einheimischen das weite Hochtal auch heute noch nennen, ist seit Urzeiten besiedelt und war bis weit in das 20. Jahrhundert hinein nur über schmale Wege und Pisten erreichbar. So konnte sich hier eine sehenswerte eigenständige Kultur entwickeln, die einen Großteil des heutigen Charmes dieses Tals ausmacht. Bad Gastein, ein bekannter Wintersportort, lockt ganz am Ende des Tals im Sommer auch Wanderer und Biker zu einem Einkehrschwung, dem wir uns nicht verschließen sollten. Hier ist übrigens der nördliche Einstieg zur sogenannten Tauernschleuse, deren Südportal wir in Kapitel 26 erreicht hatten.

Zurück auf der Hauptstrecke folgen wir den Wegweisern nach Zell am See, zweigen aber noch vor dem Ort linker Hand ins Raurisertal ab. Das auf gut 16 Kilometern Länge befahrbare, beschauliche Tal ist eines der wenigen ganzjährig besiedelten alpinen Tauerntäler. Bereits vor 3000 Jahren zogen von hier aus die Menschen hinauf zum Hochtor, später schenkte das Gold der Tauern den Bewohnern des Tals bescheidenen Wohlstand. Sehr sehenswert. Im letzten Licht des Tages huschen wir schlussendlich über eine nicht minder wichtige historische Saumroute am Zeller See entlang zurück nach Saalfelden. Einst zogen hier die Zeller Säumer mit dem »weißen Gold« des Mittelalters, dem Salz, gen Süden und kehrten mit friaulischem Wein zurück. Welch ein beschwerlicher Weg muss das gewesen sein. Vor allem im Vergleich zu unserer Art der Fortbewegung. Die mit meinem zweiten Einkehrtipp in Saalfelden für heute endet: der Grieche im »Simonwirt« in der Mittergasse 15.

DIE TOUR IM ÜBERBLICK

Schwierigkeitsgrad: Leicht bis mittel

Streckenlänge: 450 km

Reine Fahrtzeit: 9 Std.

Zeitaufwand inkl. Sightseeing: 3 Tage

Beste Jahreszeit: Anfang Juni bis Mitte Oktober

Start- und Zielort: Saalfelden am Steinernen Meer

Meine Hotel-Tipps dort: Hotel Gasthof Schörhof, Marzon 10, A-5760 Saalfelden, Tel. +43/(0)6582/792, www.schoerhof.at – etwas außerhalb, aber sehr empfehlenswert; Hotel Gut Brandlhof, Hohlwegen 4, A-5760 Saalfelden, Tel. +43/(0)6582/78 00-0, www.brandlhof.com

Optionaler Übernachtungsstopp: Ebenfalls Saalfelden am Steinernen Meer

Meine Hotel-Tipps dort: S. o.

Unbedingt anschauen: Saalfelden, Zell am See, Kitzbühel samt Panoramastraße auf das Horn, Sankt Johann in Tirol, Lofer samt Sackgasse ins Heutal, Maria Alm am Steinernen Meer, Arthurhaus, Bischofshofen, Sankt Johann im Pongau, Gasteiner Tal

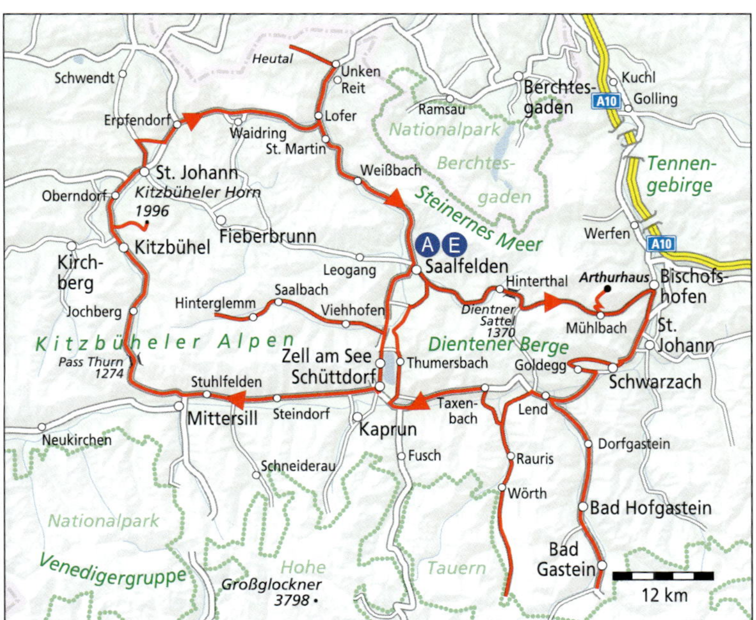

Frei von Schickimicki: Auf Schleichwegen geht es Richtung Kitzbühel.

Das Gute liegt so nah: unterwegs auf der Gerlosplatte Richtung Pass und Krimmler Wasserfälle.

DER KREIS SCHLIESST SICH IN TIROL

Wir sind im letzten Kapitel dieses Buchs angekommen und haben nun die schönsten Strecken und Landschaften, die atemberaubendsten Pisten und Panoramastraßen Österreichs erfahren, einen Blick über Grenzen geworfen und sind nach über 13 000 Kilometern im Mopedsattel beinahe wieder an unserem Ausgangspunkt angelangt. Was bleibt nun noch übrig?

Noch eine Perle Tirols zum Schluss: Der Achensee ist einer der schönsten Bergseen Europas.

Erst der Blick auf eine wirklich detailreiche Karte zeigt, dass es doch noch (mindestens) vier fahrerische Herausforderungen sowie landschaftliche Höhepunkte gibt, die unbedingt in dieses Buch gehören. Und die erkunden wir hier im letzten Kapitel, ganz zum Schluss, als »finale furioso« sozusagen. Viel Spaß!

Mit Jenbach habe ich noch ein letztes Mal ein »Basislager« gewählt, das uns ganz bequem eine Zweiteilung dieser letzten Rundreise erlaubt. Denn der 7000-Einwohner-Ort »jenseits des Baches« im sonnenverwöhnten Inntal liegt nicht nur zentral in diesem Kapitel, er kann uns auch nach einem langen Tag auf dem Motorrad alle Annehmlichkeiten zur Entspannung bieten. Meine Einkehrtipps finden Sie wie immer am Ende des Tourentags. Doch nun lassen Sie uns aufbrechen und das

Zillertal erobern – diesmal allerdings nicht wie in Kapitel 5 auf den Hauptverkehrsrouten des berühmten Tals. Gleich im Ort Ried setzen wir den Blinker rechts und suchen den Aufstieg zum fahrerischen und landschaftlichen Höhepunkt des Tals: der Zillertaler Höhenstraße.

Sie zählt zu den schönsten Höhenstraßen Österreichs, gleichwohl sich dies – erfreulicherweise – noch nicht vollumfänglich herumgesprochen hat. Deshalb hält sich der Verkehr auf dieser stellenweise nahezu einspurigen Mautstrecke auch an Sommerwochenenden noch einigermaßen in Grenzen. Gönnen wir uns die Zillertaler Höhenstraße, solange sie noch ein wenig im touristischen Dornröschenschlaf schlummert. Insgesamt vier Auffahrten führen von Ried, Kaltenbach, Zellberg sowie Hippach-Schwendberg aus dem Zillertal hinauf auf eine Höhe von gut 2100 Metern und fordern auch an ruhigen Tagen unsere volle Konzentration. Vor allem im unteren Bereich müssen wir uns die Strecke mit Anwohner-Pkws, Lieferverkehr und einer Buslinie teilen. Das erfordert eine erfahrene Hand im Umgang mit dem Motorrad, gleichwohl die Straße selbst durchgängig in einem ordentlichen Zustand ist. Oberhalb der Baumgrenze bieten sich uns bald darauf derart atemberaubende Ausblicke auf die umliegenden Zillertaler Alpen, dass unser Reisetempo meist automatisch auf leicht über Schrittgeschwindigkeit sinkt. Zahlreiche Gasthöfe und Almwirtschaften laden entlang der Strecke zu einem spontanen, gern auch ausgiebigen Einkehrschwung. Mein Tipp: Nehmen Sie sich ganz viel Zeit für diese gut 50 Kilometer lange Panoramastraße, packen Sie sich eine leckere Brotzeit ein und genießen Sie die herrlichen Landschaften der Zillertaler Alpen.

TOUR-TIPP

Freiheit der ganz anderen Art

Garantiert unvergessliche Augenblicke bieten die von der Zillertaler Höhenstraße aus vergleichsweise gefahrlos möglichen Flüge mit Gleitschirm oder Drachen. Bereits früh am Tag erzeugt die Sonne an den Osthängen eine sichere Thermik, die einen Gleitschirmflug oft zu einem mehrstündigen Erlebnis werden lässt. Und falls Sie selbst noch keine Lizenz zum freien Fliegen besitzen, aber unbändige Lust zum Fliegen wie ein Vogel in sich spüren, empfehle ich Ihnen einen Tandem-Schnupperflug mit der Zillertaler Gleitschirmschule (www.zillertaler-flugschule.com). Erfahrene Piloten ermöglichen es, die Welt aus einem Blickwinkel zu erleben, wie er natürlicher und andersartiger kaum sein kann. Ein wenig sportliche Grundkondition vorausgesetzt, können Sie eine ganz neue Art der Freiheit erleben, die garantiert unvergesslich bleiben wird. Ich selbst habe meine schönsten Flüge von der Zillertaler Höhenstraße aus gestartet. Aber aufgepasst: Bereits ein einziger Tandemflug mit einem Gleitschirm kann süchtig machen …

In Hippach endet dann der Genuss dieser Höhenstraße. Wir werfen einen kurzen Blick auf das Tal von Hintertux mit seinem im Sommer eher traurig dahin schmelzenden Gletscher und suchen uns über den Weiler Ginzling den Einstieg zur wenig ausgeschilderten Schlegeis-Panoramastraße hinauf zum gleichnamigen Stausee. Der Schlegeisspeicher zählt zu den landschaftlichen und auch technischen Höhepunkten des gesamten Zillertals. Und die mautpflichtige Panoramastraße dorthin zu den fahrerischen Leckerbissen der Region. Die Schlegeis-Alpenstraße selbst windet sich zunächst durch den wildromantischen Zamser Grund, ein enges Hochtal, bevor wir über einige Keh-

Alpines Unikat: Der Große Ahornboden am Ende des Engtales ist ganzjährig einzigartig – im Herbst dazu noch echt »golden«.

Die Zufahrt zum Schlegeisspeicher schenkt uns Bikern einen Sackgassen-Genuss der Extraklasse.

Damit es auf dem Foto nicht so einsam wird: Fotopunkt am Schlegeisspeicher auf fast 1.800 Meter Höhe.

ren und einspurige Felsentunnels – z. T. ampelgeregelt – bis zur Krone der Staudammmauer gelangen. Große Parkplätze und Infotafeln erklären die imposante Technik, und ringsumher bieten Wanderwege schöne Möglichkeiten, sich abseits des Mopedsattels zu bewegen. Oder einfach inmitten hochalpiner Umgebung ausgiebig zu pausieren.

Das können wir natürlich auch oben am Gerlospass, den wir heute auf der Mautstraße überqueren. Es lohnt sich, nicht nur, weil wir dann den Krimmler Wasserfällen sozusagen hautnah begegnen.

TOUR-TIPP

Krimmler Wasserfälle

Bereits 1796 wurden die Krimmler Wasserfälle als das »größte und prächtigste Naturschauspiel im Land Salzburg« bezeichnet, 1845 betitelte ein Reiseführer sie gar als »den schönsten Wasserfall der Monarchie«. Fakt ist, dass die Krimmler Wasserfälle direkt an der südwestlichen Mautstation mit 400 m Fallhöhe immerhin die höchsten Europas sind. Die Krimmler Ache, deren Wasser in drei Katarakten so spektakulär in die Tiefe fällt, hat ein Einzugsgebiet von 110 km^2 mit 23 Gletschern. Je nach Jahreszeit führt der Bach zwischen 10 und 83 m^3 Wasser pro Sekunde. Am meisten Wasser stürzt am Abend ins Tal, wenn das mittägliche Schmelzwasser quasi eine Flut erzeugt. Zur Mittagszeit herrscht wassertechnisch eher Ebbe, denn frühmorgens geben die umliegenden Gletscher wegen der Kälte der Nacht am wenigsten Wasser ab (alle Details dazu unter www.wasserfaelle-krimml.at).

Durch das Salzachtal geben wir dem Motorrad »die Zügel lang«, erobern ein letztes Mal Pass Thurn, grüßen Kitzbühel (und vermeiden dabei den Ausdruck »Kitz«) und schwingen durch das idyllische Brixental nach Hopfgarten und weiter nach Wörgl – vielleicht mit einem letzten Abstecher samt Einkehr in der malerischen Wildschönau. Mein Einkehrtipp dazu: das Gasthaus »Thalmühle« im Mühltal 7. Rechtzeitig zum Sonnenuntergang erreichen wir dann wieder unser gastliches Jenbach und können den Tourentag ausklingen lassen. Z. B. auch in meinem dortigen Einkehrtipp: beim »Schlosswirt von Tratzberg« am Tratzberg Nr. 3

Gut ausgeruht geht es anderntags sogleich wieder zur panoramareichen Kurvenhatz direkt hinauf zum atemberaubend inmitten der Berge liegenden Achensee. Er ist der größte See Tirols, besitzt eine hervorragende Wasserqualität und wird gern auch als »Tiroler Meer« bezeichnet. Um dem Kloster Achenkirch, dem ehemaligen Eigentümer von See und gleichnamigem Tal, auch ordentlich Devisen aus dem Fremdenverkehr

Über die Farbe der BMW mag man streiten – über die Pracht der Natur im Karwendel keinesfalls.

Und immer wieder geht die Sonne auf – auch rund um Schlegeisspeicher und Gerlosplatte.

Kalenderbild-tauglich: Sozia Kirstens Lieblingsplatz hoch oben auf der Zillertaler Höhenstraße

Fast schon Kitsch: Der Herbst färbt das Umfeld der Zillertaler Höhenstraße ganz besonders intensiv.

zu verschaffen, wurde 1887 das erste Dampfschiff auf dem See zu Wasser gelassen. 1919 erwarb die Stadt Innsbruck den See und baute bis heute die Flotte der Achensee-Ausflugsboote immer weiter aus. Werfen Sie unbedingt auch einen Blick hinein nach Pertisau am westlichen Seeufer. Vielleicht in Kombination mit einem zweiten Frühstück? Mein Einkehrtipp dazu: das Café Erika im Haus Nr. 21.

Nach einem Abstecher hinauf auf das einsam, aber malerisch liegende Steinberger Plateau östlich von Achenkirch haben wir dann noch eine letzte landschaftliche und fahrerische Perle Österreichs auf unserem Roadbook stehen: das Eng- oder Risstal mit dem Großen Ahornboden. Dazu setzen wir kurz vor dem Achenpass den Blinker links, wedeln über den bayerischen Sylvenstein-Stausee – den Biker-Treff des Tölzer Lands – nach Vorderriß und wählen dort die Mautstrecke entlang des Rissbachs tief hinein in das Herz des Karwendels. Eine der schönsten alpenländischen Sackgassen und Biker-Strecken führt in zahlreichen Kurven bis hinauf zum Großen Ahornboden und ist ein Pflichttermin für jeden Motorradfahrer. 25 Kilometer lang und vom Frühjahr bis in den Herbst hinein ein fahrerischer Leckerbissen! 500 Jahre alte Ahornbäume entfalten in dem sich weitenden Talschluss vor allem im Herbst eine einzigartige Farbenpracht, umrahmt von den bis zu 2700 Meter hoch aufragenden Felswänden von Birkkar-, Ödkar- und Grubenkarspitze. Das Ganze übrigens für 3,50 Euro Maut – wohl selten bekommt man so viel landschaftlichen und fahrerischen Gegenwert für sein Geld! Ganz am Ende der Strecke erwartet uns der Gasthof in der Eng, ein beliebter Biker-Treff und eine Einkehrmöglichkeit mit unvergleichlichem Panorama.

DIE TOUR IM ÜBERBLICK

Schwierigkeitsgrad: Mittel

Streckenlänge: 540 km

Reine Fahrtzeit: 10–11 Std.

Zeitaufwand inkl. Sightseeing: 3–4 Tage

Beste Jahreszeit: Anfang Juni bis Mitte Oktober

Start- und Zielort: Jenbach im Inntal

Mein Hotel-Tipp dort: Hotel Gasthof Esterhammer, Rotholz 362, A-6220 Buch bei Jenbach, Tel. +43/(0)5244/622 12, www.esterhammer.com

Optionaler Übernachtungsstopp: Am Achensee

Mein Hotel-Tipp dort: Hotel Wagnerhof, Haus Nr. 76, A-6213 Pertisau am Achensee, http://wagnerhof.at

Unbedingt anschauen: Zillertaler Höhenstraße, Schlegeis-Speichersee samt Panoramastraße, Krimmler Wasserfälle, Neukirchen am Großvenediger, Kitzbühel, Wörgl, Achensee samt Steinberger Plateau, Engtal im Karwendel, Mittenwald, Mieminger Plateau samt Seefeld, Innsbruck

Tja, hier endet im Grunde dieser Reiseführer über die Schönheiten und Höhepunkte Österreichs. Falls Sie zurück nach Jenbach schwingen wollen, empfehle ich Ihnen nun den Weg über Wallgau, Mittenwald, Seefeld und den Zirler Berg hinunter nach Innsbruck. Falls Sie das »Motorradparadies Österreich« an diesem Punkt noch erinnerungswürdig ausklingen lassen wollen, darf ich Ihnen ein Zimmer im Gasthof in der Eng empfehlen – und ein paar Wanderschuhe, denn Österreich ist nicht nur ein wahrlich außergewöhnliches Motorradparadies!

Alles, was wir brauchen:
Ein geniales Moped, eine geile Piste, eine atemberaubende Landschaft und echtes Kaiserwetter.

ANHANG

ÖSTERREICH – DIE HARD FACTS

Erwartet mich erst am Ende des Bergsommers zurück: mein Lieblingsplatz auf der Kaunertaler Gletscherstraße

Im Jahr 976 trat sozusagen die Basis der heutigen Bundesrepublik Österreich in Form der urkundlich erstmals erwähnten Markgrafschaft Ostarrichi ins Rampenlicht der Geschichte. Nach höchst spannenden wie wechselvollen, ja blutigen Zeiten samt zweier Weltkriege entstand Österreich dann in seiner heutigen demokratischen und friedlichen Form: unterteilt in neun Bundesländer mit Wien als einwohnerstärkster und gleichzeitiger Hauptstadt der Republik, mit landesweit gut 8,7 Millionen Einwohnern verteilt auf eine Fläche von 84 000 Quadratkilometern. Das entspricht statistisch etwa 104 Einwohnern/Quadratkilometer (zum Vergleich: In Deutschland leben 230 Menschen/Quadratkilometer). Durch eigene Kraft, aber auch durch Zuwanderung wächst Österreichs Bevölkerung aktuell jährlich um fast 1,5 Prozent.

Österreichs Ausdehnung beträgt von West nach Ost gut 575 Kilometer, von Nord nach Süd maximal 294 Kilometer. Etwa 60 Prozent seiner Fläche sind als »gebirgig« klassifiziert, der höchste Gipfel des Landes ist mit 3798 Metern der Großglockner. Österreichs tiefster Punkt liegt im Burgenland auf gerade einmal 114 Metern Meereshöhe. Flächenmäßig das größte Bundesland ist Niederösterreich mit gut 19 186 Quadratkilometern, danach folgen die Steiermark (16 400 km^2), Tirol (12 640 km^2), Oberösterreich (11 980 km^2), Kärnten (9538 km^2), Salzburg (7156 km^2), das Burgenland (3962 km^2) sowie Vorarlberg (2601 km^2) und Wien mit 414 Quadratkilometern.

Der Tourismus ist einer der wichtigsten Wirtschaftszweige Österreichs und beschert dem Land florierende Einnahmen ohne saisonale Schwankungen, denn Österreich ist sowohl im Winter als auch im Sommer ein beliebtes Reiseziel. Und woher stammt nun die allerorten verwendete Bezeichnung »Austria«? Es ist die »latinisierte«, also ins Latein übersetzte Bezeichnung Österreichs, die aber wohl nicht von den Römern stammt, sondern erstmals im Jahr 1147 in Dokumenten auftaucht. »Austria« soll demnach vom Altgermanischen »austar« abstammen und die Himmelsrichtung Osten bezeichnen. Der Begriff »Austria« findet heutzutage vielfältige Verwendung, ja sogar die spezielle Schriftart auf Österreichs Verkehrszeichen wurde so benannt.

ÖSTERREICHS PERFEKTES BIKER-KLIMA

Meteorologen kategorisieren Österreichs Klima als »gemäßigt warm und feucht« – aber das klingt wesentlich unfreundlicher, als wir es tatsächlich vor Ort genießen können. Der Westen des Landes hat milde, aber durchaus schneereiche Winter sowie moderat warme Sommer mit Durchschnittstemperaturen um die 24 °C. Der Osten Österreichs ist geprägt von kalten, wenig niederschlagsreichen Wintern und heißen, oft trockenen Sommern. Die Temperaturen reichen hier von 2 °C im Winter bis weit über 30 °C an hochsommerlichen Tagen entlang der Kärntner Seen.

Ein ganz eigenes Klima schaffen sich die bis auf knapp 4000 Meter hoch aufragenden Berge Österreichs, deren hochalpine Lagen schneereiche, kalte und so manches Mal auch lang anhaltende Winter erleben. Die schneefreie Zeit reduziert sich z. B. in Tirol, Osttirol und Kärnten auf die Monate Mai/Juni bis Oktober, die hochsommerlichen Temperaturen erreichen dann für Biker sehr angenehme 20 bis 25 °C.

BESONDERHEITEN IM STRASSENVERKEHR

Zwar sind sich Österreich und Deutschland in vielerlei Hinsicht ähnlich – auch und gerade in puncto Verkehrsregeln –, dennoch gibt es ein paar Besonderheiten speziell für Motorradfahrer, die im Folgenden stichwortartig aufgelistet sind:

- Abblendlicht-Pflicht besteht für Motorräder auch tagsüber.
- Auch im Parkverbot dürfen Mopedfahrer bis zu 10 Minuten anhalten.
- Gelbe Zickzack-Linien bedeuten: Parkverbot!
- An Schulbussen mit eingeschalteter Warnblinkanlage/Warnleuchten darf nicht vorbeigefahren werden.
- Post- und Linienbusse haben an Haltestellen und im Bergverkehr immer Vorfahrt.
- Wird bei einem Unfall ohne Personenschaden die Polizei zur Beweissicherung gerufen, kostet das automatisch 36 Euro »Unfallmeldegebühr«.
- Warnwestenpflicht gilt nicht für Motorradfahrer, eine Mitnahme wird allerdings empfohlen.
- Mautvignetten dürfen nur an fest installierten Anbauteilen (auch Windshields) und zudem gut sichtbar außerhalb getönter Bereiche (!) angebracht werden, das Klarsichtfach eines Tankrucksacks gehört explizit nicht dazu; bei Verstoß wird eine pauschale Ersatzmaut in Höhe von 120 Euro fällig.
- Vorfahrtsberechtigte verlieren durch Anhalten die Vorfahrt.
- Die Bildung einer Rettungsgasse bei Stau ist Pflicht.
- Das Anbringen einer Dashcam sowie das permanente anlasslose Aufzeichnen von Videos bedarf einer offiziellen Genehmigung, Verstöße können mit Bußgeldern bis zu 10 000 Euro bestraft werden!
- Motorradfahrer müssen einen sogenannten »kleinen Verbandskasten« mitführen.
- Motorräder mit Beiwagen / Gespanne müssen ein Warndreieck mitführen.
- Motorradfahrer dürfen sich vor Kreuzungen oder Bahnübergängen an stehendem Verkehr vorbeischlängeln, vorausgesetzt, es steht ausreichend Platz zur Verfügung und der Gegenverkehr wird nicht behindert/gefährdet.
- Das Geschwindigkeitslimit beträgt innerorts 50 km/h, außerorts 100 km/h und auf Autobahnen generell 130 km/h.
- Auf Tauern-, Inntal-, Brenner- und Rheintal-Autobahn besteht von 22 bis 5 Uhr ein generelles (nicht immer ausdrücklich angezeigtes) Limit von 110 km/h.

NOTFALL-NUMMERN IN ÖSTERREICH

- Feuerwehr: 122
- Polizei: 133
- Rettung: 144
- Pauschaler Euro-Notruf: 112
- ÖAMTC: 120

DER GPS-DOWNLOAD

Sämtliche hier beschriebenen Touren können Sie sich auch als Datei für Ihr Navigationssystem von der Verlagswebsite herunterladen. Die Daten liegen dort im allgemein gültigen Format GPX vor, das von allen namhaften Geräteherstellern (Garmin, TomTom u. Ä.) gelesen und verarbeitet werden kann. So können Sie z. B. auch den Tourenverlauf Ihren persönlichen Vorstellungen anpassen, ihn unterteilen, einkürzen oder weiter ausbauen. Auch die Kombination der einzelnen Touren ist dadurch ein Kinderspiel. Viel Spaß mit den Touren und Datensätzen!

»Kollege« muss hier bleiben: Kirstens »Spielgefährte« nicht in den USA, sondern am Geschriebenstein im Burgenland.

REGISTER

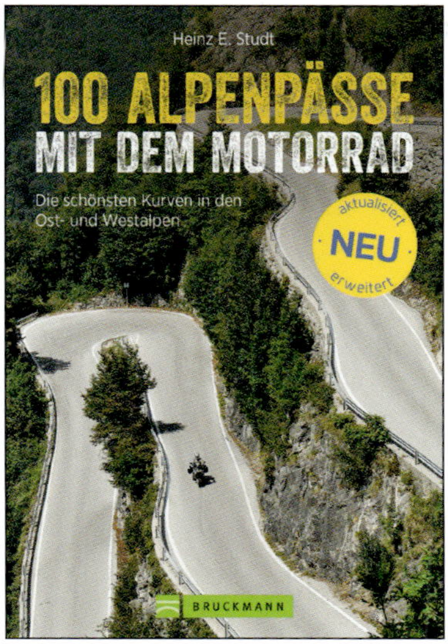

ISBN 978-3-7343-1325-7

ISBN 978-3-7343-1491-9

ISBN 978-3-7343-1853-5

ISBN 978-3-7343-1876-4

Verantwortlich: Claudia Hohdorf
Lektorat: Anette Späth
Layout: BUCHFLINK Rüdiger Wagner, Rudi Stix
Repro: Cromika
Kartografie: Heidi Schmalfuß
Herstellung: Anna Katavic
Printed in Slovenia by Florjancic

★★★★★

Sind Sie mit diesem Titel zufrieden? Dann würden wir uns über Ihre Weiterempfehlung freuen.
Erzählen Sie es im Freundeskreis, berichten Sie Ihrem Buchhändler, oder bewerten Sie bei Onlinekauf.
Und wenn Sie Kritik, Korrekturen, Aktualisierungen haben, freuen wir uns über Ihre Nachricht an
Bruckmann Verlag, Postfach 40 02 09, D-80702 München oder per E-Mail an lektorat@verlagshaus.de.

Unser komplettes Programm finden Sie unter www.bruckmann.de

Sie sind auf der Suche nach weiterführender Literatur? Dann empfehle ich Ihnen den Titel »100 neue Alpenpässe mit dem Motorrad«. Ihr Heinz E. Studt.

Bildnachweis: Alle Bilder stammen von Heinz E. Studt mit folgenden Ausnahmen: S. 75 unten: Wikipedia/Walter Hochauer; S. 85 oben: Wikipedia/Effi Schweizer; S. 86 oben: Wikipedia/Alexander Umbricht; S. 87: fotolia/photo 5000; S. 104 oben: Wikipedia/Ralf Roletschek; S. 107 unten: fotolia/petertakacs; S. 120 unten: fotolia/Spectral-Design

Umschlagvorderseite: Eine von Österreichs vielen Sonnenseiten: Das Mühlviertel ganz im Norden erkunden wir natürlich auch.
Umschlagrückseite: Aufstieg auf den Stoderzinken

Die Deutsche Nationalbibliothek verzeichnet diese Publikation in der Deutschen Nationalbibliografie; detaillierte bibliografische Daten sind im Internet über www.dnb.d-nb.de abrufbar.

2. aktualisierte Auflage

ISBN 978-3-7343-0896-3